7つの安いモノから見る世界の歴史

A History of the World in Seven Cheap Things

A Guide to Capitalism, Nature, and the Future of the Planet

ラジ・パテル
ジェイソン・W・ムーア
Raj Patel / Jason W. Moore

福井昌子 訳

作品社

7つの安いモノから見る世界の歴史

日本語版へのまえがき

安価な自然は対立の現場だ――生命の網におけるエコ社会主義を求めて

ラジ・パテル、ジェイソン・W・ムーア

世界は与えられたものであり、そして作られるものでもある。世界は、変わることがなさそうな制約を通して与えられる。火山は噴火する。地球は自転軸の傾きを保ったままその向きを変えていく。太陽放射は極大と極小のサイクルを繰り返す。海洋と山脈は地域の気候に影響する。地球物理学は人間の活動範囲にいくつもの限界を設けるのである。

しかし、世界は作られるものでもある。資本主義が登場するはるか以前、地球が人類の居住可能な惑星になったのは文明化によってだった。大規模な農業システムができ、運河が建設され、湿地帯から排水がなされ、鉱物が採取された。しかし1492年になって初めて、一つの文明によって、特定の全体的なプロジェクトに資するように地球上の生命の条件が変えられてしまった。資本家にとっては利益を生み出す機会となるように、帝国にとっては権力掌握の手段となるように、生命が作り直されたのである。そうしたのが資本主義だった。資本主義の痕跡は、現代の地球物理学においても見つけることができる。地下水のくみ上げが進んだせいで、1993年から2010年にかけて地球の自転軸が年間4センチずつずれてしまったほどの痕跡だ。自転軸の向きでさえも資本の影響を受けるのである。

資本主義は決して単なる経済システムや社会システムではない。それは常に、**ほとんどの人間**とそれ以外の生命との関係を調整するための方法であり、常に「いいビジネス環境」を作り出すための手段だった。この点で、資本主義は安価な自然（ネイチャー）のプロジェクトだった（今でもそうだ）。

その担い手は、兵士と資本家であり、司祭と農場主であり、商人と鉱夫だった。彼らすべてをまとめているのは資本の論理であり、マルクスが強調するように、収益性と生産性を向上させようという衝動だった。そのプロジェクトを推し進める旗印は、啓蒙から合理性へ、文明化へ、優れた科学へ、国家の偉大さへ、健全な経済学へと変化していった。文明化のプロジェクトという途方もない神話は、文明化した国の人びと（宣教師、文明化を促進する人びと、開発専門家）に服従する限りにおいて、小作農や労働者に進歩がもたらされると謳っていた。彼らは、生存を支える直接的な生産者、つまり、すべての社会生活を支える生産者に、彼らは文明化されていなかった、あるいはまだ文明化されていないと言い切ったのだった。

彼らはまさに人間ではなかった。あるいは、まだ人間ではないとされた。よくても、人間の原形どまりだった。彼らは、**野蛮**で、**争い好き**で、**非合理的**で、まだ文明化されていない自然（ネイチャー）の一部なのだった。近代のあらゆる大帝国が、その都度少しずつ異なってはいたが、基本的には同じような言葉でこのメッセージを発していた。コロンブスから1949年の米合衆国大統領トルーマンに至るまで、どの帝国も「野蛮人」たちに解放を約束した。しかし、それには代償が必要だった。救済、あるいは後の文明化と発展は、労働を通じてのみ達成されうるものとされた。それは常に、もっとも汚く、もっとも命を脅かし、もっとも危険な労働だった。本書では1513年の**降伏勧告状**（レクエリミエント）について取り上げているが、その点を明確に伝える説明はこれを措いて他にない。**征服者たち**は、支配していた先住民たちに、過酷な労働を強いられる生活を選ぶもよし、絶滅を選ぶもよし、と言い放った。もちろんこれは巧妙なでまかせだった。キリスト教神学上は、「労働を通じた救済」か「絶滅」かの選択を示す必要があったが、資本主義的にはそのような選択肢は不要だった。

　こうして起きた絶滅の結果は、地表にも書き込まれている。地質学的記録から、新世界における文明の進歩の痕跡を見つけることができる。1610年のオービス・スパイクは、先住民の大量虐殺と、手つかずになった彼らの土地に森林が再生したことで大気中の二酸化炭素が測定値に反映されるほど減少した現象を指す。これは人新世ではなく、資本新世の特徴だ。用語は正しく使うことが重要なのである。そうして初めて、この世界的な変容が他のどの時代とも異なり、資本主義の末開拓地（フロンティア）の拡大と直接的に関係していたことが理解できる。帝国は「自然」を安価なものにするために、プロメテウス的動機をうまく利用した。特定の人びとを「文明」よりも「自然」に近い存在として分類することで、植民地大国は収奪を正当化したのだ。この考え方が現代的な人種差別や性差別の根幹を作り出し、それらすべてが利益を増やすために活用された。

　本書で示した思考法は、歴史的な手法であり、未来にむけた手法である。プロメテウス主義を理解し、「自然」と「社会」の二元論の起源を敏感に察知し、資本主義の末開拓地（フロンティア）を通じて生み出される危機と修正の連鎖に目を向けることは、今この瞬間を分析する力を備えることに他ならない。気候危機や、新型コロナウイルス感染症のパンデミックと来るべき伝染病、戦争をマネーに変え、さらに戦争に変える紛争サイクルといったものの、資本主義における起源を理解しておくことは、リベラリズムの崩壊を見通す羅針盤になる。さらに重要なことは、われわれが安価な生命について論じているように、資本主義の推進力と変位を理解することは、現代政治における国家主義的、ポスト民主主義的転換の危険性を理解し、その鍵となる人物を認識することでもある。

コロンブスを世界史上の重要人物として理解すると、安価な自然、ケア、食料、労働、エネルギー、貨幣そして生命に同様に関心を寄せる人物であるイーロン・マスクとの共通点を見いだせる。資本が循環し、労働者の反乱を解決するために新たな資源を略奪するという未開拓地（フロンティア）の古い力学は、貨幣を得るための金、エネルギーを得るための樹木、働かせ子どもを生ませるために奴隷にされた人びとが存在した時代にただ単に結びついているわけではない。こうした力学は、暗号通貨、火星の植民地化、電池用リチウムの争奪、先住民の生活を擁護する国家に対するクーデター、ケア労働に従事する非正規移民、中国での大規模なプロレタリア抗議運動の時代などにも関係しているのである。

本書は、何をすべきかを指南するガイドブックではない。だが、何を見抜くべきかのガイドブックであることは間違いない。われわれはとりわけ、今日の危機の端々で見られるようなグリーン資本主義者とマルサス主義的な環境保護主義者のばかげた小手先だけのごまかしを問題だと受け止めている。気候危機を解決してくれるテスラは存在しない。資本主義による生命の網の作り直しを回避できるような自然回復やバイオリアクターをベースにした社会主義という幻想も存在しない。だからわれわれは、グリーン資本の誘惑に対する警告として、またフェミニスト的で反帝国主義的なエコ社会主義の必要性と喜びを示すものとして、複合危機（ポリクライシス）の時代にこれらの考察を示すのである。そのような取組みによってのみ、われわれに与えられた資本新世の作り直しを想像することが可能になるのだ。

恩師であり、指導者であり、
悩みの種でもあったフィル・マックマイケルに捧ぐ

『7つの安いモノから見る世界の歴史』目次

日本語版へのまえがき……002

謝辞……013

はじめに……019

資本主義以前の人間および自然の概要／初期の未開拓地
未開拓地と安価化／世界－生態論とは／安価なモノの代替

第1章 安価な自然……061

初期の植民地主義と自然／自然（ネイチャー）と社会（ソサエティ）の発明
自然、私有財産、労働／資本新世を正確に認識する

第2章 安価な貨幣……081

生態学としての金融／金融から見た現代世界の出発点／欧州の銀

ジェノバの銀行／軍事の財政的起源／資本主義の生態学——世界的な事例
銀行が政府を必要とする理由／現代的なつながり

第3章 安価な労働 …… 107
賃金労働の時間的生態学／世界的な工場はすべて世界中に生産地を持つ
本質的な労働管理

第4章 安価なケア …… 127
大いなる家畜化／金融化と女性の相続／女性の発明／鋤に続くもの

第5章 安価な食料 …… 153
食料はどのようにして工業世界を作ったか
少しばかりの肉と野菜の食事からビタミンを加えた貧困へ

第6章 安価なエネルギー …… 175
オランダ病／20世紀の食料／20世紀の石炭と労働／20世紀の石油とマネー

第7章 安価な生命 …… 195
科学的人種差別と植民地政策／自然、文明化、英国の植民地国家
大西洋開拓地での自由主義的管理体制／国家と国民／代替的なナショナリズム

終章 …… 217
認識／補償／再分配／再考／再生

注 …… 247

参考文献 …… 290

訳者あとがき …… 291

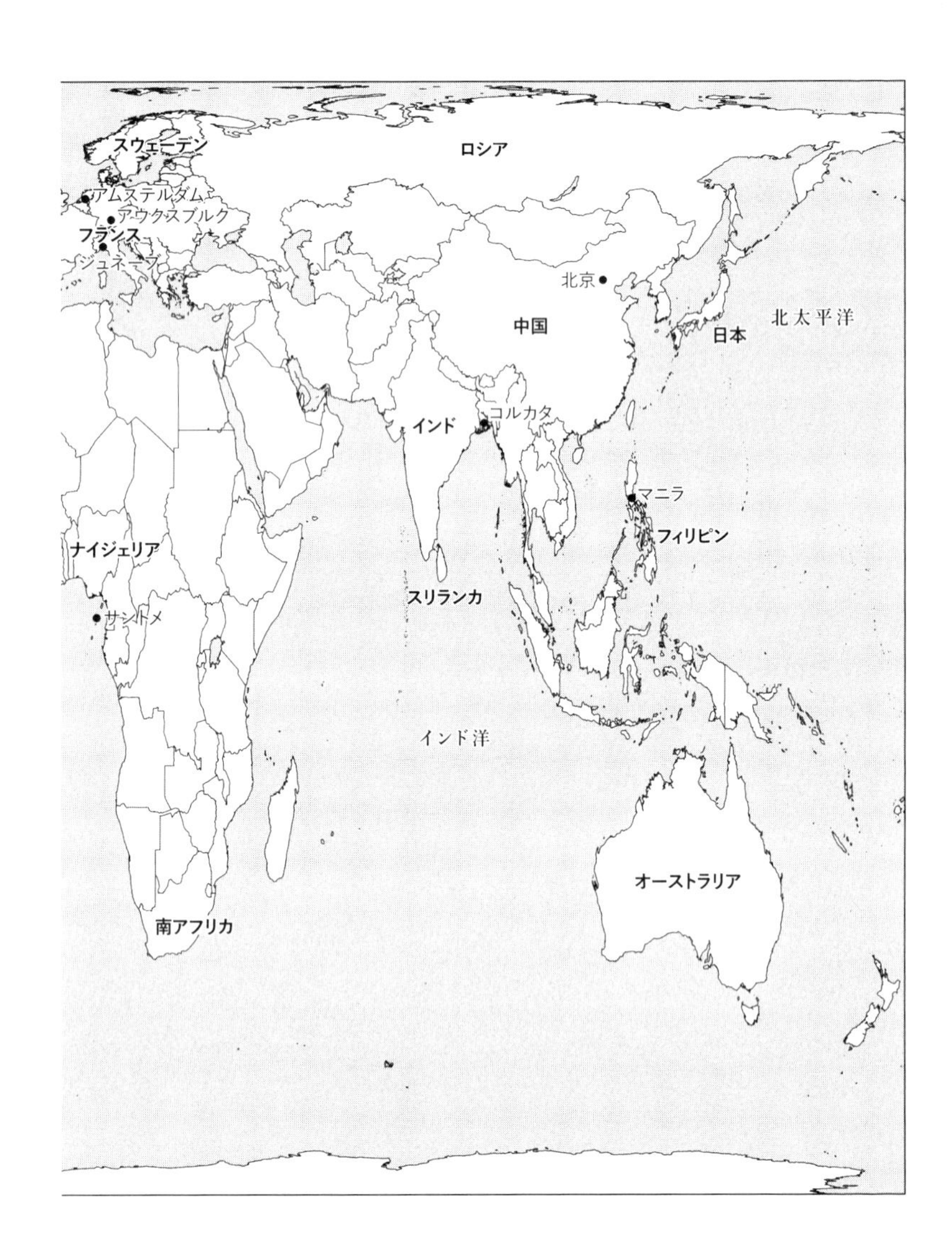
スウェーデン
ロシア
アムステルダム
アウクスブルク
フランス
ジュネーブ
北京
中国
日本
北太平洋
コルカタ
インド
マニラ
フィリピン
ナイジェリア
スリランカ
サントメ
インド洋
オーストラリア
南アフリカ

地図1　世界−生態論における主要国・都市。ガル・ピーターズ図法では図形はゆがむが、陸地面積が正確に表示される。

〈凡例〉

◆日本語版での補足は〔　〕で示した。

◆原書の強調のイタリックは、ゴシックで示した。

◆引用文に邦訳のあるものは随時参照・借用させていただいた。
ただし漢字表記等は本書の統一方針に揃え、また文脈によっては訳文を改変した場合もある。

謝辞

世界の現状を理解するために本書を執筆したわけだが、まずは誰よりも家族や親類に感謝しなくてはならない。愛情や見識、思いやりがあったからこそ、本書を書き進めていた間、われわれはさまざまな気遣いを受けて、本書で取り上げた問題について考え、われわれが進めていたことをより深く理解することができた。いつの日か、子どもたちが今とはまったく異なる生命の網の目の中で生きていくことを願いながら、執筆を進めてきた。

本書を完成させることができたのは、われわれ2名がそれぞれ籍を置く組織の同僚や、直接の知り合いではないかもしれない職員たち、読者がこの文章を目にするページ――画面上で読む読者もいるだろうが――を完成させるために尽力してくれた人びとなど、広範囲に及ぶコミュニティのおかげだ。本書を推薦してくれたカリフォルニア大学出版局のケイト・マーシャルや出版を承認してくれた出版局理事会、有益な提案をしてくれた査読者たち、それにブラッドレー・デピュー、ドーラ・ブラウンらデザイン・チームの面々にはどのように感謝しても足りないだろう。担当編集者としてついてくれたジュリアナ・フロッグガットこそ、本書をより意義のある一冊にしてくれた。

キャロライン・アイゼンマン、カロリーナ・サットン、クリス・ダールがＩＣＭパートナーズにいなかったら、本書を執筆することはなかった。当時、マーク・メツラーがテキサス大学オースティン校にいなかったら、ジェイソンをラジの研究室に連れてくることもなかっただろうし、われわれが顔を合わせて議論をし、構成を考え、最終的に本書をまとめることも、キャロラインやカロリーナ、クリスにコンタクトすることもなかった。

ラジ・パテル

マーク・メッツラーに、改めて感謝したい。ジェイソンと知り合ったことも、彼を通して世界を見る新たな視点を学んだことも、テキサス大学史学部でのセミナーでわれわれの論文に対する貴重な見解を得られたことも、マークのおかげだ。40エーカー〔16万2000平方メートル弱〕もある構内で、黒人研究やアジア・アメリカ研究、人類学、ラジオ、テレビ、映画、法律などの学部に所属していたエリック・タン、シャルミラ・ルドラッパ、ジェイソン・コンス、ボブ・ジェンセン、ビリー・チャンドラー、カレン・イーグル、それに彼らの同僚たちは、新たなひらめきをもたらしてくれる源泉だった。テキサス大学オースティン校、リンドン・ベインズ・ジョンソン公共政策大学院のエリン・レンツ、ジェイミー・ガルブレイスは、ビールを片手に一風変わったアイデアをおもしろがってくれたし、シドニー・ブリッグスはわれわれの草稿を柔軟かつ鋭い視点で受け入れてくれた。教え子たちは、学期を通して本書の内容を何度も繰り返す授業に熱心に参加してくれた。ブライス・ブロック、レオ・カーター、ルシア・ガンボア、ケイトリン・グッドリッチ、ホセ・グスマン、ベン・ヒルシュ、ブライアン・ジャクソン、ティム・ノードラー、ジョシュ・モイト・オールドレッジ、アレックス・パイソン、ボバック・レイハニ、スコット・スクワイヤーズ、メアリー・ヴォにどれだけ感謝しているかを記しておきたい。テキサス大学オースティン校の優秀な司書たち、とくにベンソン・ラテンアメリカ・コレクションとペリー・カスタニェダ図書館の司書たちには大変お世話になった。

スティーブン・トムリンソン、ユージーン・セプルヴェダ、トム・フィルポット、レベッカ・マッキンロイ、デービッド・アルヴァレス、ティム・リーグ、カリー・リーグ、ショーン・サイズ、グラハム・レイノルズと言葉を交わして、検討中の研究課題のヒントを得られないことはなかった。マリック・ヤキニ、キャンディス・ファレホ、ビアンカ・ボックマン、ヨタム・マロム、デアドラ・スミス・シャバス、ワイルドファイイヤ・プロジェクトの関係者はいつも的を射た質問をしてくれたし、ギル・ハート、ネイサン・セイヤー、リチャード・ウォーカー、マイケル・ワッツ、コムレード・ボール、リトート・コレクティブ〔サンフランシスコで結成された作家、研究者、芸術家、活動家らによる資本家や大企業に反対する団体〕らの薫陶を受けたカリフォルニア大学バークレー校地理学の優秀な大学院生たちは、どこをあたればその答えが得られるかを知っていた。

本書の草稿は、数カ所で開催されたセミナーで参加者と共有した。アフリカ、ローズ大学人文部〔現ローズ大学として知られている大学だ〕やICAS〔Initiatives in Critical Agrarian Studies〕で行なった会議もその一つだ。ローズ大学のセミナーでは、リチャード・ピットハウス、ヴァシュナ・ジャガルナーシュ、マイケル・ネオコスモスからいいアドバイスをもらった。ICAS会議では、ジュン・ボラスのおかげで本書を完成させることができると思うことができた。世界国際関係学会で、クリストファー・K・チェイス・ダン、バリー・キース・ジルス、デニス・オハーンという快活なパネリストたちとの充実したやりとりをリードしてくれたのはアンドレイ・グルバシックだ。

僭越ではあるが、本書を読み、あるいは本書のことを聞いてどうしたらより良いものになるかを助言してくれた方々のお名前をここに記しておきたい。コーリャ・アブラムスキー、レイチェル・ベツナ・ケール、ジュン・ボラス、ゾーイ・ブレント、クリス・ブルック、ハリー・クレバー、ジョセフィン・クローリー・クイン、シルビア・フェデリーチ、ハリエット・フリードマン、レーランド・グレナ、サム・グレイ、シャルマリ・グッタル、フリーダ・ハーバーマン、ナオミ・クライン、ウィリアム・レイシー、フィル・マクマイケル、ダニエル・モッシェンバーグ、ジョー・クアーク、ジャッキー・ロス、オリヴィエ・デ・スエッタ、ダニエル・ボウマン・シモン、ジョン・ヴァンデルミーエ、ケン・ウィルソン。時間を割いてくれたこと、いい意見を伝えてくれたことに深くお礼申し上げたい。

ジェイソン・W・ムーア

誰に対してよりもまず、細やかで、本質を突く思考の持ち主である共著者のラジに謝意を表したい。世界－生態論は大学の枠を超える広い関連性を持つはずで、そうするためには**この本**を出版するべきだという彼の先見の明がなければ、本書は完成しなかった。また、ダイアナ・C・ギルデアとマルコルム・W・ムーアの配慮と愛情とサポートがあったからこそ完成したものでもある。2人は、数えきれないほどの週末や、執筆に追われた夕方に我が家に来てはサポートしてくれた。これまでもそうだったのだが、マージ・トーマスのおかげで本書を広い視野で眺めることができ、地球を治癒するという個人的な実践に落とし込むこともできた。本書は世界－生態論の議論に寄与するためにまとめたものだが、その議論をはぐくんでくれたのは、しなやかさと知的さを備えた、創造力のある同僚たちだ。同僚とは、A・ハルーン・アクラム・ロディ、フレデリック・アルブリットン・ヨンソン、エルマー・アルトファーター、マーティン・アルボレーダ、ジェンナロ・アヴァロン、ルーク・バーグマン、ヘンリー・バーンスタイン、ジュン・ボラス、ニール・ブレナー、ガレス・ブライアント、テリー・バーク、ブラム・ブシャ、ジェニファー・カソロ、ダニエル・アルダナ・コーエン、サム・コーン、ハンナ・コティン、シャラ・デッカード、テレッサ・デ・ローリー、マリオン・ディクソン、バーバラ・エプスタイン、ヘンリク・エルンストン、サム・ファスビンダー、ハリエット・フリードマン、クローダ・ギャノン・オマリー、ダイアナ・C・ギルデア、ビクラム・ギル、アンドレイ・グルバシック、ダニエル・ハートレイ、アーロン・G・ジェイクス、ゲリー・カーンズ、スティーブ・ナイト、ザヒール・コリア、マーコス・クルーダー、ベンジャミン・クンケル、ニック・ローレンス、エマニュエレ・レオナルディ、サーシャ・リリー、ラリー・ローマン、ピーター・マルケッティ、ジャスティン・マックブライエン、ローラ・マッキンニー、フィル・マクマイケル、フレッド・マーフィー、マイケル・ニブレット、アンドレイ・ノヴァク、デニス・オハーン、シェスティン・オロフ、クリスティアン・パレンティ、マイケル・ペイエ、スティーブン・シャピロ、ベバリー・シルバー、デビッド・A・スミス、マーカス・テイラー、エリック・バンフート、リチャード・ウォーカー、イマニュエル・ウォーラースタイン、マイケル・ワッツ・トニー・ワイス、アナ・ザリックだ。

バーミンガム大学、その他の大学での教え子たちは、希望とひらめきに満ち溢れている。クシャリヤニンギ・ボディオノ、アルヴィン・カンバ、ジュゼッペ・チオフィ、クリストファー・R・コックス、ダニエル・クニャ、ジョシュア・アイヒェン、ルイス・ガリド・デ・ソト、カイル・ギブソン、チャル・イディマン、ベンジャミン・J・マーレー、ロベルト・J・オルティス、ファフン・カリブ・サトリオだ。ニューヨーク州立大学ビンガムトン校での学部生向け連続セミナーに参加してくれた教え子たち、中でもデイン・フィーハンも加えておく。

この3年間で、研究センターや学術プログラム、書店、社会正義センターなどで話す機会を設けてくれた研究者や活動家の方々にもお礼を伝えておきたい。そうした方々——話を聴きに来てくれた方々もだが——のおかげで、世界‐生態論についての対話に何が欠けているかについて考えを深めることができた。主催者や聴衆の方々と意見が対立した時でさえ、それだからこそ、自分の考えを明確にし、深化させることもできたのだと思っている。

ラジおよびジェイソン

本書は、発展する見込みのない構想や、上から目線で切り捨てる、あるいはおだてるために伝えられてきた事実を延々と示すものではない。そうではなく、この地球の運命について、また、地球上で暮らすわれわれがどう生きていくか――そして死んでいくか――について継続的に話し合う一助になることを願ってまとめたものである。本書の議論が課題を突き付け、不快感をもたらし、長年抱かれてきた真理を混乱させるとしても、人間や生物にとって公正で社会的、かつ政治的な自由が保障された世界にするための共同プロジェクトがそれ以上に大きな満足感や情愛をもたらしてくれることを願っている。本書に不備はあるだろうが、われわれは地球に依存していることを考えて、行動するべきであることを心にとめて、本書を評価していただければと思う。

2017年5月25日
テキサス州オースティンおよびニューヨーク州ヴェスタルにて

はじめに

電光と雷鳴には時が要る。星の光も時を要する。所業とてそれがなされた後でさえ人に見られ聞かれるまでには時を要する。この所業は、人間どもにとって、極遠の星よりもさらに遥かに遠いものだ――にもかかわらず彼らはこの所業をやってしまったのだ！

フリードリッヒ・ニーチェ『悦ばしき知識』

定住農業、都市、国民国家、情報技術、その他現代世界のありとあらゆる様相が展開したのは、長く恵まれた気候が続いた時代だった。[1] だがそうした日々はもう終わりだ。平均海水面は上昇している。天候は不安定だ。平均気温も上がっている。文明が出現した地質時代は、完新世として知られている。新たな気候の時代は人新世（Anthropocene）と呼ばれることがある。未来の知的生命体は、一部の人間のせいで、この時代の化石記録が原子力爆弾が放出した放射能、石油業界が作り出したプラスチック、鳥の骨といったへんちくりんなものばかりになってしまっていることで、この時代にわれわれが存在していたと理解するはずだ。[2]

次に何が起きるのかは、ある次元では予測しえないが、別の次元では完全に予測できる。人類が何をどうしようが関係なく、21世紀は、生命の網に「突然かつ不可逆的」な変化が起きる時代になる。[3]地球システム科学の研究者は、生物圏システムに属する生命のそうした根本的な転換点に状態変化という無味乾燥な名前をつけた。その地質学的変化をもたらした生態学によって、残念ながら、状態変化の情報を受け取る力の備わっていない人間までもが誕生した。神は死んだと言ってまわったニーチェの狂気の男も同じような形で迎えられた。産業化以降の欧州では神の影響は日曜礼拝への参加という半強制的なものに縮小されはしたものの、19世紀の社会では神のいない世界など想像できなかった。21世紀においても同じことが言える。多くの人にとって、地球の終末を想像することはたやすいが、資本主義の終焉は想像し難いということだ。[4]

新たな時代に必要なのは、知的な状態変化だ。

最初の問題は、言葉の上での難題で、新たな地質時代を人新世と名づけるかどうかだ。これの語源がAnthropos（「人間」を意味するギリシア語だ）であることは、子どもは子どもであり、蛇は蛇であるのと同様に、人間が人間であることが気候変動と地球の第六の大量絶滅をもたらしつつあることを示唆している。最後の氷河期以降、人間が地球を変えてきたことは事実である。[5]北米のコロンビアマンモスや、オランウータンを大型にしたような東アジアのギガントピテクス（*Gigantopithecus*）[6]、アイリッシュエルクと呼ばれる欧州のギガンテウスオオツノジカ（*Megaloceros giganteus*）[7]が絶滅したのは、何世紀にもわたって子孫を残すよりも獲物として狩られる方がやや多かったことと、気候が変動し、草原が移動したこととが重なったからだ。1万2000年前に地球寒冷化の勢いが衰えたのは、農業による地球温暖化ガスの排出という点で人類に責任の一端があったと言えるかもしれない。[8]

マンモスを狩猟によって絶滅に追い込んだことが事実だとしても、今日の破壊の速度と規模は粗野な祖先の行為を踏まえても推定しえるものではない。今日の人間は、何世紀にもわたってマンモスの乱獲を続けて絶滅させるような行為はしていない。だが現在は一部の人間によって、巨大動物から微生物叢までのありとあらゆるものが自然に消滅する速度より100倍も早く絶滅させられているのである。[9] 本書では、変わったのが資本主義であること、現代史は15世紀以降、資本新世という、より適した名前のついた時代に展開してきたことを取り上げる。[10] 資本新世という名称を使うことで、資本主義に注目し、これが単なる経済的なシステムではなく人間とその他の自然との関係を調整する一つの方法であることが理解できる。

本書では、現代世界がいかにして、自然、貨幣、労働、ケア、食料、エネルギー、生命という7つの安価なもので作り上げられてきたかを示す。この一文で使われているそれぞれの言葉の意味を理解することは容易ではない。ここでの**安価**（チープ）は、お得な取引とは真逆の意味である。安価にするとは、より広い生命の網を統制するための一連の戦略なのである。「モノ」は、軍隊と聖職者と会計士と印刷を通してモノになる。もっとも重要な点は、人間と自然は17世紀の巨大なビリヤードの球のように衝突しあう存在ではないということだ。生命形成〔ムーアは -making をつけた独特の言い回しで、環境や生命など -making に先行する対象が、資本主義的な社会関係の中で再定義され、位置づけなおされつつ、資本主義的な社会関係にも影響を与える双方向的な交流があるという意味を込めている。本書では「─形成」とした〕の脈動は厄介で対立が多いが、相互に支えあうものなのである。本書では人間が住むこの世界を理解して今後どう変わっていくかを示す、人間と生命の網との複雑な関係について考える方法を紹介する。

まず初めに、地質学的記録に残っている鳥の骨の話に立ち戻ろう。この記録とは、人間と、世界でもっとも一般的な鳥類であるニワトリ（*Gallus gallus domesticus*）との関係を資本主義的視点で追った軌跡である。[11] 今日食されている鶏肉は1世紀前に食されていたものとはかなり違う。今日のニワトリは、第二次世界大戦後にアジアの密林から好き勝手に採取した遺伝物質を使い、努力を集中的に積み重ねて作り上げた産物だ。人間はその遺伝物質を組み換えることにし、もっとも利益を生む家禽を作り出した[12]。このニワトリが歩くことはほとんどなく、数週間で大きな胸部を持った成鳥になる。地質学的観点から言えば多すぎる数のニワトリが育てられ、食肉処理される（1年に600億羽以上に上る）[13]。この関係を、搾取(チープ)される自然の象徴だとしよう。米国ではすでに鶏肉がもっとも好まれる肉類となっているが、2020年までには世界でもっとも好まれる肉類になると予測されている[14]。そうなるとかなりの労働が必要になる。養鶏業界の労働者の賃金は相当に低い。ファストフードのチキンの代金1ドルのうち、労働者に支払われるのは2セントだ。囚人を時給25セントで使う業者もいる。これを安価な労働としよう。米国の養鶏業界では、手羽を切る作業者の86パーセントが叩き切ってねじり取るという作業を繰り返す結果、腕を痛めてしまう[15]。労働者に負傷を報告させない雇用者がいるし、負傷の報告をはねつけるのはごく一般的だ。負傷すると、その後の10年間で労働者の収入は15パーセント減少する[16]。回復に向けた治療中、その労働者は家族や支援の輪に頼ることになる。これは生産回路の外側にある要素だが、労働力であり続けるための核となる要素である。これが安価なケアという戦略だ。この産業で生産される食料のおかげでレジやドライブスルーで払う値段が安くなって腹を満たすことができ、不満が抑え込まれる。これが安価な食料という戦略だ。ニワトリの胃は一つだけで、牛のようにメタンを吐き出すことはないため、ニワトリそのものが気候変動に及ぼす影響は比較的小さい。だが、大量のニワトリが大きな鶏舎で飼育されており、鶏舎を暖かくしておくには大量の燃料が必要だ。これが、米国の家禽産業による二酸化炭素排出量にもっとも寄与している[17]。大量のプロパンガスを使わずに、チキンを安く買うことはできないのである。これが安価なエネルギーという戦略だ。鶏肉の加工販売はリスクを伴うが、フランチャイズ化や助成金の活用、ニワトリ用の大豆飼料を費用がかからず、アクセスしやすい生産地[18]（主には中国、ブラジル、米国だ）から調達し、中小事業向け融資の利用などのあらゆる手段を活用して、民間が利益を上げるように公費を投入することでそのリスクは軽減される。これは安価な貨幣の一つの側面だ。最後に、優越主義的行為が動物と、女性、被植民者、貧困層、有色人種、移民といった区分に属する人間に対して継続的かつ頻繁に行なわれたことで、これら6つの安価なモノのそれぞれが実現した。この生態学（エコロジー）を定着させる最後の要素は、安価な生命である。だが、家禽産業で繁殖に使われる遺伝物質を奪われている先住民[19]から、正当な評価と救済を求めるケア労働者、気候変動と金融市場に反対する人びとまでが、この過程のそれぞれの段階で抵抗している。資本新世におけるニワトリの骨に伴う自然、貨幣、労働、ケア、食糧、エネルギー、生命をめぐる社会闘争は、結局のところ、現代を象徴するシンボルがなぜ自動車やスマートフォンではなくチキン・マックナゲットであるのかを説明しているのだ。

鶏肉と大豆でできたチキン・マックナゲットをプラスチック製の小袋に入ったバーベキューソースにつける時には、こうしたことはきれいさっぱり忘れられている。けれども、化石化した無数のニワトリの痕跡は、それを作り出した人間が死んだ後まで残り、人間の移り変わりを示す。それこそが、人間と自然、そして地球を変えた仕組みの物語を近代世界小史、すなわち忘却に対する対抗手段として示す理由である。とはいえ、本書は全世界史を網羅するものではない。世界が今日このような形になっている理由を説明する過程の歴史を示すのである。これら7つの安価なモノの物語は、資本主義がどのように拡大して、次に示すような地図がどのように作り上げられたのかを説明し、欧州宗主国の勢力から逃れたのは地上のごく一部でしかなかったことを見せつける。

安価に込めた意味は、以降で示していく。まずは、現在の状況に至ったのは、人間本来の行動のせいばかりではなく、人間と生物界と物質界とが相互に作用したためであることを示そう。

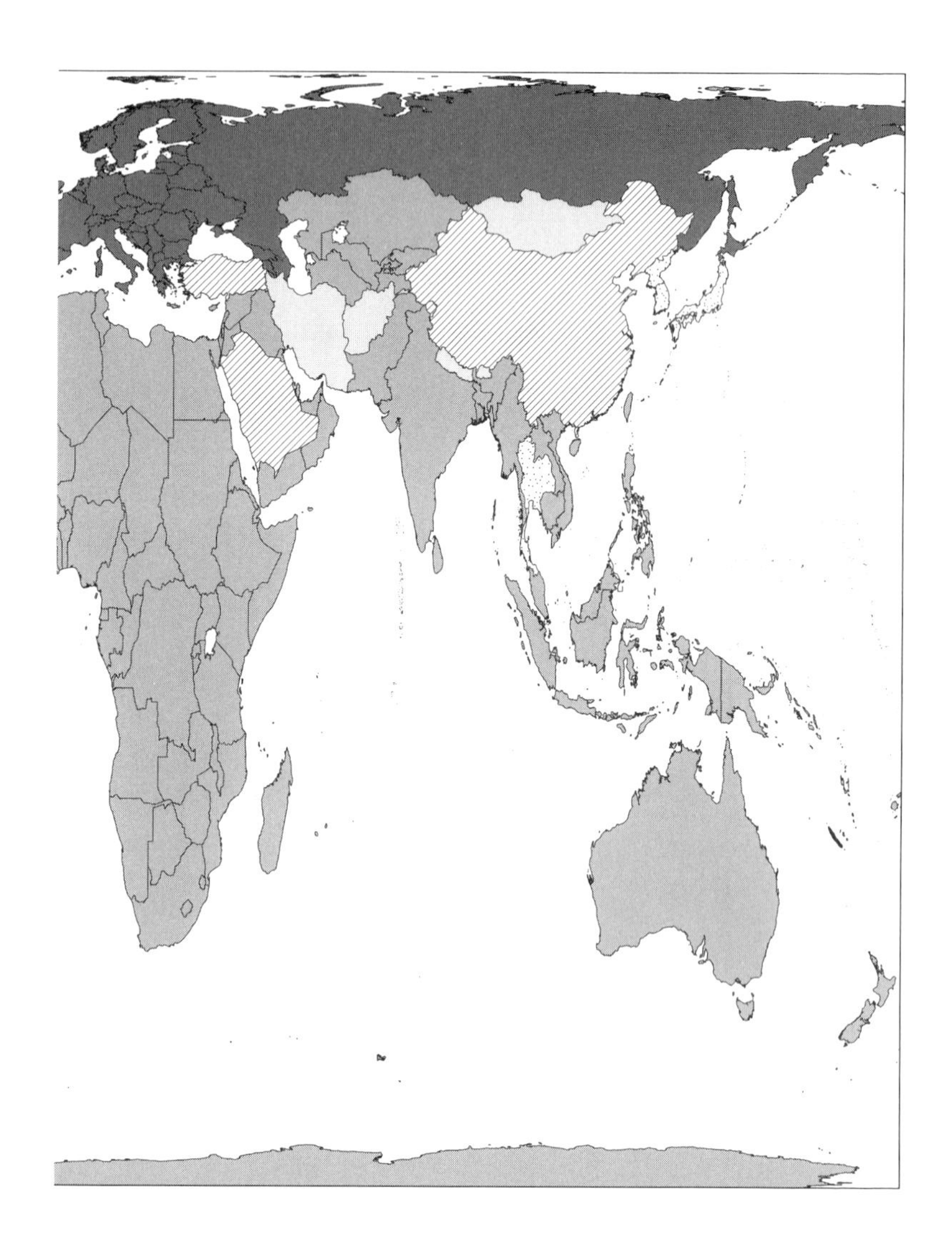

地図2　ヨーロッパによって植民地化された世界の地域。

資本主義以前の人間および自然の概要

人間が自然界を雑に扱うさまを嘆いてみせるのは古代からある戯言だ。プラトンは著書『クリティアス（*Critias*）』で、木々が生い茂り、高貴な人びとが土地を共有して自然を愛でながら集住していた、彼の時代より9000年も前のアテナイ近郊を描写している。プラトンが記したように、プラトンと同時代の人びとは自然を軽んじ、丘陵地帯の森林を乱伐して丸裸にしてしまった。[20] プラトンの著書では近郊都市アテナイの歴史が美化されているが、これはほとんど作り話だ。[21] われわれは、西アジア文明の周縁属国が気候や疾病、社会的危機を経験した時に、自然を尊重していなかったことではなく、偶然起きていたことを分析する。まずは、中央アジアと東アジアの富と文明に羨望を抱きつつも圧倒的に貧しかった地域における、資本主義の幕開けに先立つ数世紀、天候に左右された時代から話を始めよう。[22] それは、封建制下の欧州だ。[23]

中世の温暖期とは、西暦950年から1250年にかけて北大西洋で続いた、異常な気候の時期を指す。冬は温暖で、栽培期間が長かった。栽培地域が北方へと広がり、ノルウェー南部にはぶどう畑が、アルプスからスコットランドまでの高地や山々には穀物を栽培する農場が現れた。[24] 欧州の人口は、西暦800年以降の500年間で3倍の約7000万人にまで膨れ上がった。[25] 英国の人口は西暦1300年頃に最多となったが、17世紀末になるまで再びその水準になることはなかった。[26] 余剰農産物はそれ以上の速さで増えていった。西暦1300年頃には農業以外に従事する人が5人に1人ほどまでに増え、あらゆる所に町ができた。相対的に豊かになったことで進出意欲にも拍車がかかった。十字軍はその一例だ。1095年には、地中海東部の富を狙った極めて商業的かつ軍事的な作戦が始まった。この動きに伴う征服の動きは他にもあった。そのうち2つは400年後の近代世界の形成に大いに関係する。一つは、現在のポルトガルとスペインにあたるイベリア半島でのレコンキスタだ。カスティーリャ人とアラゴン人は第1陣の十字軍遠征でイベリア半島のイスラム勢力を撃退し始めた。十字軍は占領地に貢物をさせることで略奪を行なったが、これは植民地資本主義の特徴である。二つ目の動きは目立たないものだったが、さらに強力だった。封建制のもっとも重要な特徴は、中央集権化された権力がなくても大規模な植民地拡大を継続する力があったことだ。そのためには、万人を征服する最強の力である耕作が頼みの綱だった。14世紀になる頃には、欧州の土地の3分の1が農業に向けられていた。それまでの500年間と比べて一気に6倍に増加したのである。その多くは、森林をつぶして農地にしたものだった。[27]

封建制下の欧州は中世の温暖期がピークを迎える1250年頃までこの流れにあったが、その頃に気候が寒冷化し、降雨が増えた。数百年ほどは比較的食糧を確保できていたのだが、その後は再び飢餓に陥った。まったく異なる気候に慣れていた文明がより圧倒的な力で打ち砕かれたのだ。1315年5月、ニュージーランドで起きたカハロア噴火の影響だと思われる大雨に欧州中が見舞われたからである。[28]この大雨は8月まで降り続き、早々に寒波に見舞われてようやく止んだのだった。それまでの数年間も収穫が少なかったのだが、1315年は目も当てられないほどであり、その翌年も同様だった。その後の数年間で、欧州の人口は2割ほども減った。[29]欧州大陸が、大飢餓と呼ばれた状態から脱したのはようやく1322年になってからのことである。[30]

当時の人びとはわかっていなかったのだが、気候は小氷河期に突入していた。この気候が終わったのは19世紀に入った後だ。小氷河期に入ったことで封建制の脆弱さがむきだしになった。例えば、食糧生産の仕組みがうまく機能したのは温暖な気候が続いていた間だけだった。主な理由は、その生産制度が、領主が土地を支配し、農民が耕すという特殊な階級構造によって機能していたからである。領主は農民の増加を目の当たりにし、人口増加のおかげで生産量を増やすことはできたが、収穫は減る傾向にあった。数世紀の間に肥沃な土地が徐々に疲弊していったが、農民の数が増え、限られた土地からあらゆるものを収穫するようになったことで収穫が減少しても半ば覆い隠された。気候が一変すると不作が連鎖的に起き、土地を疲弊させ、飢餓を引き起こした階級構造のせいで拡大することになり、数百万人が命を失った。

人間が増えすぎ、食糧が不足するという、ロバート・マルサスが『人口論』で行なった警告がこの文明危機を言い得ている。現代に通じる言い方をすれば、気候変動は欧州の環境収容力に影響を及ぼし、封建制においては疲弊した土地で維持できる人数が減ってしまったということだ。だが、環境収容力は施政者次第で増大も減少もする。当時も今も、問題は権力なのである。実際、この問題に関してマルサスはカール・マルクスほど多くを語っていない。封建制の領主は、貨幣か、貯蔵や売買が容易な穀物を欲しがり、土地から収穫したわずかな量の余剰分をほとんど消費してしまい、少量でも農業への再投資のために残すことはなかった[31]。領主らの権力と要求がなかったなら、農民たちは、穀物と園芸作物との混作に移行し、食糧問題を解決していたかもしれない。人口に関して言えば、家族構成と人口増加は、時代を問わず不変な子孫繁栄の意欲によってではなく、文化、階級、土地の利用可能性に影響を及ぼす歴史的条件によって決まる。ギィ・ボアは、ノルマンの封建制に関する優れた研究書の中で、耕作物と耕作方法について農民が権限を持ち自主的に行なえるように土地を耕作する方法に移行していれば、中世ヨーロッパは最大で3倍も多くの人びとを養うことができたと指摘している[32]。だがそうした移行は起きず、封建制の階級構造は１３４７年に最後の一撃を食らうまでかろうじて持ちこたえた。最後の一撃とは、黒死病である[33]。

中世の温暖期以降の欧州の状況は悲惨だった。二千年紀以降、農民と都市の住民が十分な栄養を摂取するだけの食糧を生産してきた構造は気候変動に対応できず、栄養失調に陥る人口が増えた[34]。英国では11世紀の遺体を複数掘り出して調査が行なわれたが、13世紀の遺体と比べて健康状態がよかったことがわかった[35]。中世温暖期の末期に起きた食料不足のせいで欧州の人びとは病気にかかりやすくなっていたところに黒死病が流行し、大災害になったのである。欧州の人口の3分の1から2分の1ほどが死亡し、黒死病は中世版のグローバリゼーションに便乗した形になった。ほぼすべての土地が都市化し、商業地となった結果、都市に集まる人びとが増え、貿易網に組み込まれる都市が増えた。上海からシチリアへ物品と貨幣を運ぶ主要交易経路ができた結果、アジアと欧州が一体化して超大陸特有の「疾病プール」になったのである。[36]

黒死病が欧州に到達し、1347年10月にシチリア、その3カ月後にジェノバに到達すると、封建制は崩壊した。崩壊したことで、大きな危機がどのようにして起きるのか、どのようにして気候や人口といった力学を権力や経済に結びつけるのかについて重要なことがわかる。他の農耕文明と同じく、封建制には農業生態学的関係を疲弊させる傾向があった。封建的な階級構造の下で人口が増えるにつれ、農業はそれまで以上に労働集約的になった。土地を耕す人が増え、略奪をしなくなり、雑草が減り、手間をかけて作物を育てるようになったということである。農業に人を投入しても、封建制的な階級構造への対処にはならず、衰退させていくだけだった。イングランドでは、1270年頃から封建制が疲弊する兆しが見えていた。大飢饉前の半世紀で、すでに粗食だった農民の食事が一気に貧弱になった。穀物生産量が減少し、農民たちの主食であった穀物の1人当たり消費量は14パーセントも減ったのである。[37]

文明の崩壊は、単に人びとが飢えているからという理由で起きるわけではない（1970年以降、8億人以上が栄養失調状態に陥っているが、文明の終焉を語る人はほとんどいない）[38]。歴史が大きく変わるのは、「それまでと同じ」ではうまくいかなくなったからだ。権力者は、現実が劇的に変化しているときでも従来の戦略に固執する。封建制下にあった欧州がそうだった。黒死病は人口に影響を及ぼす単なる大災害ではなかった。欧州社会の力の均衡をも崩れさせたものだったのである。

封建制においては、食糧生産だけでなく領主の権力を再生産するためにも人口増加に頼っていた。貴族たちが有利な立場を維持するには、比較的多くの農民人口が必要だったのだ。多くの貴族が農民を巡って争うよりも、多くの農民が土地を巡って争う方がましだった。だが黒死病の発生に伴い、商業網や交流網は黒死病だけではなく、庶民の蜂起をも伝える軌道になった。わずか一夜にして、農民の反乱は地方の問題ではなく、封建秩序に対する大きな脅威となったのである。１３４７年以降、こうした蜂起が同時多発的に起きた。封建制の権力、生産、自然に関する論理が根本的に崩壊するという新時代的な危機に対する制度横断的な反応だった。[39]

黒死病は、すでに限界に達していた制度に突如、耐え難い試練をもたらした。この疫病が流行してから、バルト諸国からイベリア、ロンドンからフィレンツェに至るまでの欧州は絶えることのない階級闘争の場となった。[40]農民らは減税と慣習上の権利の回復を要求したが、封建制度の施政者らには受け入れ難かった。欧州の王侯や銀行家、貴族がそうした要求を受け入れられなかったのであれば、どうあがいても**かつての状態**に戻ることはできなかっただろう。黒死病への対応として登場したのは、賃金統制と徹底した奴隷制とによって安い労働力を維持する抑圧的な法律の制定だった。初期の法律としては、黒死病の最初の大流行（１３９４〜51）を受けて制定されたイングランドの労働者制定法である。今日これに相当するものがあるとすれば、エボラ熱への対応として組合結成を困難にするようなことだろう。従来通りのやり方を維持しようとして徒労に終わった欧州の貴族にとって、気候変動が労働に及ぼす影響は明らかだった。どのような手もうまくいかなかった。西ヨーロッパでも中央ヨーロッパでも農奴制が復活することはなかった。農民や都市労働者たちの賃金と生活水準は、全体的な経済規模の縮小を埋め合わせるに十分なほど大幅に改善した。これは多くの人びとにとっては恩恵であったが、欧州人口の１パーセントにとっては経済余剰の分け前が減ることになった。かつての階級は崩壊し、元に戻ることはなかった。

資本主義は、この崩壊状態から登場した。支配層は余剰分を取り戻そうとしただけでなく、増やそうとした。東アジアの支配者たちも社会生態学的な苦難を経験したが、この地域は比較的豊かであったため、独自の従属関係を結ぶことで混乱、森林破壊、資源不足に対処する手段を見つけ出した。[41]生命の網との新たな関係を考える策を偶然見いだしたのは、イベリア、とくにポルトガルとカスティーリャの貴族だった。これらの王国とその社会は15世紀末までレコンキスタを手段として戦争を行なってきた。レコンキスタとは、イベリア半島での数世紀に及ぶイスラム勢力との対立戦争である。戦費をイタリアの資本家頼みとしていたため、ポルトガルとカスティーリャは戦争と借金とによって一変してしまった。戦債を抱えつつも征服に成功すれば富が得られるという約束とが相まって、大西洋における最初の侵略、すなわちカナリア諸島とマデイラの侵略に拍車がかかった。戦債を返済するためにさらに戦争を行ない、その見返りとして新しい広大な未開拓地で植民地利益を得たのである。[42]

初期の未開拓地

初期の近代植民地主義においては、未開拓地がそれまでにない方法で活用された。かつては中心部で人口が増えて定住地域が拡大し、続いて商業が成長するというのが常だった。だがこのパターンは１４９２年以降の２００年で完全に逆転し、未開拓地が豊かな都市部を構成する原理となった。結果として成立した文明には、数千年前に確立したパターンを根本的に覆す人口統計学的かつ地理学的な理屈があった。第２章で財政的豊かさを取り上げるが、その富があったからこそ征服が可能になったのだ。現代世界の特徴たるものの多くが初めて結集したのは、ポルトガルの初期植民開拓地での実験、すなわち初期の資本主義的産物の一つ、砂糖の生産においてである。

現代世界としての炎が初めて灯されたのは、アフリカ北部の小さな島だった。１４６０年代、この島で食料の新たな生産流通制度が整った。1419年、ポルトガルの船乗りたちがカサブランカの西、400マイル（644キロメートルだ）も離れていない所に島を見つけ、「木の島」[43]を意味するマデイラと呼んだ。ベネチア人旅行家で奴隷商人でもあったアルヴィーゼ・ダ・カダモストは1455年、「大木で覆われていない地面は足先ほどもない」[44]と報告している。1530年代になると、この島では木を目にすることはほぼ皆無となった。マデイラでの皆伐には2つの段階があった。当初、木材は造船や建設用の資材として利益を上げていた。森が荒廃すると、1430年代には小麦畑になり、小麦はポルトガルへ輸出された。次に、砂糖製造の燃料として木材が使われるようになり、それまで以上の規模で森林が破壊されていった。

人類、霊長類、哺乳類の多くは砂糖の味が大好きだ。[45]紀元前6000年にニューギニアでサトウキビが発見されると、人類はサトウキビについての植物学的な知識が必要だと理解した。[46]収穫のタイミングは、サトウキビが水分をもっとも多く含んでいる時だ。だがその頃は雑草が多く、収穫に苦労する時期でもあった。収穫後、砂糖を最大限搾り取るためには48時間で処理しなければならなかった。[47]それ以降は腐り始めてしまうからである。

植物学的には、サトウキビは手際よく処理せねばならないため、数千年もの間は大量生産が難しかった。だからこそシドニー・ミンツは、「1226年、ときの国王ヘンリ3世は、もしもいっときにそんなに大量の砂糖が手に入るものなら、ウィンチェスターの大市で、できれば3ポンド（約1・5キロ）ほどの砂糖を入手してほしいと、ウィンチェスター市長に要請した」[48]と記したのだ。「いっときに手に入る」量を増やすことは容易ではなかった。1世帯での生産量を増やさねばならなかったり、新たな生産手段と技術に投資せねばならなかったりした。例えば、イスラム文明圏のペルシアと北アフリカでは炭酸カリウムを使うと、より精製された砂糖結晶ができることが発見されていた。エジプトのアレクサンドリア産の砂糖が最高級品であり、ヘンリ3世はとりわけこれを手に入れたがった。[49]生産量を大幅に増やすには、新たな労働と自然と商業の形が必要だったのである。
砂糖は14世紀にアラゴンのジャウマ2世（1267〜1327）によりイベリアに持ち込まれた。ジャウマ2世は、製糖技術に長けたイスラム教徒の奴隷も1人連れてきた。製糖産業は、ラベンスバーガー社のようなドイツ系銀行から資金を得て、奴隷と自由労働者とを使ってヴァレンシア近郊の借地を耕し、[50] 1420年には成長商業となった。砂糖は依然として希少だったが、市場はあった。1460年代から70年代、マデイラの農民は小麦をやめて砂糖だけを生産するようになった。さらに大量の砂糖が作られることになったわけである。砂糖生産の最前線は瞬く間に広がった。まずは大西洋の他の島々へ、次には新世界へと大規模に拡大した。[51] 今日のヤシや大豆の単一栽培と同様に、砂糖を生産するために猛烈な勢いで森林が切り開かれ、土壌が疲弊し、害虫が発生した。[52]
その速度に至るには、作業内容をより細かく分割して別々の労働者に割り当てるように再編する必要があった。サトウキビを刈り入れ、夜通し精製作業をして疲れ果ててしまう労働者から十分な利益をあげることは単に不可能なのだ。サントメでは製糖産業の管理体制を刷新し、機械を導入したことで、輪転粉砕機（大型のすりこぎとすり鉢を組み合わせた機械だ）を使う細々とした小規模事業から二輪穀物粉砕機と奴隷を使う大量生産事業になった。[53] アダム・スミスはピンの製造供給体制が全体として分業化されていることに驚いたが、その数世紀前のサトウキビ農園では、人間と植物と資本との関係によって近代製造業の核となる考えが築かれていたわけである。工場の原形はプランテーションだったのだ。砂糖プランテーションが、サントメに続いてブラジルを、その次にはカリブ地域をというように新たな未開拓地を見つけるたびに、新たな機械、新たなプランテーション、製糖所の組み合わせができ、新たな工場が建てられていった。この物語に唯一欠けているのは、当然のことながら、労働を担った人間である。マデイラの例でいえば、カナリア諸島の先住民、北アフリカの奴隷たち、時には欧州大陸からやってきて報酬を得てプランテーションで働く労働者たちだった。

プランテーションの灌漑には、木材や泥、そして汗と血をそそいで造られたレヴァダス（マデイラに多く存在する灌漑用水路）が使われた。今日、最長で幅37マイル（60キロ）しかないマデイラに1300マイル（2100キロ）に及ぶレヴァダスが残っている。水力工学の技師らが、時にはロープでくくられ吊るされた状態の奴隷に岩肌を掘らせて細い水路を作り、サトウキビ農園まで水路を通したのである。[54] 岩盤が崩落したり、ダムが決壊したりして多くの労働者が命を落としたが、技師らはマデイラの水流を変えることに成功した。ポルトガル領インドのゴアで初代指揮官を務め、第2代インド総督にもなったアフォンソ・デ・アルブケルケが「ナイル川の流れを変えるために」[55] マデイラ人を送ってこいと言ったほどだ。フラマン人やイタリア人が投資をし、ポルトガル人の奴隷所有者らがサトウキビの植え付け、水やり、収穫から結晶化までを監督した。サトウキビの茎を砂糖に変えるには膨大な量の燃料が必要だった。サトウキビ汁を煮詰めて蒸留して1重量ポンド（0・45キロ）の砂糖を作るには少なくとも50重量ポンド（23キロ）の木材が必要だった。水分を含む重いサトウキビを糖蜜と砂糖の塊にするために、マデイラの首都フンシャルのあちこちに製糖所が建設され、奴隷たちによってサトウキビが運び込まれた。全盛期には、マデイラの製糖業では毎年500ヘクタール（1236エーカー）分の木材を伐採してボイラーにくべ、欧州の宮廷に砂糖を貢ぎ続けていた。だが、好況の後には不況がやってくる。生産量は16世紀の最初の10年間でピークを迎えたが1530年代には島の樹木は伐採され尽くし、炉の火は消えていた。生産量は激減した。投資家たちは、奴隷に大規模な植え付け作業を行なわせ、新世界の森林を燃料にして生産する砂糖からさらに大きな利益が得られることに気がついた。[56] 欧州の富裕層が砂糖を食し、砂糖がこの島を食い尽くしてしまった。

資本主義はマデイラを見捨てず、マデイラを作り直した。[57] 利用できる燃料がなく（島の樹木は内陸の高地に残るのみで、効率よく伐採するには不便だった）、荒廃した土地から利益を得るための新たな戦略が浮上したのである。砂糖の次は、サトウキビ産業の燃え滓を利用したワインだった。ブドウ栽培には、サトウキビほど人手がいらず、水も燃料も少なくてよかったのである。だがワインには樽が必要だ。そのため、マデイラで使う樽用の木材はもっとも経済的な生産地から運び込まれた。格安だった新世界の木材である。マデイラは18世紀まで奴隷交易の大西洋の中継地だったため、一次産品も逆方向に流れていった。[58]近年のこの島の再開発ではその残酷な歴史が観光資源として利用されている。[59]だが、マデイラでの製糖産業の最前線が閉鎖されたように新たな最前線があちこちで開拓された。甘さを渇望した力ほど目立つものではなかったが、その力がこの島を、そしてすぐには世界全体を形成していった。[60]

未開拓地と安価化

この未開拓の植民地を概観すると、マデイラに関わりなく資本主義がどう機能するはずだったのかがわかる。砂糖とマデイラの物語をさらに徹底して分析する前に、未開拓地（フロンティア）を分析する重要性を説明しておこう。資本主義の拡大を視覚化すると、拡大そのものが惑星衝突のような衝撃あるいは疾病の蔓延であり、惑星の落下地点あるいは最初の罹患者が起点となって地球全体に広がっていくイメージであることが多い。資本主義的な未開拓地を説明するには、それ以上に洗練されたサイエンス・フィクションが必要になる。資本主義が疾病だとすると、それは自らを蝕む病だ。自分の骨を肥料として売って利益をあげ、その利益を投資してサトウキビを収穫し、そのサトウキビを自分の墓石を見に来る観光客に売るようなものなのだ。[61]だが、この説明は適切ではない。未開拓地は連携を通してこそ機能する。うまくいかない場合は他の場所から生命を吸い上げて修正するということだ。未開拓地とは、危機が利益を得るための新たな戦略を促す場所なのである。資本と、人間も含めたありとあらゆる自然とが出会う場所であるからこそ、最前線（フロンティア）なのである。次に、人間は常に事業コストを減らそうとする。資本主義は未開拓地を**伴う**だけではない。未開拓地を**通して**のみ存在する。ある場所から次の場所へと拡大し、社会生態学的な関係性を変容させ、より多くの商品とサービスを生み出し、拡大する一連の交換を通して循環していくのだ。だがそれよりも重要なのは、未開拓地とは、経済的な力だけではなく、権力が行使される場所だということだ。国家と帝国は、未開拓地の至る所で暴力を行使し、文化を利用し、知識を駆使して低コストで自然を動かす。未開拓地が現代史の中心となり、資本主義の広大な市場が可能になったのは、まさにこの低コストによってなのである。この点から生産性がどのように理解され、実践されているかについての貴重な手がかりが得られる。むごたらしく抑圧的な資本主義の歴史については多くが語られているが、見落とされがちな事実が一つある。資本主義が繁栄しているのは、それが暴力的で破壊的なものであるからではない（実際はそうなのだが）。ある特別な意味で、生産的なものであるからだ。[62] 資本主義は、自然を破滅することによってではなく、できるだけ低コストで自然から価値を得ることによって繁栄しているのである。

資本主義は未開拓地を利用して、会計士が作成する損益計算書に計上されるものよりもはるかに広い「生命形成」の関係性を利用し支配している。英語には「生命形成」の過程を表現する言葉がないが、他のさまざまな言語にはある。北米北東部の広範囲に居住していたアニシナアベ族には**ミノビマアティジウィン**という言葉があるが、これは「よき一生」と、「連綿と続く再生」という、人間とそれ以外の生物との双方向的で循環する関係性を意味している。[63] アフリカ南部で話されているバンツー語には、連帯することによって人として満たされるという意味の**ウブントゥ**という言葉があり、ショナ語には、生物物理学的な世界を含めた「宇宙全体とのつながり」を意味する**ウカマ**という概念がある。[64] 同様の解釈は、中国語の**事事無碍**と、マオリ語の**マウリ**にもある。[65] 英語にはこれにふさわしい言葉がないため、**オイケイオス**という概念を使う。**オイケイオス**とは、支配しようとする人間の試みを一貫して排除する自然によって常に形成される、すべての人間の活動がその中で循環するような、「生命形成」の創造的で多層的な拍動に名づける概念だ。特定の形態を持つ生命が現れたり、種が環境を作り、環境が種を育むのは、この**オイケイオス**を通してである。同様に、人類の文明の拍動は単に環境を占有するのではなく、環境を作り出し、その過程において環境によって作り出されるものなのだ。▼66

人間が作るすべてのもの、つまり食物や衣服、家、職場、道路、鉄道、空港、携帯電話、アプリケーションまで、その他の自然との合作である。農業のようなものが人間による営みと土壌による営みとを合体させたものであり、あらゆる物理的な過程に人智を混ぜ合わせたものであることは比較的容易に理解できる。その過程がより大規模なものであるときは、「社会による」過程と「自然による」過程とがそれぞれ独立しているように思えてしまう。世界的な金融市場について理解するよりも、土壌と農産物の直売という仕事との直接的な関係について理解する方が簡単だ。だが米国金融市場は、農産物直売とまったく同じように自然を通して共同で作り上げられているものなのだ。実際、ウォール街の世界的金融業は、これまでの文明では考えられなかったような地球生態学的な関係の網に自らを巻き込んでいる。歴史は人間が自然から切り離されることによってではなく、人間が進化し、様ざまな状況を通して作られている。権力と差異、生産と再生産という「人間」の関係は自然を作り出すだけではなく、自然の産物でもある。例えば、ロンドン地下鉄にはさまざまな亜種の蚊（アカイエカ）が生息している。通勤者らが行き交う、陽のあたらない空間に適応しているため、もはや地上の他種と交配することはない。そうして新種の蚊、チカイエカとなったのだ。▼67 人間の活動によって誕生したこの新たな種はシティ（英国の金融街だ）の通勤者の血を吸って生息し、そこで働く人間によって駆除された種に代わって、因果応報的な報いを加える小さな生物となっている。

より広範な生命の網と資本主義との関係が本書のテーマである。資本主義の未開拓地は、「生命形成」

というはるかに大きな世界の中に確固として存在している。資本主義にとって重要なのは、賃金や労働者に提供する食事の費用、エネルギーや原材料の仕入れ費用といった、計上する費用をできるだけ抑えることだ。資本主義が価値を認めるのは勘定できるものだけで、勘定できるものは金銭だけである。どの資本家もなるべく少ない投資でなるべく多くの利益を得たいと考えている。資本主義にとってこれは、強大な国家と資本家が地球上の自然を作り変え、なるべく少ない投資で、なるべく多くの食糧、成果、エネルギー、原材料を、なるべく混乱を起こさずに得られるときに制度全体が繁栄するということを意味する。

　この時点で経済学者は「外部性だ」とつぶやき、アーサー・セシル・ピグーやジェームズ・ミードといった外部性について論じた最初の学者たちの著作をなぜ読んでいないのかといぶかしく思うだろう。[68] もちろん読んだとも。読んだからこそ本書を執筆しているのだ。経済学における外部性とは、私的（プライベート）あるいは社会的（ソーシャル）な費用あるいは便益を指し、生産コストには含まれない。本書では、現代世界が登場したのは開拓地での危機、すなわち、人間とその他の生命を計算対象に含めた結果起きてしまった危機を修復する、組織的な試みの結果であることを指摘する。現代世界は、外部性の反撃によって発生したものなのだ。[69]

　資本主義とは貨幣が潤沢にある制度ではなく、安価な、あるいは安価にされうる自然という大海原に現金決済の島が存在するという制度である。貨幣が要となる世界においては、出産と子育てには多額の費用がかかり、時間の経過とともにその費用はますます膨らむ。労働者の賃金は凍結され、減額されることすらある。だが結局は、不平等によって、米国と英国で近年目撃されたようなポピュリストの抗議を招くような危機が加速されるのだ。労働者は尊厳を求め、賃金は上昇する。生産活動のせいで島はあっという間に疲弊し、エネルギーはもはや安くない。気候が変動し、農作物がかつてのように豊かに実ることはない。これらの過程において未開拓地は非常に重要だ。なぜなら、その過程で新たな安価なものを得て、安価な労働を強制し、その他の自然を思いのままに扱うことができるような場所だからである。

では、**安価**で言わんとすることを説明しよう。これは、資本主義の危機を一時的に修復することで、資本主義と生命の網との関係を管理しようとする一連の戦略である。安価は低コストの一部ではあるが、まったく同じではない。安価とは、人間や動物、植物、地質などのありとあらゆる営みを、できるかぎり少ない対価で結集する戦略であり、実践であり、暴力である。われわれは、安価という言葉を使って、これらの「生命形成」による名前もない関係を生産と消費の循環へと変えてしまう過程を説明する。この循環において、これらの関係には可能なかぎり安い値段がつけられる。安価化は、「生命形成」による無数にある関係にもっとも低い貨幣価値をつけることなのだ。これは常に短期的な戦略である。安価化は常に戦いの場なのだ。これら7つの安価化されたモノに目を向けることで、可能性の地平が見えてくる。これによって、今日における社会的対立の利害関係と、連帯を意義あるものにするための賠償を把握できるようになる。貨幣、労働、ケア、エネルギー、食料、生命、それと何にもまして自然について考察することで、資本主義の生態学と呼んでいるもの、つまり現代世界がどう動いているのかを説明する入り混じった関係性を理解する新たな方法を論じていく。なぜこの7つなのかというと、これ以上減らすことはできず、これ以上あるとしても、この7つが資本主義の生態学の黎明期に存在していたものであるからだ。これらは世界を理解し、かつ変革をもたらすというプロジェクトにとって有用な出発点なのである。では、これら一つひとつがマデイラでどのように問題になったのかを見ていこう。

自然

マデイラに上陸した時、植民者たちは外来種を持ち込んだ。マデイラより小さな島の一つ、ポルトサント（初代当主はコロンブスの義理の父だった）ではウサギが逃げ出してこの地の植物相を食い尽くしてしまった。それ以外の外来種も持ち込まれ続けた。マデイラに固有のカタツムリは植民地となってから1世紀も経たないうちに絶滅した。だがマデイラで起きた絶滅のほとんどは過去200年に起きたことが記録からわかっている。最初の植民地化でかたっぱしから襲われたからではなく、その後、外来種と農業資本主義が立て続けに到来したことにより数百万年の進化が根絶されたのだ。[70]

マデイラの樹木、水、土壌、動物相、植物相、それに島を取り囲む海は「無償の贈り物」として扱われ、生産材料に使われるか、さもなければ生産を妨げるものとされた。[71] ジェレミー・ジャクソンは乱獲についての論文「コロンブス以降の岩礁（Reefs since Columbus）」で、若きコロンブスがマデイラに到着した時から人間がいかに生物を絶滅させてきたかを論じている。[72] 資本主義の下で人間は、自らもその一部であり、それに生かされているにもかかわらず、生態系を乱用している。例えば資本家は、海洋とはまだ漁獲していない海産物の貯蔵庫であり、陸地で出た残骸の廃棄場所だとする見方に納得している。食料と廃棄物のバランスはすぐに崩れてしまうだろう。最後の商業的な水揚げになるだろうと予測されている年から2年後の2050年には、海には魚よりもプラスチックの方が多くなっているだろう。[73] 学術的な厳密さには欠けるがここでの説明は、人間はその後ろに破壊を従えているというものだ。だが、自然は単なる資源の貯蔵庫や廃棄場所ではない。[74] 本書をポルトガル海上帝国の辺境の地についての話で始めたのは、マデイラが、生命の網における人間の新陳代謝が利益追求一辺倒になってしまうと何が起きるのかをはっきり見せつけているからだ。

利益が生命を統治するとなれば、自然（ネイチャー）と社会（ソサエティ）（これらが神話性を持たされ、流血を招くほどの力を行使する場合はルビをふっている〔原書では大文字〕）との概念的な分断という知的に重要な状態変化が起きるはずだった。これは極めて重大な変化だったが、世界市場の誕生やアメリカ大陸の征服、農民の収奪と比べると大概色あせてしまう。しかしそれ以上に重要なのは、一部の人間が自然を全体としてどう理解し、どのような影響を及ぼしたかが変化したことだ。これが常に**一部の**人間、すなわち金銭のみに依存する世界を手中に収め、商品化した人間の仕業だったことを明確にしておくことが重要だ。気候変動に関しては誰もが同じ船に乗り合わせているのかもしれないが、ほとんどの人間は三等客だ。ここで等級が重要になるのには、大きな理由が2つある。第一に、分断によって得をする階級と関係に責任を持たせ、注目されるようにするためだ。第二に、こちらの方が重要なのだが、人間が「自然から切り離された」ことはまさに大規模な排除に伴って起きたことだからだ。資本主義が台頭したことで、われわれは社会が生命の網から比較的独立しているというだけでなく、場所を問わずほとんどの女性、先住民、奴隷、被植民者は完全な人間でもなければ社会の正式な構成員でもないとも考えるようになってしまった。こうした人びとは人間ではないか、かろうじて人間であるに過ぎないとされた。彼らは自然（ネイチャー）の一部であり、社会から排除された存在として扱われ、価値のない存在とされたのだった。

第1章で取り上げるように、自然（ネイチャー）を社会（ソサエティ）から、未開人を文明人から切り離したことが他の安価なモノを作り出す土台となる。その後の500年間で、自然は何度も作り直され、作り上げられ、捉え直されてきた。資本主義が安価な自然をどう使うかによって、誰の生命や営みが重要で、誰の生命や営みが重要でないのかが決まる。資本主義の支配的な概念である自然（ネイチャー）と社会（ソサエティ）によって、誰の営みが評価されるのか、誰の営み（子どもや高齢者の世話、病人や特別なケアを必要とする人の世話、農作業、人間以外の生物、つまり動物や土壌、森林、燃料がなす営み）が不可視化されるのかが決まる。こうしたことはすべて流通する貨幣によって達成され、その価値は征服と服従によって決まる。それ以降の時代においては、労働者を維持するために食料が管理され、労働者の生産性を上げるためにエネルギーが管理された。したがって、安価なモノは実はモノなどではない。むしろ、危機を切り抜け、管理するために資本主義が▼75採択した戦略であり、安価な自然という原罪によって実存する独立した存在として登場した策略なのだ。

貨幣

貨幣は資本主義を動かす媒体であり、資本主義を支配する力のある人びとの力の源である。その支配とは、人や富だけに及ぶものではない。その支配がいかに自然と絡み合っているかに関わるものだ。米国のドルとサウジアラビアの石油とがいかに強く結びついているか、あるいはさらに遡れば、オランダで使われていたレイクスダール硬貨と新世界の銀塊とがどれほど固く結びついていたかについて考えてほしい。もし近代が権力の生態学だとすれば、その生態系を結びつけるのは貨幣で、貨幣を作り上げるのはその生態系である。貨幣は文化と力によって資本となる。貨幣は労働者と資本家、富裕地域と貧困地域、現在に通じるように言うならば、北の先進国と南の発展途上国を分断し、結びつけるものなのだ。貨幣は国民国家と帝国を育てて律するが、それらに依存しているのである。歴史をこのように眺めると、現代世界は国家の集合体だとは思わなくなり、資本、権力、自然による世界システムだと考えるようになる。[76] だからこそ、この過程を数十年単位ではなく、数世紀という長期的な時間枠で考えざるを得なくなるのだ。

このアプローチの要因を1970年代に初めて提案したのはイマニュエル・ウォーラーステインだ。ウォーラーステインは、資本主義が連鎖的に起きる政治経済的変革によって形成されたこと、その変革において著しく不平等な分業体制が新たに作り上げられたことを示した。ウォーラーステインの主な見解のうち、本書にとくに関係するものが2つある。一つ目は、世界的な不平等が政治勢力と市場原理とによって可能となった階級的なプロセスであるという点だ。[77] 二つ目は、生産と蓄積は自然を大幅に作り変えることによって作り直されたという点である。彼以降の学者たちがウォーラーステインの主張した生態学としての資本主義を退けたとしても、われわれは彼の考えに基づいて、地球上の自然、すなわち生態学を構成する大規模な変容の中で労働と権力がどのように展開したのかを示す。われわれは、社会経済的関係を距離に関係なく条件づける力に注目しているため、貨幣がなぜ重要であるかを明らかにする必要がある。

世界史的な視点を持つと、歴史の些細な細部が重要になる。一つの例を挙げると、15世紀のジェノバの銀行とマデイラの生態系と今日の地球危機との関係だ。人は甘味を好む。砂糖を作るには水が要る。マデイラで灌漑を行なうには労働力が必要で、労働力を確保するには投資が必要だった。奴隷を買い、そこまで運び、維持しておくには金がかかった。サトウキビに水をやり、収穫し、砂糖に加工して欧州大陸で売り、それを銀と交換して、その銀でアジアから香辛料を買うのは1年がかりだった。こうした一つひとつの行為に債権と債務があり、金が商品に流れ込んだ。その中心地がイタリアのジェノバだった。

貨幣は資本ではない。**資本**とは、貨幣を略したジャーナリズム用語であるか、さらに悪く言えば、他に変換可能な在庫を指す。「自然資本」や「社会資本」という言葉を聞いたことがあるか、使ったことがある人は壮大なまやかしの一端を担ってきたのだ。▼78 資本とは、伐採前の樹木や活用されていない技能といった不良在庫ではない。マルクスやわれわれにとって資本とは、貨幣が商品に変わり、また貨幣に変わるという生きた変化においてのみ実現するものだ。ベッドの下に隠された貨幣は、ベッドそのものと同じく、資本主義にとって死んでいるのと同じである。貨幣をその生きた循環に流し込み、それを取り巻く関係においてこそ資本主義が実現する。

交換と流通という過程が貨幣を資本に変える。マルクスの『資本論』の核心には、シンプルで強烈なモデルがある。生産と交換に際して、資本家は労働力、設備、原材料を組み合わせ、完成品を売って貨幣に変える。すべてがうまくいけば利潤を得ることができるが、その利潤をさらに多くの労働力、設備、原材料に再投資する必要がある。商品も貨幣も資本ではない。この循環が資本に**なる**のは、得られた貨幣を再投資するという拡大し続ける循環の中で貨幣が商品の生産に投入される時だ。資本とは、貨幣が自然を循環する過程なのである。ここで問題となるのは、生命の網には限界があるが、資本は無限の拡大を前提としていることだ。マルクスは、まさにその説明が必要であった時に、需要と供給を通じて市場を説明することが自分の専門だと考えているエコノミストを非難した。[79]これらの市場原理を理解するには、生産と交換という「有機的全体」を使って市場を検証することが必要だ。[80]この有機的全体が、農民資本家の土地を疲弊させるのと同じく、労働者の生命を奪うものなのである。

　貨幣が商品になり、また貨幣に戻るという循環は、単に資本に目を向ける方法ではない。一つの視点であり、その視点を通して帝国や超大国の盛衰、すなわち**長期持続**（longue durée）の期間という、はるかに長期的な律動を見るための視点なのである。[81]商品を作って販売すると、観念的には資本家は利益を得るということを思い出してほしい。利益を得るという果て無き要請に応えるには、利潤そのものが利潤を生むことが必要だ。これは、資本金が、その資本を有利に投資する機会が到来する前に増えてしまう傾向があるという問題を引き起こす。それゆえに、２００８年の金融危機以前に、住宅ローンなどの特定の経済分野に巨額な資本が流れ込むという金融バブルが現代世界史を通じて繰り返されてきたのだ。この問題を解決するのが帝国である。長期的には、帝国は新たな開拓地を切り開く。短期的には、収益性が鈍化すれば帝国は戦争に突入し、戦費を借金で賄う。銀行は喜んで金を貸す。それ以外に利潤を生む機会がほとんどない上、国家は一般的に信用リスクが低いからだ。国家には戦費をかけてでも戦争に赴く軍もあり、安全で価値ある通貨を守っている。銀行と国家が結びつけば、短期的には再投資につながり、中期的には富と利益が金融部門に集中し、長期的には都市、国家、国際体制を中心とする財力の盛衰をもたらす。[82]

　その弧においては、大きな利益を受ける人もいれば、なんとか生き延びる程度の恩恵しか受けられない人や、それすら得られない人もいる。北側先進国での投資収益率は国内総生産（ＧＤＰ）成長率を上回っているというトマ・ピケティの意見は近年大きな関心を集めているが、そうした意見は、歴代の国家体制の下で金融が資本主義の生態学におけるその他の部分とどう関わるのかについての見解としては比較的古い部類に入る。[83]資本主義は、貨幣を商品に変え、また貨幣に戻すという「経済」取引の単なる合計ではない。

資本主義を近代国家や、政府の支配、自然や人間などの変容から切り離すことはできない。第2章で論じるが、拡大や崩壊といった金融資本の突発的動向は資本主義がどのように発展してきたかを理解するために重要だ。投資を具体化し、そこから利潤を得ようとした金融業者の進出を通して、資本主義の生態学はいまや地球生態学の端々にまで影響を及ぼしている。[84] 貨幣が人間のみならず地球上の生命の大部分を支配するようになった経緯は、新世界の富を侵略したことが始まりだ。欧州の帝国や征服者、銀行からなる邪悪同盟が新世界の自然を商品や資本に変えることになる。資本主義の生態学は、人間、人間の身体、生存に必要な資源を管理する新たな方法を必要としていた。貨幣が自動的に商品に変わることはない。そのためには労働力が必要なのだ。

労働

マデイラに砂糖プランテーションを所有していたポルトガル人、ジェノバ人、フランドル人は、カナリア諸島の先住民グアンチェ族をマデイラに連れてきてプランテーションで働かせた。15世紀には、子孫にグアンチェ族を譲るという遺言を残した農園主もわずかながらいた。[85] 先住民労働者の中には、欧州伝来の病原菌や過酷な扱いのせいで命を落とした者もいた。その穴埋めとして、賃金労働者や北アフリカ人の奴隷などが補充された。自給自足農業で生活していたのに奴隷としてマデイラに連れてこられた人びとの子孫であったり、かつて働いていた土地から追い出されたりしてマデイラに辿りついた人びとだった。マデイラは、人間が耐えうる限界と耐久力を試す場所であり、手順化、工程化、専門化など、数世紀後に英国の工場で活用されることになる新たな技法を試す場所でもあった。奴隷も自由民も同様だが、マデイラの労働者が農場主や雇用主に抵抗した方法については十分にわかっていない。労働者が、自分たちを死ぬまで働かせ、土壌を疲弊させた体制とどう闘ったのかについてはほとんど記録されていないからだ。[86] だがわかっていることもある。彼らが抵抗し、収奪される状況に抗おうとしたことで、１４７３年には奴隷が１人で、あるいは自由民と一緒に住むことが禁止されたほどの危機的状況が引き起こされたことだ。[87]

安価にされたモノとその後に起きた危機の物語が必然だったわけではない。人間は抗うことができるし、実際に抗ってもいる。その反抗に対して資本家は、その場しのぎの手をさまざまに打って対応しようとする。そうした手立てもまた必然的に危機を生じさせ、一層洗練された支配と序列の仕組みが考え出される。[88]この階級闘争が資本家のありさまを変える重要な原動力なのだ。マデイラにおける奴隷の反乱についてはほとんど知られていないが、砂糖景気が終わる頃には奴隷制とプランテーションの技術が洗練され、大西洋を越えて伝わったことがわかっている。最初に伝わったのは、西アフリカのサントメ・プリンシペの首都サントメだ。アンゴラレスと呼ばれた逃亡奴隷たちが島の製糖所に放火し、１５９６年には２週間に渡って包囲した都市だ。[89] 第３章で取り上げるが、資本主義に対するもっとも激しい闘いのいくつかは、収奪に対する労働者の抵抗だったことがわかっている。

奴隷制は今も続いており、抵抗もまたしかりだ。21世紀においては、大西洋を経由した奴隷貿易によって輸送された人よりも多くの人が強制労働をさせられている。[90] 国際労働機関は、２０１２年には２１００万人近くが強制労働をさせられていたと発表し、そのうちの２２０万人は国家による強制労働（刑務所）か、反乱軍によるものだった。残りの１８７０万人のうち４５０万人は商業的な性的搾取で、１４２０万人は強制的な経済搾取だった。[91] ちなみに、奴隷貿易で中央航路を輸送されたアフリカ人は１２５０万人だ。

奴隷制が誕生したのはマデイラではないが、**現代的な**奴隷制が誕生したのはマデイラだった。現代的な奴隷制との際だつ違いは、奴隷が農作物の大量生産に従事させられたこと、社会という想像上の領域から排除されたことだ。奴隷は常に社会階級の底辺におかれていたが、マデイラでのにわか景気が落ち着いた後の数世紀の間にその階級から追い出され、市民権らしきものがすべて剝奪された。先住民とアフリカ人奴隷にとって、現代化とは命を失うことだけではなく「社会的な死」[92]をも意味した。奴隷を社会（ソサエティ）の一員としてではなく自然（ネイチャー）の一部として扱うことは、投資家にとって都合のよい動きだった。さらに都合よく動かすためには、さらに多くの労働者を見つけ、負傷すれば手当をし、一生賃金が支払われない仕事で奴隷たちのコミュニティを永遠に支えてやる必要があった。言い換えると、資本家はより多くの労働力を必要とし、できるかぎり費用をかけずに労働者を教育し、生かしておくことが必要だった。この絶対的要求事項から安価なケア労働の体制が整ったのだが、その歴史はほとんど抹殺されている。

ケア

初期のマデイラの歴史のうち、ほとんどわかっていないにもかかわらず、それなくしてはマデイラが成立しえなかったであろう歴史の一部とは、社会学者が社会的再生産と呼ぶ営みである[93]。若者や老人、病弱な人、学齢期の子ども、回復しつつある人の世話という営みが資本主義を可能にしている。他の人間から誕生したのでなければ、人間はどこから誕生したのだろうか？　コミュニティを通してでなければ、人間はどうやって社会的存在になるのだろうか？　支援の輪に頼らなければ、どうやって世話をしてもらい、育ててもらうのだろうか？　こうしたケアが低コストでなされることが求められたために、かつての家父長制が作り変えられ、資本主義の生態学においては性とジェンダーという現代的な区分が誕生したのである。

ブラジルの製糖業が奴隷売買をしていた頃、女性の取引価格は男性より20パーセントも低かったことがわかっている[94]。16、17世紀の欧州では賃金が全般的に削減され、その影響を受けない労働者はいなかったが、とくに女性が受けた影響は大きかった。女性はすでに「削減された男性賃金」の3分の1しか受け取っていなかったのである[95]。女性はさらに家事も行なうものとされていた。実際、家庭という領域は初期の資本主義が意図的に作り上げたものだった。[96] 家事、家族の世話、地域活動などの負担が次第に女性の肩にのしかかるようになり、女性の社会的地位は、サトウキビ畑での労働と同様に監視されるようになった。[97] 第4章で取り上げるが、魔女の火あぶりは、家庭領域に閉じ込められることに抵抗した女性に対する一種の懲罰だった。家父長制は資本主義の生態学の単なる副産物ではない。その根幹をなすものだ。資本主義の台頭にとって「女性の労働」は極めて重要であり、1700年には定義が抜本的に改められた。女性の労働は「仕事にあらず」[98] とされ、ほぼ不可視化されたのである。コストを抑えるために好都合だったからだ。

1995年、研究者らが女性の無償労働に1ドルの価値しか認めないことを非難した。国連は、無償でなされるすべての再生産労働に報酬が支払われたら16兆ドルの価値があると算出した。そのうちの11兆ドルは女性によるものだった。[99] これは世界の全経済活動のおよそ3分の1に上る。世界経済において銀行業が大きなシェアを占めていなければ、この数字はもっと大きくなっていたはずだ。近年の研究によると、英国の再生産労働はロンドンの巨大金融部門が納める税金以上の価値があるという。[100] それでも他の研究によると、国連の推定額は過小評価であり、「家庭における非市場活動」は全世界の生産総額の80パーセントに相当し、2015年には60兆ドル近くに上ったという。[101]

ケアは、無報酬ではないにせよ報酬が低く、社会的再生産を効率よく行なうには単なる労働以上のものが必要になる。世界中の労働者が地方から都市へと移動したことから、金銭的な結びつき以上に重要な新たな問題が発生した。次の日に働くために、十分な栄養を確保することだ。こうして、安価な食料供給の仕組みが登場した。

食料

マデイラの場合、安価な食料とは砂糖ではない。砂糖は15世紀の欧州では、依然として贅沢品だった。

安く買える必要のあった食料とは、奴隷たちが食べていたものだった。そういうわけで、サトウキビ農園の労働者は現在同様、わずかに残った熟したサトウキビの茎を盗んでくちゃくちゃと噛んでいた。水分が多くて甘いサトウキビに栄養分はほとんどなかったが、カロリーの足しにはなった。ブラジルの奴隷商人が病気になった奴隷に時折肉と卵を与えることがあったのは、所有物である奴隷たちを回復させ、作業に復帰させるためだった。そうは言っても、与えた食料は損益台帳の借方に逐一計上された。[102] ポルトガル人の支配を受けていたマデイラの奴隷たちが何を食べていたのかについての記録はほとんど残っていない。だが、アフリカで栽培していたコメ、雑穀、モロコシを持ち込んだ可能性はある。彼らの子孫が新世界へ向かう過酷な航海の際、ポケットに忍ばせていたであろう食料だ。[103] どういう食事であったにせよ、資本主義では労働者の食料は安く入手できるようにしておく必要があった。第5章で示すように、利益を確保して社会秩序を維持するためにはそうする必要があったのだ。[104]

伝統的に支配者は、労働者と貧困層の支持を得るには彼らの胃袋をつかむことだと認識してきた。ローマの哲学者で領主でもあったキケロは腹をすかせた群衆に自宅を襲撃されたことがある。その1世紀後に別の食料暴動が起きた際、皇帝クラウディウスは硬くなったパンの耳を投げつけられている。[105] 数千年もの間、安価な食料が秩序を維持するための要であった。資本主義の生態学においては、労働者が支出する世帯の食費を抑えることで秩序が維持されてきた。家計費のうち食費よりも交通費と住宅費の方が多い今日では、取るに足らないことのように思えるかもしれない。しかし、食料の方が取るに足らないという状況は、歴史的にみれば稀なのである。食料が安い理由は、そうなるように仕向けられているからだ。1453年から1913年で、英国人建設労働者の賃金に占める食費の割合は80パーセントから77・5パーセントに低下した。[106] 英国人の食費が家計の8・6パーセントに低下したのはごく最近のことである（2014年現在、米国では6・6パーセント、イタリアでは14・2パーセント、中国では25・5パーセント、ナイジェリアでは

56・6パーセントだ）[107]。この割合が低く抑えられているのは、米国を例に取れば、1ドルのハンバーガーと安い鶏肉の大量生産を促進するという戦略の成果だ。まずはこの話を取り上げる。

マデイラの例が皮肉なのは、まさにこの地で切り開かれた関係のせいで砂糖が割安な農産品となったことだ。砂糖はたまに口にする贅沢品という位置づけから、英国人の砂糖消費量は17世紀終盤にかけて4倍に増え、18世紀にはさらに倍増し、18世紀末になると1人当たり13ポンド（5・9キロ）にも上った。今日、米国人の甘味料消費量は1人当たり年間76ポンド（34・5キロ）に上り、そのうちの41ポンド（18・6キロ）は精糖で、25ポンド（11・3キロ）は果糖ブドウ糖液糖だ[108]。2005年から10年までで、米国人が1日当たりで摂取する砂糖添加物のカロリーは平均して男性が355キロカロリー、女性が239キロカロリーだった。これは1日当たりに必要なエネルギーの13パーセントに相当する（最近の研究によると、砂糖を1日に必要なカロリーの2〜3パーセントより多く摂取すると健康に悪影響があるという）[109]。だが、砂糖が唯一のエネルギー源なのではない。米国の労働者層が生きていけるように低価格に抑えられている生活必需品は他にもある。それは、7世紀にわたって英国人建設労働者が2番目に多く支出してきた燃料だ。

エネルギー

そもそも「森の島」マデイラに植生する亜熱帯性月桂樹は燃料として使われていたわけではなかった。もともとは材木として使われていた[110]。ポルトガル海軍の船舶や大都市リスボンの建設計画に使われた材料だったのである。だが、製糖用ボイラーの燃料としての木材の価値が高まると、もはや水上に浮かぶものを作るための材料ではなくなった[111]。もともと燃料であったわけではなく、そうなったのは特定の条件が揃ったからだった。

ほぼすべての文明で火が活用され、炎を絶やさないための材料が発見されてきた。だがマデイラで好景気がわずか70年で弧を描くように不景気に陥ったのは、島の樹木が限られていたからだ。言い換えよう。資本主義における燃料消費の速さと量は異常だ。マデイラで木材が安価であったことは、この地の製糖産業が盛衰した原因であり結果であった。限りある燃料在庫が底を突いたことによって危機が促されたのである。資本主義における燃料の役割は3つある。燃料は燃料業界ばかりでなくその他の産業においても増産に向けた推進力であるのみならず、労働力の代替であり、労働力のコストを抑え、**生産効率を高めもする**ものだ。安価な燃料は、木材、石炭、石油、その他の燃料で動く機械に仕事を奪われた労働者の競争相手であり、第6章で示すように、序列維持の要であるケアという営みを実現するための必要な資源でもある。

われわれは、安価なエネルギーの上に作り上げられた文明の結果とともに生きている（言うまでもないが）。これは気候変動によって証明された一つの事実である。安価な燃料という世界的な政治経済は、採掘の際に人間に甚大な苦痛をもたらしただけでなく、当然のことながら、地球の生態系を作り変えもした。しかし、気候変動の影響は一様に及ぶわけではない。ある算術方法を使えば、過去の気候変動でもっとも大きな影響を受けた場所と今後大きな影響を受けるであろう場所を地図で示すことができる。その地図を見るにはまず、資本主義の生態学における最後の戦略を理解しておく必要がある。安価な生命だ。

生命

クリストファー・コロンブスは1451年にジェノバで生まれた。一時、マデイラ本島の沖にあるポルトサントに住んでいたこともあった。1476年に初めてマデイラ本島にやってきて、1478年にはジェノバ人資本家の末裔ルドヴィーコ・チェントリオーネからジェノバに砂糖を輸出する業務を請け負った。▼112 マデイラに来た時、コロンブスは奴隷を目にして法律上の位置づけを知った。法的には、他の人びとから区別されていたのである。法廷では、証人にも原告にもなれず、被告となることだけが認められていた。被告として出廷するだけで、目撃者にも被害者にもなれなかったわけである。[113] この法体系から、コロンブスが取り入れた植民地における身分関係について知ることができる。スペイン王に仕えるためにマデイラを離れた1478年から、1498年にインド諸島総督として6日間だけ主都フンシャルに帰郷するまで、コロンブスはカリブ人の虐殺に手を染め、その地で生きる人びとの文明は抹殺されることになった。[114]

コロンブスの誕生から1世紀後、スペイン王室とカトリック教会の名の下に行なわれた大規模虐殺の結果、一部の施政者は、自分たち以外の人間を奴隷にし、過酷に扱うことにもっともな理由をつけなければならなくなった。1550年の「バリャドリッド論争」は、文明人と未開人との線引きを提案するものだった。これは、大西洋の反対側に住む人びとの扱いに関して、スペインのバリャドリッドで数週間にわたって交わされた議論である。論者の一方はドミニコ会の司祭バルトロメ・デ・ラス・カサスで、1542年の論文『インディアスの破壊についての簡潔な報告（*A Short Account of the Destruction of the Indies*）』は新世界で目にした暴力についてまとめたものだ。もう一方はファン・ヒネス・デ・セプルベダで、スペインの征服権を擁護した神学者である。この2人がバリャドリッドで、先住民のインディアスは人間なのか獣なのかについて議論した。問題となったのはエンコミエンダという、先住民を領主らで分配する植民地の土地所有制度だった。領主は、先住民を2世代、つまり受け入れた先住民とその子どもまでを「預かる」ことができた代わりに、預かった先住民にスペイン語を学ばせ、カトリック信仰を教えること、この労働力を保持する権利に対して国に税金を納めることになっていた。[115] 論争の最後に、ラス・カサスは普遍的な人間主義を訴え、セプルベダはアリストテレスを引用して先住民は「先天的に奴隷であり、野蛮で、未開で、劣等である」と主張した。[116] どちらも、勝利したのは自分だと宣言した。エンコミエンダを規制する法律がその後やや厳格になったものの、征服状態は続き、先住民は価値が低いものとされたままだった。セプルベダの主張が勝利したということである。

なぜこの論争になったのか。先住民の人間性をめぐる哲学的な意見の対立は、「自然（ネイチャー）」と「社会（ソサエティ）」との狭間にある世界での先住民の位置づけと、彼らをどう統治するかについての論争だった。すなわち、**安価な生命**についての論争だったのである。ここでは安価を、その他の安価なモノ、とくに労働とケアの序列が、力と観念論（イデオロギー）によってどのように規制され、維持されているかを述べるために用いる。ここで用いる**安価**の意味は、他章で用いる**安価**とはやや意味が異なる。そうする必要性については第7章に譲る。誰の生命が重要で、誰の生命が重要ではないかを決める権力がなければ、先住民や対立する宗教の信徒、国家に対する弾圧や、その知識、資源、労働力を独占することは不可能だったはずだからだ。

現代の議論にはこれに相当する話がたくさんある。例えば、安全保障、移民や難民の状況、多くの先住民が不便な暮らしをしている中で天然資源の採掘を許可制にし、序列の維持を主張する国家、石油戦争、現代的なテロリズムによる「存亡の危機」などだ。[117] 繰り返しになるが、人間が安全を手に入れ、危険から逃れる場所を得る必要があるはずだという点は今に始まった話ではない。しかし、資本主義は未開拓地を通じて拡大する以上、貨幣や労働、ケア、食糧、燃料を確保するために自然を介して国内外に覇権を及ぼすには、人種、国家、国民といったイデオロギーと、そうした覇権による私有や価値の切り下げがついて回るのである。安価な生命は、現代的な社会的序列という装置によって作り上げられる。こうした装置は、資本主義の生態学に絶対不可欠だ。ドナルド・トランプの米国、ウラジーミル・プーチンのロシア、レジェップ・タイイップ・エルドアンのトルコ、ナレンドラ・モディのインドなどが騒いでいることからわかるように、人間のコミュニティと排除についての物語は今日、とりわけ突出している。

世界‐生態論とは

資本主義、「生命形成」、７つの安価なモノに対する見解は、われわれが世界‐生態論（world-ecology）と呼ぶ視点の一部だ。[118] 世界‐生態論は、生命の網における人類史を考える手段として近年登場したものだ。人間を生命の網から切り離す話からではなく、人間や、権力と暴力、営み、不平等の組み合わせがどのように自然**の中で**適合しているかを問う話から始めていく。資本主義は生態学の単なる一部ではなく、権力と資本と自然を統合する一連の関係性という生態学なの**である**。よって**世界‐生態論**という言葉を使うのは、「世界システム」という伝統ある用語を踏まえて、資本主義が際限なく蓄積する力に突き動かされ、開拓地を経由して地球上に拡大する生態学を作り出していることを指摘するためだ。したがって、「世界‐生態論」は「世界の生態学」を想起させるものではなく、生命の網によって力と生産と再生産の関係がどのように機能するかを示す分析を示唆するものなのである。世界‐生態論という考え方によれば、現代世界の暴力的で収奪的な関係性が５００年にわたる資本主義にいかに根づいているか、たとえ時代に関係なく必要とされているように見えても、この不平等な組み合わせがいかに偶然の産物であり、未曾有の危機の最中にあるのかを理解することができる。

次に世界‐生態論は、資本主義、自然、起こりうる未来について異なる見方を示すだけではない。長い近代史を通して、人間がいかに環境を作ってきたか、環境がいかに人間を作ってきたかを理解する方法を示してくれるのである。環境や経済、その他すべてに関わる変化についてこれまでに学んできた考え方が今日の危機にどれだけ加担しているかを考え直す余地を与えてくれるのである。この余地は、世界を名指しすることと世界に働きかけることとの関係を理解する上で極めて重要だ。社会正義を求める取り組みはずっと「支配体制を名指しする」よう主張してきた。思考と言語と解放には密接な関係があり、権力の根本だからだ。世界‐生態論は、われわれが当然のものとしている自然（ネイチャー）や社会（ソサエティ）といった概念が実在する生命と歴史を見えなくさせるだけではなく、植民地や資本家の慣行という暴力から生まれたものであるから問題なのだということを理解させてくれる。第1章でみるように、近代的な自然（ネイチャー）と社会（ソサエティ）の概念は16世紀に欧州で誕生した。これらの支配的概念は、植民地や欧州で農民から収奪したことと密接な関係をもって形成されただけでなく、これらの概念そのものがまさにそうした収奪と虐殺の道具として使われたのである。自然（ネイチャー）と社会（ソサエティ）の分断は、空間が平たんで、時間が直線的で、自然を外界とする近代的で新しい宇宙論の根幹をなすものだった。われわれが女性や先住民、アフリカ人の人類からの追放という近代初期における排除も含めたこの残酷な歴史について大概無知であるということは、近代というものが歴史を忘却の彼方に押しやるだけの並外れた能力を持っていることの証左である。

　したがって、世界‐生態論は、考え直させるだけではなく記憶に残すことも使命としているのだ。資本主義が生命や環境を破壊しているのは経済的な強欲さだけが原因だと考えがちだが、資本主義を経済学に単純化することはほとんどできない。新自由主義的な戯言とは裏腹に、企業や市場には資本主義を動かしているもののほとんどを実行する力がない。文化、国家、科学的複合体は、人類をジェンダーや人種、階級といった概念に従わせるように取り組まなくてはならない。新たな資源の地図を作成して確立させ、増え続ける負債を返済し、貨幣を守る必要がある。世界‐生態論とはこの点を認識し、生命の網において人類およびその他の自然の生命と労働を記憶し、見直す方法を提示するものなのだ。

安価なモノの代替

世界－生態論には希望がある。資本主義が依存する「生命形成」の網を認識することは、資本新世に立ち向かうための新たな概念的手段を見いだすことでもあるのだ。正義を求める取り組みが地球の危機に立ち向かうための戦略を発展させ、自然を体系化する現在の手法に代わる方法を作り上げているように、われわれは民主的な生命のあり方をまったく新たに、かつ、とらわれることなく改めて作り上げることについて考える必要がある。だからこそ本書の最初と最後に、将来待ち受けている状態変化を導くために役立つ考え方を紹介しておく。

力を失った環境保護主義が、人間が自然から切り離されている点は変わらないという歴史的に破綻した考えを主な理念の基礎としているとすれば、これが変化をもたらすことはありそうにない。残念なことに、今日の政治学の多くは世界を安価にすることを当然としている。米国で小口金融業務と商業金融業務との境界が消滅した結果引き起こされた先の金融危機を思い出してほしい。大恐慌に際して成立したグラス・スティーガル法〔同名の法律は2本あるが、通常は1933年に米国で成立した、証券業と銀行業の分離、金利の統制、預金者保護のための連邦預金保険公社（FDIC）の設立などを定めた銀行規制を強化する法律を指す〕は、1930年代に世界経済に打撃を与えて停滞させたとされるような取引が将来起きないようにするための壁を設ける措置だった。米国の社会主義者や共産主義者は銀行の国有化を求めたが、フランクリン・ルーズベルトのニューディール政策を支持した人びとはこの法律を妥協案として提案した。[119] 21世紀にリベラルの立場で抗議をした人びとがグラス・スティーガル法の復活を求めた時、彼らは妥協案を求めたのであって、安価な金融のせいで犠牲にされた住宅市場が再び餌食とならないようにするためではなかった。

同様に、米国の組合が時給15ドルを要求した時、われわれはその要求を支持したのだが、将来的な労働のあり方についての大きな構想は示されなかった。今後、介護や飲食産業の労働者の給料がようやく生活できる程度にわずかに増えていくことでよいのだろうか。なぜ人間の尊厳が勤勉に結びつけられるべきなのだろうか。重労働だけでなく、世界をよりよくするために貢献する機会を要求する余地はないのだろうか。[120]

福祉国家が拡大し、米国では世帯収入における国家からの移転〔現金給付や食料支援など〕の割合が急伸し、2000年には世帯収入の20パーセントを占めるまでになったが[121]、それが女性の負担をなくすことにはつながっていない。家事労働を減らし、報酬を得られるようにし、再配分するという政治要求が最終的な目標であることは間違いないのだろうか？

現在の政治が提示するものよりもはるかに大胆な変化を夢見ることが必要だ。別の例として、インドから米国まで、右派のシンクタンクには値段の安い化石燃料を推奨する人びとがいることを考えてみよう。リベラルな人びとは太陽光発電の未来を提案するが、彼らは、その代替案が依存する鉱物資源を用いるインフラに伴う苦しみを忘れがちだ。フード運動は依然として、貧困に目を向けずに食料価格を上げる人びとや、ビタミンを付加しているとしても貧困を継続させるような食料代替工学に好意的だ。[122]もちろん、生命を軽く扱うことをよしとする政治への執着は、ロシアや南アフリカ、米国、中国など、「自国保護」の名の下で至上主義へ回帰する動きに見て取れる。ベビーブーマー世代の35パーセントが白人に比べて黒人は怠惰で仕事をサボると感じ、ミレニアル世代の31パーセントが同様に感じている[123]というシカゴ大学全米世論調査センターの調査結果から、われわれも将来を楽観視してはいない。

健全な知性の悲観主義を維持しつつも、社会関係には大きく変化する可能性があることを理解している団体の活動を通じて、われわれは意思の楽観主義を見いだしている。そうした団体の多くはすでに安価にされたモノに立ち向かっている。労働組合は賃金の引上げを要求している。気候変動に取り組む活動家はエネルギーとのつきあい方を再評価したいと考えている。ナオミ・クラインの著書を読んだことがある人ならもっと多くのことが変わらなければならないことに気がつくだろう。[124] 食糧問題に取り組む活動家は、すべての人が十分に食べられるようにわれわれが何を食べ、どう栽培するのかを変えたいと思っている。家事労働者の支援団体は、家庭や介護施設での仕事が社会的に認識されるようにしたいと思っている。オキュパイ・ムーブメントは、債務を帳消しにし、差し押さえや追い出しに脅かされている人びとが自宅に居続けられるよう求めている。急進的な環境活動家は、地球上のすべての生命についての考え方を変えたいと思っている。ブラック・ライブズ運動や先住民族団体、移民の権利に取り組む活動家は、平等と歴史的な不正義に対する補償を求めている。

これらの運動の一つひとつが危機の瞬間を招くのかもしれない。資本主義は、奴隷の蜂起や大衆によるストライキ、植民地反対から植民地廃止までの革命的な抵抗運動、女性と先住民の権利擁護団体による活動に至るまで、常に抵抗を受けて形成されてきたが、常になんとか乗り切ってきた。今日の運動はすべてつながっており、すべてが合わさって悲観主義への対抗手段を提示している。世界－生態論は、その点と点をつなぐのに役立つことができるのだ。

われわれは、過去に戻ろうという解決策を示すわけではない。アリス・ウォーカーは「行動主義は私がこの地球で生きるために支払う家賃だ[125]」と言ったが、われわれはこの意見に賛成だ。また、もし資本主義の後に生活があるとすれば、それは、そのために現場で闘うことによって実現するものだろう。政治の在り方が変わるとすれば、まずは現状から変えなければならないことを否定するわけではない。しかし、自然や社会、経済について資本主義が作り上げたものと同じ抽象概念に行きつくのではだめだ。新たな文明社会のための言葉と政治を見いだし、資本主義の生態学が作り上げた状態変化を乗り越える生き方を探し出さねばならない。だからこそわれわれは、修復の科学的な分析を通して自然における人間の立ち位置を認識し、位置づけ直すために役立つようなアイデアを示すのである。何世紀にもわたって収奪されてきた不正義について深く検討すれば、生命の網における人間関係を再び尊厳あるものにすることができる。ケアを分担し、土地を再配分し、労働を分け合えば、誰もが自分の生活を向上させ、身の周りの生態系を改善するチャンスを持つことができ、資本主義によって日々強いられている抽象化という暴力を打ち消すことができる。この展望を「修復的生態学(reparation ecology)」▼126と名付け、歴史と未来に目を向けるための方法として、生命の網における平等と再考された人間関係を実現するための一つの実践や決意として提示する。

第1章 安価な自然

罪を犯してから処刑されるまでわずか1日だった。だが、裁判所はこの女の名前すら記録していなかった。彼女はヌエバ・エスパーニャのトラスカラ州に住んでいたのだが、1599年7月18日の日曜日、教会で十字架を粉々に打ち砕き、スペイン人に立ち向かうようチチメカ族にけしかけ、魔術を使ってタラスコ族を殺害した。女は翌日捕らえられた。6人が女に不利な証言をした。日が沈む頃、女は自己弁護を許され、自らの行為と、裁判所の記録によると夢について詳しく語った。

鹿の夢だった。鹿たちはこの女に、逃げないで、お前を探していたのだから、他の誰にも姿を見せたくないのだと言った。この女は病気だったから、鹿たちはこの女に会いたかったのだった。女が鹿たちを見た時は年老いていたが、自分は今は若くて健康だと言った。鹿たちは女の白内障を治し、この2頭の鹿は女と一緒に洞窟に入った。鹿たちは女に1頭の馬を与えた。女がトラスカラの町で飼っていた馬だ。2頭の鹿のうちの一頭は馬に乗り、もう一頭は馬に頭絡をつけた。この頃女の手足は不自由だったが、その2頭を見た後は回復した。[1]

女が犯した罪の中でもこの夢がもっとも重かった。女は反乱を煽動し、教会を冒瀆し、チチメカの土地から銀の搬出を妨害したのかもしれないが、もっとも危険だったのは、支配者側の序列と自然の概念に対立する見方を語ったことだった。馬に乗っていたのがスペイン人ではなく、チチメカ族の象徴である鹿だったからだ。白人男性が自然を従えていたのではなく、現地民族の動物が支配者側の動物を従えていたのである。この夢を見た女が有罪になったのは、政治暴動のせいではなく、序列の転覆を煽ったからだった。女が夢見た世界の序列が煽動的なものだったからである。この日の午後遅く、女は魔女として絞首刑に処された。

名前がわからないままでこの女について語るのは難しい。女の命を奪った者たちは、彼女を魔女と呼んだ。植民地支配に対する当てこすりではないにしても、彼女自身がそう名乗ったのかもしれない。女の名前は征服者たちの書類に記載されるほど重視されていなかったが、彼女の物語を伝えることは忘却されないように記憶するためである。まったく異なる生態系を夢見ていたこの女は速やかに殺されなければならなかった。女を生かしておくことは、資本主義の世界－生態論に代わるものを認めることになってしまうからだ。

チチメカ族のこの女性が文明社会に殺されたのは、彼女の粗野な気質がその規則を破ったからだった。この違反、つまり犯罪は比較的新しい概念だった。1330年まで**粗野**とは「恐れを知らない、不屈の、勇猛な」という意味だった。[2] 15世紀末にはその肯定的な意味が薄れ、「自然状態の、野生の」という現在使われている意味に置き換わった。[3] これは偶然ではない。チチメカ族の女性が処刑された当時、**自然**と**社会**という言葉が新たに作り出されたからである。

ラス・カサスとセプルベダが、先住民は「生まれながらに」奴隷だったのかどうか、その将来について議論を戦わせていたちょうどその頃、われわれが日常的に使う**社会**という言葉の意味は重大な変化を遂げた。16世紀中頃から、**社会**は仲間を意味するだけでなく、個人をその一部とする、さらに大きな全体を意味するようになったのである。[4] 個人が自分よりも大きな集合体の一部であるという概念は新しいものではない。人間は長きにわたり社会集団にポリス、都市、中華帝国、キリスト教世界、選民といった名前をつけ、その集団の境界線を確立させてきた。だが、近代的な意味での**社会**には歴史的に独特な反意語がある。**自然**である。**社会**の反対は別の人間ではなく、自然なのだ。国家が現れる前に社会があったのである。社会は守られるようになる前に、作り出されなければならなかった。[5] 社会は、自然との間に厳格な境界線を維持することによって作り出されたのである。

英語で、**自然**と**社会**が今と同様の意味を持つようになったのは1550年以降、「長い」16世紀（1450～1640）[6]という弧を過ぎてからだった。後述するように、この頃はイングランドの資本主義と植民地の歴史において決定的な時期だった。スペインとポルトガルという両帝国が興隆し、先住民とアフリカ人労働者による強制労働によって新世界に壮大な生産システムが作り上げられたことがその特徴だった。これらの変化は、権力と生産の中心がアジアから北大西洋へと世界的に移った主な要因だった。だが、すぐに起きた変化ではなかった。欧州は、反対側のアジアで起きた文明化と比較すると技術的にも経済的にも遅れており、それが変わったのは1800年以降になってからのことである。[7] 思い起こすと、中国にはすでに印刷機[8]や強大な海軍、[9]火薬、活気に溢れた都市[10]があり、豊かさと環境危機の両方で際立ってもいた。[11]欧州資本主義が繁栄した所では、自らの力で自然を生産性のあるものに変え、その生産性を富に変えることができた。この能力は、武力、交易、技術が特異的に融合したことと、社会（ソサエティ）の対極にある自然（ネイチャー）という新たな概念に裏づけられた知的な大変革によって成立したものだった。この概念は、哲学者にとどまらず幅広い人びとの心をつかみ、生きる術としての征服と略奪が常識となったのである。自然がはらむ血生臭い矛盾は、魔女狩りが示すように、暴力と反乱によって形成された資本主義の最前線でもっともよく現れた。

われわれは、世界に社会的な部分と自然的な部分があることを当然のこととして受け止めている。人種差別、大量失業、投獄、消費者文化といったものは社会と社会的不正義の問題である。気候、生物多様性、資源の枯渇などは自然界の問題であり、生物学的危機の問題である。だが、われわれが世界についてそう考えているというだけではない。われわれが世界をそのように**した**ということでもあり、社会と自然が自律した領域であるかのように、人間の力関係が生命の網の影響を受けないかのようにふるまっていることでもあるのだ。

本書では、**自然**（ネイチャー）と**社会**（ソサエティ）を日々使われている意味とは異なる意味合いで使う。世界について描写するだけでなく、世界とわれわれ自身を組織化する概念を示す場合は自然（ネイチャー）と社会（ソサエティ）と表記する。学者はこうした概念を「実体的な抽象化（Real abstraction）」▼12と呼ぶ。こうした抽象化は、**何が存在するのか？**という存在論と、**何が存在するかをどう認識するのか？**という認識論について伝えるものだ。実体的な抽象化は、世界について描写すると同時に、世界を作るものでもある。だからこそ実体的な抽象化は可視化されないことが多く、だからこそわれわれは世界‐生態論という概念を用いて自然（ネイチャー）と社会（ソサエティ）を隠れた暴力形態として捉えるよう読者に促すのである。これらの言葉は不発弾のようなものだ。実体的な抽象化は無害な概念ではない。力を持つ側の利益を反映し、そちら側に立つ人びとに世界を組織化する許可を与える概念なのだ。

安価なモノについて、まず自然（ネイチャー）の話から始めるのはそういうわけだ。自然（ネイチャー）はモノではなく、生命を組織化し、安価にする手段なのである。文化、政治、経済を同時に実体的に抽象化することによってのみ、自然の作用がモノ化される。生命の網が粗悪だとか良質だとか、ダウンロード可能なものだといったことではないように、本質的に安価なものではまったくない。これらは、資本主義によっていくつかの関係性に割り当てられた属性なのである。だが、この属性は**安価**にされ、交換と利益というプロセスに引きずりこまれ、記号化され、管理されるようになった。「はじめに」では、自然を安価にしなければ資本主義は登場しなかったと説明したが、本章では、この戦略の仕組みと影響を概説しよう。

初期の植民地主義と自然

生きることは環境を変えることだ。ヒト族は一連の生物学的変化を通じて進化してきた。とりわけ、火がもたらした変化だ。火のおかげで消化に必要なエネルギーが少なくてすむようになり、世界を作る能力が飛躍的に拡大した。人間は「環境形成」する種ではあるが、組織は脆い。文明は、人類の長い歴史の中でヒト以外の自然の助けを大いに得て拡大してきた。その助けがなくなれば、文明は崩壊しかねない。ローマが繁栄したのは、気候最温暖期（紀元前300〜西暦300）以降の数世紀だった。[13] 中世温暖期（西暦950〜1250）は、カンボジアからフランスまでのユーラシア全域の新たな国家にとって救いとなるものだった。[14] 封建主義の欧州では異常気象の恩恵を受けたが、その気候危機および最終的な資本主義への移行は別の気候変動とも相まってもたらされたものだった。

欧州での封建主義の崩壊は小氷河期がきっかけだったが、気候だけのせいではない。封建主義の欧州は活力に満ち溢れていた。穀物生産に適さない気候は問題ではあったが、封建主義には高度な農業技術があった。9世紀初頭には農業生産性が一気に高まり、森林が開拓されて新たな農地が増え、人間も動物も数が急増した。14世紀初頭には欧州の人口密度はかなり高くなっていたが、封建主義の制度としての脆弱さは土壌の疲弊ほど単純な話ではなかった。封建主義が崩壊したのは、小作人が封建領主たちにより大きな経済的剰余をもたらすことができなかったからだ。小作人に好きに作らせていたら、ライ麦と小麦の単作をやめて、園芸作物を含めた多様な作物の混作へと転換していたはずだ。そうなっていれば、西洋では2〜3倍も多くの食料を収穫できていたはずだった。[15] だが、封建領主たちから換金性が高く、**市場性**

のある農作物を作るよう求められたことを考えれば、そうした転換が起きるはずはなかった。現在にも妙に通じるのだが、封建領主は、収入減になるとしても生活を持続させるような有意義な調整をするのではなく、短期的な利益をもたらす農業システムを再現したのだ。こうした状況で自然を安価にする戦略ができた。自然（ネイチャー）と社会（ソサエティ）は、封建制の危機という苦難と初期資本主義の誕生の中で姿を現し始めたのである[16]。

封建領主が調整を行なわなかったことで新たな時代ならではの危機が早々に訪れた。「はじめに」で指摘したように、領主の支配によって生じた農業生態学的な問題は気候変動および人口激減と相まって死者を出し、小作人らの手強い抵抗につながった。西欧では、支配層が小作人を再び奴隷化しようとしたがうまくいかなかった。危機は階級だけの問題ではなかった。封建制の権力と富と自然という生態学が機能しなくなった瞬間だったからだ。まさに画期的な事態だった。国家、領主、商人ら全員が富を再び手に入れるために新たな解決策を求めて懸命の努力をせねばならなかった[17]。

まったく新たな対策の中心は、銃によってではなく、文化的で地理的な開拓地を新たに切り開くことによる世界征服だった。金と市場の間に位置づけられた生命と土地は、資本主義の生態学の時代における危機への対処法であり、修復法だった。自然との関係性で言えば、要となるのは利益であり、その申し子はクリストファー・コロンブスである。個々の安価化戦略の初期の実践者として、各章でコロンブスを取り上げる。コロンブスがカリブ海にやってきた時は単に征服者としてだけではなく、北アフリカ沖にあったポルトガルの植民地遠征で力を磨いた、鋭い眼差しを持つ鑑定人としてだった。コロンブスは、独特で金銭的価値もあった自然の植民地化に乗り出した。欧州の帝国はスペインとポルトガルで始まり、富を増やし権力を強化することを常に念頭において、取りつかれたように「野蛮な」人体を含めた自然物をかき集め、優劣をつけた。コロンブスが評価（値段をつけるということだ）のために自然を分類したのは、近代資本主義の初期に自然（ネイチャー）がどう扱われるようになるかを早くから認識していた印だった[18]。

コロンブスは、新世界を初めて見た瞬間から自然を安価にする戦略を取り入れた[19]。初めてカリブ海を航海してから8日目にコロンブスは岬を発見し、「エルモソ岬（美しい岬）」と「名づけた。なぜなら、とても美しいのだ……このような美しい草木を見ていて飽きることはない。故郷の植物とはまったく違う。欧州であれば染料や薬草として高値がつくほど価値のある香草や木々がたくさんあるに違いない。だが私にそうした染料や薬草についての知識がないのは残念で仕方がない」[20]。コロンブスはもともと金になるものや権力を敏感に感じ取って見極めようとする質だったが、自然に目をつけてもただちに値踏みすることができずにいら立ちを感じたのである。

しかし取引をするだけで利益が得られるわけではない。自然をうまく活用する必要があった。自然（ネイチャー）と社会（ソサエティ）を分断して実用化したものが、植民地支配に合わせて改変したエンコミエンダ制だった。もともと土地の所有権を示すものだったエンコミエンダ制は、特定の人間を自然（ネイチャー）に分類して土地をより安価に活用する戦略になった。スペイン国王がイベリア半島で領土争いを展開していた時のエンコミエンダ制は戦利品を管理する方法だった。それまでムーア人が占有していた土地から利益が得られるように、国王が貴族に一時的に土地を与えた制度だったのだ[21]。カリブ海においては、中世では土地を与える制度だったものが近代では労働力を与える制度に変わり、単に土地を手に入れるだけでなく、たまたまその地に住んでいた先住民を事実上奴隷化して所有することも可能になった。所有権の範囲が土地だけでなく、その土地の植物相と動物相にも及ぶようになったのである。先住民は後者だった。時を経るにつれて、エンコミエンダ制は法的な強制労働と賃金労働を組みあわせた、さまざまな労働形態を含むようになった[22]。つまり、自然（ネイチャー）領域には、すべての有色人種、ほとんどの女性、半植民地的な地域（イベリア半島やポーランドなどがその例だ）に住む白人が実質的に含まれた[23]。16世紀のカスティーリャ人がアンデスの先住民を**自然物**と呼んだのはそういうわけである[24]。

自然（ネイチャー）と社会（ソサエティ）の発明

人間は当初から、自分たちがその他の自然とは異なることを理解していた。[25] 資本主義がこの区別を考え出したのではない。資本主義が革新的だったのは、この区別を絶対的な分断に変え、組織的な原理にしたことである。この課題が実現したのは大西洋を挟む両側の知識人が貢献したからだ。以下で取り上げるルネ・デカルト（1596〜1660）はメキシコ人哲学者アントニオ・ルビオ（1548〜1615）について研究し、哲学的推論の基礎を学んだ。エンリケ・デュッセル（1934〜）が指摘するように、16世紀のもっとも洗練された反植民地的思想を持つキリスト教による知的活動の一部は南米大陸で行なわれた。[26] 同じ頃イングランド人は、最初の植民地であるアイルランドで「未開人と文明人」という概念を発展させていた。1541年以降にイングランドによるアイルランド統治が強化されたのは偶然ではない。自然（ネイチャー）と社会（ソサエティ）が現在使われているような意味を持ち始めたのがその時期なのである。イングランドの植民地支持勢力は、ダブリンに近いアイルランド島東側の入江に植民地統制の力を集中させた。イングランドによる植民地化が最初に行なわれた場所は領土（ペール）として知られ、その外側にいる人びとは「未開人」だった。

自然（ネイチャー）を考え出したのは、哲学者や征服者や利益を得ようとした人びとだった。1641年、デカルトは資本主義の生態学としては最初となる2つの法則を提示した。一つ目は、一見悪意のないものだ。彼は精神と身体を区別し、それぞれにラテン語の res cogitans（思惟実体）と res extensa（延長実体）を充てた。この見解において、現実は個別の「思惟実体」と「延長実体」で構成される。人間（といっても、すべての人間ではない）は思惟実体であり、自然（ネイチャー）は延長実体ばかりだった。この時代の支配者層は、女性、有色人種、先住民などのほとんどの人間を思惟実体ではなく延長実体とみなしていた。つまりデカルトの哲学的抽象化は、支配するための実用的な手段であり、圧倒的な有形力を伴う真の抽象化だったのである。これが、デカルトの資本主義の生態学についての二つ目の法則を導く。それは、欧州文明（あるいは、デカルトの言葉を借りれば「われわれ」）は「自然の主人にして所有者」[27]にならねばならないということだ。社会（ソサエティ）と自然（ネイチャー）は、単に区別された存在なのではなく、自然（ネイチャー）は社会（ソサエティ）に管理され、支配されるものだった。デカルトの見解は、言い換えれば、近代的な権力と思想についての論理を形成したのである。

デカルトはフランス人だと思われているが、彼の視点には、イングランド人やオランダ人の特徴が容易に見て取れる。フランス生まれで学業もフランスで修めたが、著作のほとんどは1629年から49年にかけてオランダで執筆された。当時のオランダはその時代の最強国であり、活力に満ち溢れた資本主義の本拠地だった。また、この頃は、これより200年ほど前に始まった地球規模の生態学的な変化がもっとも大きくなった時期でもあった。ブラジルからポーランド、香辛料諸島（インドネシアを指す）にわたっては森林が荒廃し、ロシアから英国にかけては湿地が干拓され、アンデスからスウェーデンにかけては土壌が採掘された。[28]こうした環境の変化は非常に重要であり、その一つひとつによって何らかの安価な自然がもたらされ、1650年代には500を超える一次産品がアムステルダム株式取引所（世界初の近代株式市場だ）で取引されるようになった。デカルトが示した革命的な唯物論は時代と足並みを揃えていたわけである。

デカルトの斬新な哲学は独力で見いだしたものではなかった。自然の支配という資本主義の生態学の二つ目の法則は、近代科学の父（この性差別的な表現を使った理由はすぐにわかる）と広く評された哲学者フランシス・ベーコン（1561〜1626）によるところが大きかった。ベーコンは英国の有力な既成勢力であり、時期は異なるが、イングランドの国会議員や、イングランドおよびウェールズの司法長官を務めていた。彼は、「科学は、言うなれば、自然（her）から強引にでも秘密を引き出すべきだ」[29]と主張した。さらに「人間の帝国」は、「自然の胎内」に入り込み、支配するべきだった。科学は「さまよう自然（her）を追いかけ、好きな時に、自然を再び同じ場所に導くことも追い立てることもできる……真実の探求がその目的のすべてであるならば、自然の穴や隅に入り込み、つつきまわることに呵責を感じることはない」のだった。[30]

ベーコンは、欧州の女性たちがまったく新しく、かつ、まったく近代的なやり方で脅かされ、監視され、支配されていた時代の主要な政治家だった。自然と社会という作り出された概念は、あらゆる場面でジェンダー化された。男と女、自然と社会という二値には共通点があった。自然と、自然と社会との境界は、そもそも「ガイン／エコロジカル」（米国のラディカルなフェミニストで、哲学者であり神学者でもあったメアリー・デイリーが著書 *Gyn/Ecology* で用いた造語。gyne は女性に関わるという意味の接頭語）なものだった。[31] まったく新しいこの様式で生命と思考を体系化すると、自然は実体ではなくなり、生命を倫理的かつ経済的に安価にする策略になった。デカルト的二元論は単なる説明文ではなくなり、権力と階層、人間と自然、男と女、植民者と被植民者をもっともよく体系化する方法についての規範文になるのである。

多くの人がこれを称賛（批判もだ）してはいるものの、これをデカルトの改革と呼ぶにはもっともな理由がある。それは、これが思考方法のみならず、征服し、商品化し、生活様式を作り上げる知的活動だったことだ。デカルトの大改革は4つの大きな変化を達成したが、そのそれぞれによって、現在にも通用する自然と社会についての見方が作り上げられている。第一に、これかあれかという二元的思考がこれもあれもという選択肢に取って代わられたことだ。第二に、物質と物質との関係を考えるよりも、物質すなわち実体について考える方が優先されたことだ。第三に、科学による自然支配を社会財として取り入れたことである。

最後に、デカルト的改革によって地図化して支配するという植民地計画が検討可能になり、実行できるものになった。デュッセルは、ケチュア族の作家で反植民地派のフェリペ・グアマン・ポマ・デ・アヤラ（1535?～1616?）に注目し、彼がデカルトに先んじてどのように「この拡がりを持った自己中心的な主観性である**我、支配する・征服する**(ego conquiro)が、その傲慢さのすべての限界を荒々しく乗り越え、自らの仲介者として、それら南の人びとの間に自らの支配下に、自らのため、自らが利用するために世界を再構築せんとして、神その人に依拠して**我、思う**(ego cogito)という頂点に達するまでの過程を見いだした」のかを熟考している。[32]

グアマンの指摘は単なる誇張ではなかった。デカルトの合理主義は、心という内なる現実と、身体という外なる現実との区別を根本とする。後者は、時空を超越した、中立的で具体性を排除した視線によってのみ前者に取り込まれうる。その視線は常に、啓蒙的な欧州からのその入植者と彼を支援した帝国のものだった。デカルトの**我、思う**は、近代という表層を可視化し、測定可能なものにし、その視線の持ち主を実体も居場所もない存在にしてしまう構想と思考をその世界観にもたらした。中世の芸術と文学においては複数の視点が存在していたが、実体を欠いた、全知ですべてを見通すたった一つの視点に取って代わられた。[33] 幾何学やルネサンス時代の絵画、とりわけ地図製作においては、その新たな思考によってまるで外から眺めたかのように現実が描かれた。社会評論家ルイス・マンフォードが指摘したように、ルネサンス期の遠近法は「物体の象徴的な関係を心象的な関係に転化させた。その心象的な関係は次に、量的な関係に転化した。新たな世界図において大きさは、人間や神の重要性ではなく距離を表すものになった」[34]のである。その距離は測定し、目録化し、分類し、地図化し、所有することができるものだった。[35]

近代的な地図は、単に世界を描写するものではなく、征服の技術だった。1502年のカンティーノ平面天球図はポルトガルが到達した各地を示す最古の平面天球図で、その小国の並外れて大きな野望という点においてのみ理解することができる。1503年以降、ポルトガルはインド洋を経る一連の世界侵略に乗り出し、その後の10年間で、インド洋上の利益をもたらす中心的な要衝、すなわちペルシア湾のホルムズ海峡、西インドのゴア、東南アジアのマレーシアを占領した。[36]

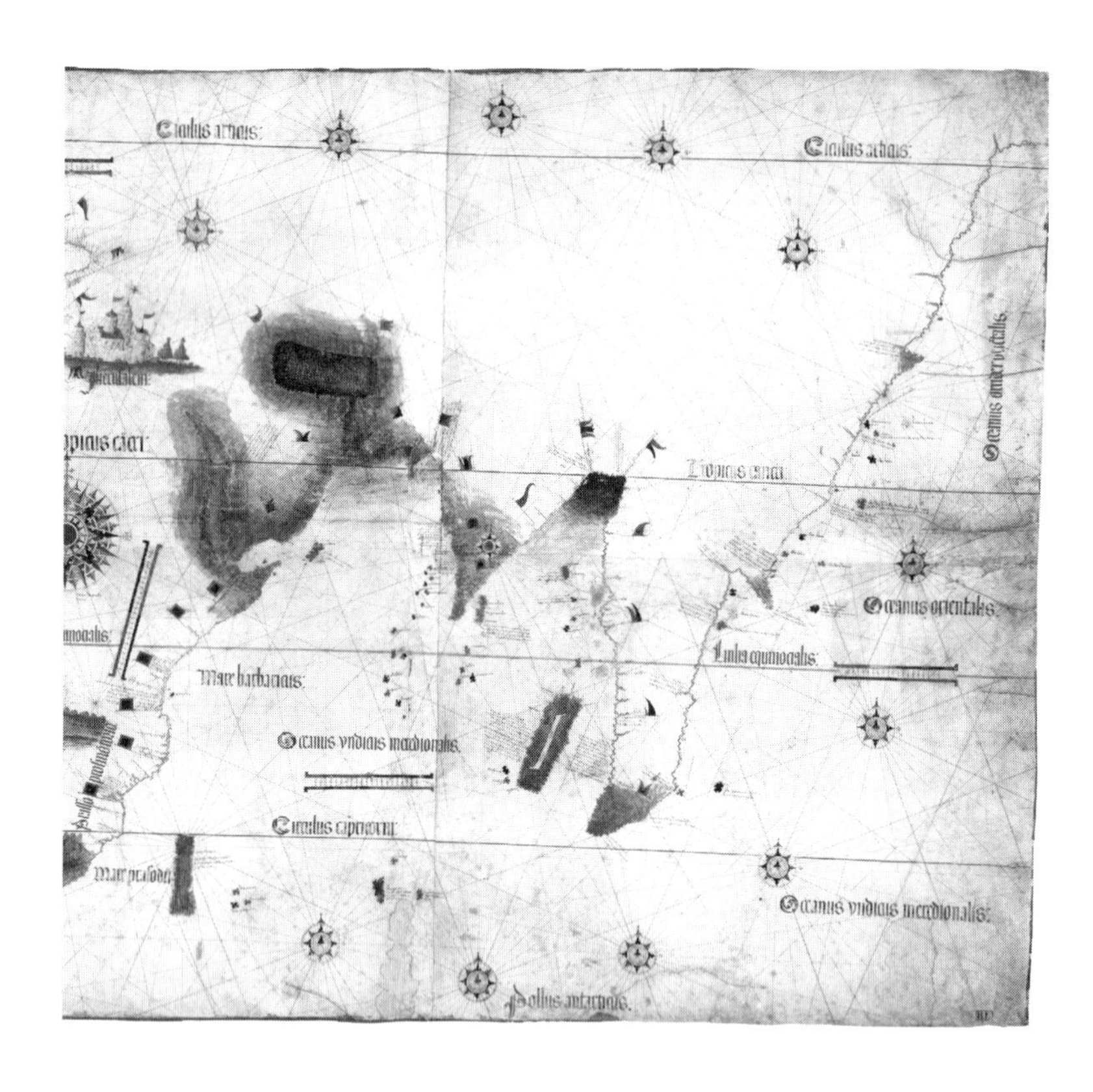

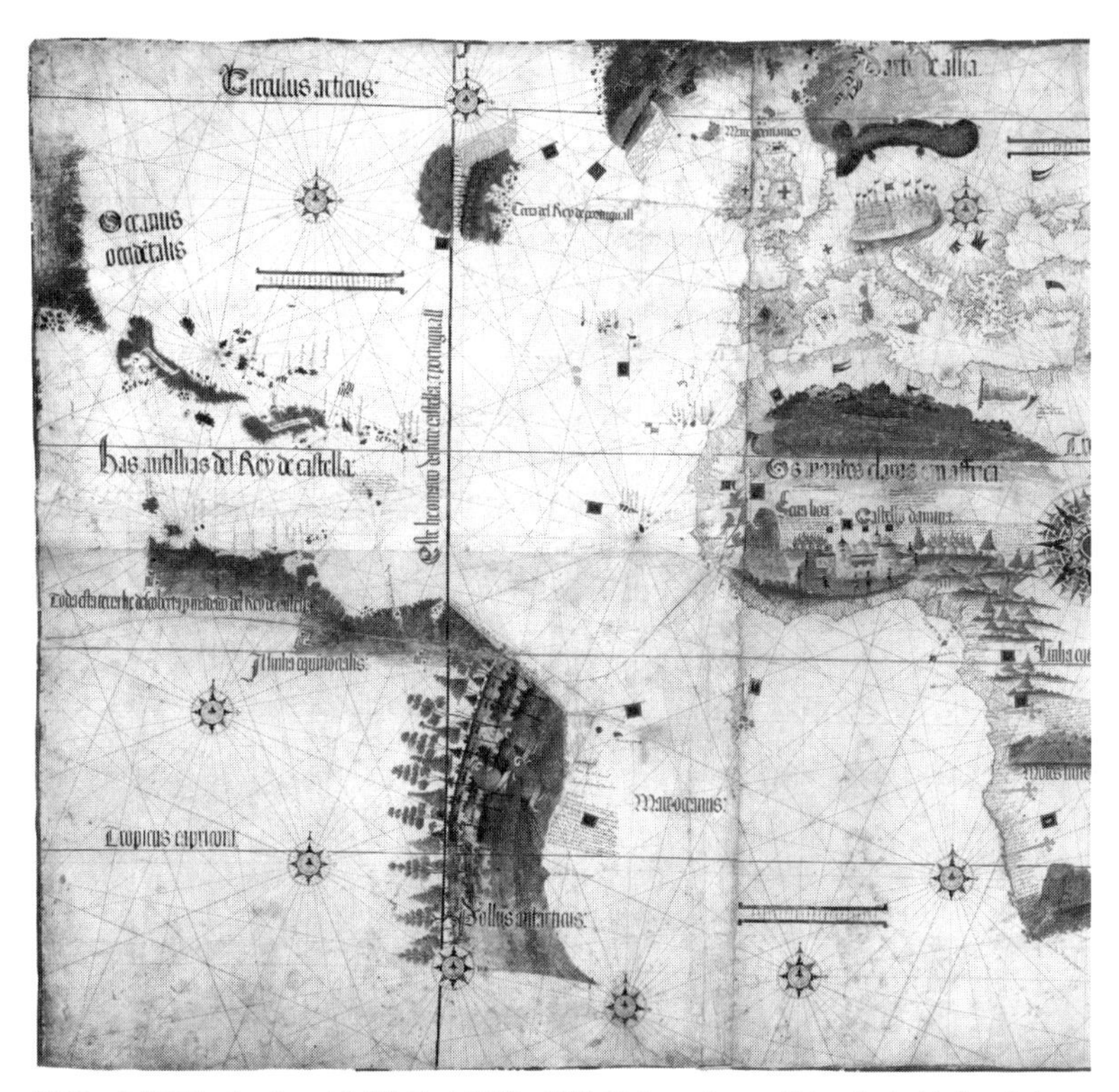

地図3　作者不明。カンティーノ世界地図、1502年。所蔵：Biblioteca Estense Universitaria, Modena, Italy.

16世紀の航海者たちが使っていた平面天球図や羅針儀海図のような地図は、すぐに、近代でもっとも知られ、かつ現在もっとも使われているメルカトル図法という地図製作技術に座を譲った。ゲラルドゥス・メルカトルの名字（作り名だ）は「商人（マーチャント）」と翻訳されているように、彼は人生のほとんどを当時もっとも活発な商業地域だったフランダース（現在のベルギー）で過ごしていた。メルカトルは欧州でもっとも偉大な地理学者で、地球は球体だと考えることが可能になった頃に地図ではなく地球儀を売って生計を立てていた。[37]メルカトルの事業は、地図製作と、強欲で軍事的様相を帯びた商業拡大の要請とが結びついた点で革新的だった。ジェリー・ブロットンはこう回想している。

正確な航行と商業的利益という点でメルカトルの新機軸が重要であることは極めて明白だった。船上で、地球儀や平面天球図の表面に厄介で不正確な方位を取る代わりに、彼の新しい投影法では、平面地図上に正確な方位線を引くことができ、航行技法にとって有用であることが……一目瞭然だった。メルカトルは水先案内人や航海士を思い浮かべて、地図に直線状の格子を正確に引きながら、地形の正確さも維持するような数学的手順の概略を説明した。[38]

言い換えれば、地球上の生命を征服し、安価にするには地図化が必須だったのである。

自然、私有財産、労働

近代初期の唯物論にとっては、世界をどう解釈するかだけでなく、どう統制するかも重要だった。デカルトは「われわれ自身が自然の主人であり、所有者であるかのようにふるまう」[39]ことを提案し、（一部の）

人びとに、当時のほとんどの人間を含めた自然（ネイチャー）に対する宣言（マニフェスト）を提示した。デカルトの改革は、その他の鍵となる2つの歴史過程と連動していた。一つは、生きていくために金銭的な結びつきに依存する人を増やすためのさまざまな介入だ。社会科学者はこれを「プロレタリア化」[40]と呼び、人間の活動が、現在では労働市場と呼ばれている商品経済制度で交換されるモノに転換されたわけである。プロレタリア化は決して経済的な狭い意味を持つものではない。これは、1450年以降に現れた領土支配の新たな形態という、第二の歴史的過程の産物だった。中世ヨーロッパにおいて重複していた管轄権と私的な支配権限というかつての領土権力は、長期に及んだ封建的危機（1315～1453）で崩壊していた。新たな帝国が登場し、北海沿岸低地帯と英国が内なる変化を遂げたのは、新たな形態の権力があったからである。その核は私有財産の一般化だった。

　資本主義の生態学の先駆者はポルトガルだが、資本主義によって土地と労働力がどのように変化したのかはイングランドの事例の方がわかりやすい。15世紀の間は穀物価格が伸び悩み、労働コストがさらに上昇したため、イングランドの領主たちは人口減少に乗じて小作人不在となった小作地を私有化していった。1500年以降に加速した過程で、領主が貸地料を引き上げる余地が限られ、慣習的に使われていた土地が、市場に合わせて賃料を上げられる借地部門へとますます転換されていった。[41] 比較的穏やかなこうした土地収奪ができなければ、領主たちは封建制度の抜け穴をうまく利用して、相続に際して「登録料」を課すことができた。[42] 長男がほとんどだったが、小作人が土地を相続する際にその登録料を払うことができなければ、土地の保有者になれないというものだ。このような抜け穴が広がり、次第に需要と供給によって決まった借地料が一層課されるようになった。それまでのように借地料が妥当である必要はなくなったのである。[43]

　領主たちは単に土地を奪ったのではなかった。その他の人びとが自然と関わる方法も変えた。共有地が競争的な借地料を課す制度に組み込まれたせいで、小作人がある程度の自治を有していた共有地が減少したのである。共有には自分の所有ではない土地の利用を管理する手続きが関係し、家畜の放牧、薪や建築材の採取、採草といったさまざまな権利を含んでいた。さらに、これらの権利には適度に利用する責任もついてまわった。例えば、将来も材木採取ができるように過剰な採取は行なわないといったことだ。これらの権利と責任は小作人が生きていくために不可欠で、季節ごとの収穫と、家族の生活に必要な分との差を埋めるものだった。共有地が減少し、残っている土地の利用が難しくなるにつれて、小作人たちは不足分を別の方法で補わなければならなくなった。教会やその他の支援団体はほとんど助けにならなかった。そのため小作人たちは土地を離れるか、自分たちに残る唯一の売り物を売るしかなかった。労働力である。この意味で、彼らの労働は「自由」だった。労働力を売るとしても、貧困と、物乞いに対する実刑〔英国王ヘンリー8世は1531年に物乞いと浮浪者の処罰に関する法律を定め、労働能力のない物乞いには証明書を与えてその居住地内でのみ物乞いを許可し、労働能力のある物乞いには鞭打ちを科し、労働能力のある浮浪者には鞭打ちと町内引きまわしといった過酷な罰を与え、出生地に送還するとした〕によるものを除けば強要されたものではなかったからだ。物乞いと浮浪者を取り締まる法律は労働力を売る動機になるほど過酷だった。小作人たちが生きるには労働力を売るしか選択肢がなかったのである。[44]

　小作人が抵抗することは可能であり、確かに抵抗した。[45] 16世紀前半には農村と都市部で反乱が相次ぎ、1549年に起きたケットの反乱では、1万6000人の反乱軍が当時のイングランド第二の都市であるノーウィックを占拠するに至った。[46] 小作人の怒りは共有地の囲い込みと慣習となっていた権利が狙われたことに向けられただけでなかった。1450年以降の1世紀に「比較的新しく、理不尽」だった過酷な借地料にも向けられていた。[47]

　これが最後というわけではないが、とんでもなく理不尽な行為が普通のことになった。イングランドの領主たちは収入を得るために土地を耕したが、それより多かったのは、耕してくれる農民に土地を貸すことだった。マデイラや新世界でのサトウキビ農園とは異なっていたが、それに勝るとも劣らない革命的な生産方法だった。イングランドの私有制が作り直されたことで、人間とその足元にある土地との関係が変化した。その結果、イングランドにおける農業生産性が急伸し、それに伴い非農業人口が増えた。イングランドの農業労働生産性は１６００年から１７００年までで75パーセントも伸び、その時までにはイングランド人の半分以上が農業以外の仕事に就いていた。[48]

　私有財産の興隆は物質的、政治的、象徴的だった。地籍調査と、国家の後ろ盾を得た中産階級の財産関係は、階級間闘争の場であり、人間とその他の自然とを組織化する方法が対立する場だった。16世紀にアイルランドにいたイングランド人にとって、測量は「文明が野蛮に勝利する際の（重要な）構成要素」だった。[49]地図は自然を知り、支配する手段だった。これに代わる自然についての知識は反体制的だった。だからこそ、魔術や先住民の知恵が資本主義の存続を脅かし、資本主義の認識論と存在論に挑戦するものだとされたのである。インカ族の農業の新手法やメソアメリカ人の土壌改良の進歩、中国人の漢方薬は、完全に消滅させるものではないとしても、民間伝承の域にとどめておかねばならない知識形態だった。[50]知識も囲い込まれたわけである。自然と世界について知るべきことがあるとすれば、欧州の男たちが書き記し、認めたものであるはずだった。

　すでに見たように、知識の囲い込みは植民地の人びととほぼすべての女性を明確に自然(ネイチャー)の一部と位置づける文化革命の中核であり、そうした人びとに規律を守らせて管理するには好都合なものだった。１５４１年以降、イングランドはアイルランドの支配を強め、「今は森に散在している野蛮なアイルランド人」を英国風の町に移住させるという帝国の植民地政策を優先した。[51]スペインは１５７１年以降、植民地であったペルーで同様の政策をより大規模に進め、**自然物**であるアンデス民族をスペイン風の農村に定住させた。

オランダは1620年以降の東南アジアで同じことを行なった。[52] 資本主義が形成された数世紀に、このような構想だけがあったわけではない。彼らは、文明社会から被植民者を排除し、かつ「後進」民族の教育機関たる帝国の道徳的必要性を主張した長期的な植民地計画の基礎を築いたのである。20世紀初期の歴史家ウルリッヒ・B・フィリップスの言葉を借りれば、「文明化のための学校」として奴隷制を正当化すらしたのである。[53]

資本新世を正確に認識する

啓蒙主義による文化的アパルトヘイト、プロレタリア化、財産の私有化という3つのプロセスは、資本主義による自然安価化戦略の核心であり、それは人間と人間以外による営みを同様に安価にするものだった。だが、自然が決して安価なものではないことを思い出させてくれるものとしては生態学的危機を措いて他にない。気候変動を考えると日常生活において地球規模の変化を無視することは不可能だ。近年、度を越すほどの「異常気象」が頻繁に起きていることは火を見るより明らかだ。カリフォルニア州では干ばつによって農業が壊滅的な打撃を受けた。[54] イラクのバスラでは2016年7月にセ氏54度を記録し、同じ月にイランの一部ではセ氏60度になった。[55] 2016年の夏の熱波に襲われていた間にイラク経済は5分の1も縮小した可能性がある。[56] 実際、気温上昇による負荷は子どもと高齢者に致命的な影響を及ぼし、今世紀末には中東の一部が居住不可能になっているかもしれない。[57] カナダ西部では、前例がないほどの山火事で激震が走った。インドでは熱波により数千人が死亡している。米国では、3万人が自宅から避難することになった2016年8月にルイジアナ州で起きた洪水が、統計的には考えられないほど続いた異常気象の最たるものだった。米国海洋大気庁によると、この嵐は500年に一度というほどの事態だっ

た。それまでの15カ月間でそうした嵐が8回発生していたのである。▼58

資本新世時代に生きるとはそういうことだ。これまでの人類文明によって環境が変わったことは間違いない。だがそのどれ一つとして、人間と人間以外の生物を服従させることによって地球を自然(ネイチャー)と社会(ソサエティ)の構成へ変容させるという自然安価化戦略に導かれ、支配されたものではなかった。本章の冒頭で取り上げたチチメカ族の魔女のように、この変容に反対した人びとは命を奪われた。先住民は抵抗を続け、殺され続けている。しかし資本新世に言わせれば、そうした人びとは命を奪われているのではない。**開発されているのだ。**

自然を現金化し、次いで資本化するという循環によって、われわれは地質学的歴史におけるこの瞬間に至っている。だからこそわれわれは、新世界の自然を目にした時にコロンブスがなんとしても見たがったものを詳しく調べる必要がある。本書でこれまで記述してきた内容の背景にあるのがそれだ。それなくしては現代資本主義は想像もできないだろう。それは、安価な貨幣だ。

第2章 安価な貨幣

貨幣卿は力強い騎士
誇り高きインド諸島で生を受けた
世界が卿を追いかけた
スペインで一生を終え
ジェノバに眠っている

フランシスコ・デ・ケヴェード・イ・ヴィジェーガス「貨幣卿は力強い騎士」

そして、（インカ族のグアイナ・カパックは）そのイスパニア人（初めてペルーに到着したイスパニア人、カンディア）に尋ねた。きみが食べたのは何なのか。彼は、身振り手振りを交ぜながらスペイン語で答えた。金と銀だ。するとカパックは、金粉と金銀の食器を差し出した。

フェリペ・グアマン・ポマ・デ・アヤラ『新年代記と良き統治』

多くの人がそうであるように、コロンブスは貨幣についてはよく知っていたが、正しく知ってはいなかった。1478年、マデイラ産の砂糖を買い付けてジェノバに海上輸送するために雇われたのだが、その取引にしくじって裁判所に出廷しなければならなくなったほどだ。[1] ジェノバでもっとも裕福だった銀行家の一人、ルドヴィーコ・チェントリオーネは商人パオロ・ディ・ネグロに1290ダカットを払い、ディ・ネグロはコロンブスを雇って103ダカットと毛織物を積んだ貨物倉を与え、砂糖5万ポンド（2万2680キロ）の輸送を依頼した。[2] マデイラでは毛織物の買い手がつかず、コロンブスは砂糖を持ち帰ることができなかったため、27歳か「そこら」[3] でジェノバの裁判所で取引が不成立となったことを証言しなければならなくなった。彼はすぐさま町から逃げ出し、二度と戻らなかった。[4] だが、ジェノバの金融は生涯彼について回った。

　コロンブスはイベリア半島に向かった。そこでは、なんとか新たな統一を果たしたスペインが3度にわたる大規模な戦闘の最初の作戦を始めていた。1478年、フェルナンド2世とイサベル1世はカナリア諸島最大の島、カナリア島のポルトガル領に兵士を送り込んだ。だが戦費を使い果たしてしまったため、1480年初頭にジェノバ人フランシスコ・ピネロが3年間でさらに4回のスペイン軍派遣に資金を提供した。カナリア諸島は1483年までに制圧され、債権者たちは返済を受けるはずだった。[5] しかし問題が一つあった。ヘレン・ネーダーが記しているように、「即時に受け取ったものは、それまでにない人数の捕虜だった。王室に資金提供をした者たち（とりわけジェノバ人たち）は……王室の奴隷商人になった」[6]。同じことがすぐに繰り返された。1世紀近くに及んだイベリア半島におけるこの国土回復運動（レコンキスタ）の最終段階として、1482年に2度目の大規模な軍事作戦が開始されたのである。資金提供したのはまたもやジェノバ人だった。これまた同じく、戦利品として唯一価値があったものは捕虜だけだった。コロンブスも目撃したのだが、1487年には港町マラガが陥落し、ユダヤ教徒とイスラム教徒の住民が奴隷にされた。「陥落前後のマラガでもっとも有力な商人」になったのはジェノバのチェントリオーネだった。[7]

カナリア諸島とイベリア半島への軍事作戦に資金提供した人びとの多くは、アジアへの大西洋横断という第3の遠征でも資金を提供した。1490年、ピネロは神聖兄弟団の共同出納役を引き受けた。神聖兄弟団は高度に軍事化した警察部隊で、カスティーリャによる脆弱な国家建設に対する反対意見の弾圧を任務としていた。[8]コロンブスがアメリカ大陸への航海に出発するちょうど3日前である、1492年7月31日までにスペインからユダヤ教徒を追い出す責務を負っていたのが神聖兄弟団だった〔フェルナンド2世とイサベル1世は国土回復運動達成後の1492年3月31日、ユダヤ教徒に7月31日を期限としてキリスト教への改宗か国外退去を迫る追放令を発布していた〕。神聖兄弟団のもう一人の出納役はルイス・デ・サンタンヘルだった。[9]サンタンヘルは、1481年からアラゴン王室の出納長官を務めており、かつてコロンブスの要請を退けたイサベル1世を説得して撤回させている。コロンブスの航海費用を賄ったのはフェルナンドとイサベルというのが通説だが、実際には半分だけである。フェルナンドのアラゴン王国とイサベルのカスティーリャ王国という2つの王国は資金を提供したというよりも、神聖兄弟団が提供した貸付金の保証をしただけだった。[10]

資本主義の生態学の原点は、貨幣が商品になり、商品が貨幣になるという循環を超越した循環である。ここには独特で極めて現代的な奇術がある。国家は戦利品を求めていたが、必要としていたのは兵士に給与として払う金だった。戦争をしなければ、前の戦争の一部の支払いをするために必要な富を獲得できなかったのである。こうして、戦争、金、戦争が循環する。銀行家は政府に返済してもらう必要があり、政府は銀行家に資金を提供してもらう必要があった。資本主義の新たな側面とは利益の追求ではなく、むしろ利益追求、資金調達、政府との関係なのである。これらの関係が地球を作り変えたのであり、これが本章の主題である。

生態学としての金融

過去6世紀にわたって、地球上の生命は通貨の力に頼ってきた。[11] あらゆる通貨というわけではなく、生活と営みと資源を支配する力を持つ資本としての**通貨**である。この資本が循環する理由は2つある。一つは近代の世界市場で、初めて形になったのはコロンブスの時代だった。もう一つは近代帝国主義で、偶然ではないが同時期に現れた。世界市場も世界の大国も金融なくしては存在しえず、帝国主義的な野心と商品交換に不可欠であると同時に、これらがなければどちらも無力である。

通貨は離れた場所での動きを促進し、否応なく動かすものである。もっとも早く通貨が使われたのは肥沃な三日月地帯で、貴金属を使って農産物取引を促し、紀元前1788年の債務危機に対応することが目的だった。[12] 通貨を作り出す手順はこうだ。まずは希少物質、通常は採掘した金属を手に入れる必要がある。次に、その金属を造幣所に持ち込む。ここは冶金学的な純度を保証する権限のある組織で、硬貨の表面に文字通りその権威を刻印することができる。資本主義においては、この造幣された硬貨が労働力や機械、原材料と交換されて商品となり、その商品は再び通貨に交換される。

世界の通貨、世界の自然、世界の権力は、アメリカ大陸の征服から21世紀における地球温暖化によって次々ともたらされている災害まで、資本主義を具体化した「環境形成」に特異な3要素である。現代世界では貨幣が生態学的な関係**である**。資本主義の時代においては、貨幣が人間だけでなくすべての生命の生存条件を形成する関係になっているからだ。

だからこそ、ウォール街は自然を組織化する方法だと言っても筋が通るのである。資本主義的な世界－生態論が低金利を必要としている点を説明しよう。安価な貨幣とは商業を促進するように交換額を保証するものであり、その時代の支配勢力のニーズを満たすように管理されている。その安価さには2つの大きな特徴がある。一つは、ベースとなる一次産品（金、銀、石油だ）を占有し、通貨の値段である金利を抑えることだ。もう一つは現金経済を広範囲に統制することで、これは国家（市や国、最終的には帝国だ）だけが行ないうる。フェルナン・ブローデルが指摘したように、金融資本が「勝利するのは国家と同一視されるときであり、国家であるときだけ」なのである。この指摘は、ゴールドマン・サックスがホワイト・ハウスを支店として扱ってきた現代にとくに通じるものがある。[13] 16世紀、欧州の植民地主義者は銀で世界中を支配できることに気がついた。成果とは、資本家たちはそれに続くつながりを通じて今日までほぼ途切れることなく続く成果を達成した。成果とは、資本主義の生態学で言うところの開拓地を促し、保護し、拡大するための安価な貨幣を維持する制度である。[14]

安価な貨幣とはとりわけあることを指している。低金利だ。高速コンテナ船が物資を輸送し、株取引が瞬時に行なわれている今日においても、信用取引は資本主義の生命線である。もし労働賃金が安く、格安な食料やエネルギー、原材料が資本主義の繁栄に必要な条件だとしたら、これらすべてを可能にするのが低金利だ。[15] 歴史的には、低金利の資金があって新たに開拓するという好循環が存在してきた。既存の生産地域や採掘地域で利益を得る機会が少なくなると、資本家は利益を確保して、貨幣取引に投じてきた。これが、オランダでは17世紀半ば、英国では19世紀半ば、米国では戦後の最盛期など、世界的に資本主義の大ブームが到来した後に学者たちが金融化と呼ぶプロセスが起きた一つの理由である。このような時期には、資本家たちは従来の利幅の小さい工業や商業による利益追求から金融取引に方向転換する。問題を起こすような労働者を雇い、費用をかけて工場を建設し、原材料を購入し、何かを作る代わりに、ますます多くの資本家がより単純で（一時的にだとしても）より魅力のあるものに切り替えていった。それは、金貸しと投機的投資である。この意味で金融化とは本質的に将来のより収益性の高い産業革命に賭けるギャンブルなのである。[16]現在われわれはそういう時代に生きている。歴史は起こりうる結果について保証するものではない。そうしたことが蓄積されていけば、以降で見ていくように、大概は戦争と、新たな金融勢力の台頭で終わることになる。

世界経済全体が成長しなくなると、2つの動きによって、金融化は資本主義にとって魅力的で有用なものになる。一つは、列強諸国が戦争に突入するか、少なくとも戦争遂行能力を高めるという傾向だ。これが起きたのは、米国が平時において過去最大の軍事力増強に乗り出した景気停滞中の1970年代以降だった。後述するが、近代国家が戦費を自前で調達することはほとんどない。どの国でもそうするように金を借りる必要がある。金融化を促すもう一つの動きは、金融システムの中心にある資本が開拓地に向かって流れ始めることだ。例えば、19世紀終盤には英国の巨額の資金が融資という形でロンドンから世界各地へと流出し、とくに鉄道建設に使われた。鉄道は、その次の世紀に食料と原材料が異常なまで値下がりした主因である。[17]人間を低報酬で働かせ、その他の自然を安価で活用もしくは採取できるような開拓地が豊富にあるかぎり、将来を金融化に賭けることは歴史的にうまく機能してきた。世界各国の鉄道網のおかげもあって可能になった長期的な好景気が1970年代に破綻すると、新たな金融化の時代が幕を開けた。新自由主義時代は高金利危機（インフレ統制措置として政策金利が20パーセントまで引き上げられた1979年のボルカー・ショック）に端を発するが、その後は長期にわたる低金利時代が続いた。アンワル・シェイクが説明するように、1980年代に始まったかつてと同様の新自由主義的な「ブーム」は、「政策金利が急激に引き下げられたことで拍車がかかった……金利低下によって資本が世界中に速やかに拡散し、消費者債務が大幅に増加し、金融と不動産の世界的なバブル景気に油を注いだ」。[18]今日との違いは、安価な自然の未開拓地が少なくなり、世界中でカジノに積まれる金の山がこれまで以上に高くなっていることだ。21世紀において、貨幣は社会生態学的な危機という潜在的な問題を覆い隠して先送りしようとするが、ほとんどの人間と地球上の生命にとって、低金利のドルがこうした問題を取り繕うことはもはや不可能だ。財政的、生物学的、気候的、社会的な混乱がどう見えようとも、歴史をふり返れば教訓がいくつかある。

金融から見た現代世界の出発点

黒死病（1347〜53）によって財政危機に拍車がかかった。その一つの結果は、鉱山労働者が減少し、現金が不足したことだ。欧州の貴族たちはマラッカ産のスパイスやペルシア産の絹、中国製の磁器を欲しがり、産業界はエジプト産の綿やシリア産のミョウバンを必要としていた。欧州では自分たちが管理する鉱山から採掘した貴金属で硬貨を作り、支払いを行なっていた。そのため、欧州の金や銀は（ごくわずかではあったが）すぐに東へ、南へと流出していった。貿易収支は欧州に生息した動物や完成品で多少相殺されていたが、ジョン・ディが記しているように「この赤字の引力は抗しがたかった。ボヘミアとサルディーニャ島の銀は採掘されるやいなや流出した。ハンガリーとスーダンで採掘された金は地中海域に入った瞬間に返済に充てられた。それのせいではなかったのかもしれないが、遠くは英国とオランダにおいても、慢性的な支払い不足に寄与した[19]」。

小氷河期は地球規模の問題だったが、とりわけ世界交易の中心地として栄えた中国で問題になった[20]。それまでにも気候を原因とした景気後退や財政危機が起きてはいたが、今回の影響は違っていた。中国では、15世紀半ばの気候変動が朝廷での内紛と相まって起きたからである。気候変動を受けて明王朝は造幣所を閉鎖し、そのせいで世界的に銀が不足する事態になった。明王朝は「それまでになかったほど国際問題に関与していた状態」から手を引き、「（かつ）他の政府は経済成長のけん引役としての（中国の）役目を引き受けられる状態でなかった。1440年代初めから1460年代半ばまで、ユーラシア大陸の端から端まで、社会は経済的かつ政治的に深刻な問題の渦中にあることを理解した」[21]。

結果として、中国人民は紙幣に対する疑念を強めた。価値を集積したものとして人びとの信頼を得ていた金貨、銀貨は流通しなくなった[22]。悪貨が良貨を駆逐したのである。マレー半島の南半分を占めるマラッカでは通貨の流通量が不足したため、現地の貿易商人らは錫で硬貨を作るしかなかった[23]。欧州では数少ない信頼できる交換手段としてフィレンツェとジェノバの為替手形が流通したが、その担保としての金銀が保管されていなかったため問題を軽減することにはならなかった。

欧州の銀

中世のヨーロッパ人にとって、硬貨以外の通貨がありうるとはほとんど考えられなかった。13世紀のベネチア人冒険家、マルコ・ポーロは、「あらゆる風変わりな慣習のうち、帝国全域で……（紙幣の使用を）強いる国家権力以外に驚愕させたものは何もなかったようだ」[24]と報告した。だが欧州にはマルコ・ポーロが伝えたような大きな帝国はなく、数少ない中堅国家と数百ほどの小国家が存在していただけで、そのほぼすべてが鋳造硬貨の質の悪さをよく承知していた。14世紀の階級的、気候的、疫学的な危機によって封建制度体制が致命的な打撃を受けると、欧州の貨幣制度はさらに状況が悪化した。

貨幣を使う両者間で十分な信頼が醸成されていなかったため、受け取った硬貨が不純物の加えられていないものであるかどうか確信が持てなかった。地金と銀は、価値の低下や不信感に対する重要な防御策だった[25]。しかし欧州の鉱山で地下水が噴出したため、貨幣の流通が1350年以降の1世紀で少なくとも3分の2ほど減少した可能性がある[26]。取引相手に対する信頼感はほぼ欠如していたが、銀はそれ以上に欠如していた。

欧州の商人たちは何が何でも信頼に足る貨幣を必要としていた。採掘された金属だけではなく、その金属を貨幣に変えるネットワーク、すなわち、拡大しつつあった開拓地での需要を満たすように流通を保証する当局が認めるようなネットワークを必要としていた。最初の解決策は、フッガー家の立ち合いの下で近代的な貨幣が誕生したドイツ南部のアウクスブルクにあった[27]。フッガー家は1世紀近くもの間、欧州の金融を支配しただけでなく、資本主義における最初かつもっとも根本的な産業である冶金学を叩き出してもいた。近代における貨幣が最初に流通したのは、現在のチェコとドイツの国境あたりにある銀と銅が豊富なエルツ山地だ。実際、**ドル**の語源は当時最大の新興都市であったヨアヒムスタール（現在のチェコ、ボヘミア地方西部にあるヤーヒモフ）で鍛造された硬貨（ターラー）だ。

1450年以降は銀の供給不足が緩和されるようになった。この年、欧州では、1万マルク（2・5トン）以上の銀を産出した鉱山は一つもなかったが、1458年には8つの鉱山が年間5万マルク（12・5トン）以上の銀を産出した[28]。欧州産の銀と、それよりは少ないがアフリカ産の金とが[29]、15世紀終盤に始まった商品取引の急拡大を支える重要な原材料の基盤となった[30]。近代初の銀のにわか景気によって、「遠方の中心地にいた商人は市場で発行された手形は期限が到来すれば支払いを受けられることを知って、安心して取引用の資金を調達したり、取引原資を得ようとする手形振出人向けに十分な資金を用意したりした。そのような状況では、商業信用に対する融資が比較的低金利で得られる金融市場に取引が集中し……中央ヨーロッパの鉱山採掘……に左右される形で取引が再編成された[31]」。

銀による景気は単に貨幣を誕生させただけではなかった。近代で初めて労働者階級の一つを生み出し、景観を荒廃させ、1525年には近代初の労働者と農民による大規模反乱であるドイツ農民戦争をも招いたのだった。当時の中央ヨーロッパでは10万人が鉱山採掘と鍛冶産業で働き、周辺産業で働く労働者はそれ以上の数に上った[32]。環境は一気に壊滅的な影響を受けた。近代一流の地質学者ゲオルギウス・アグリコラはこう記した。「森林や木立ちが切り倒される。鉱石を溶かすための建物や施設に無数の木材が要るのである。ところが森林や木立ちの乱伐によって、人間にすてきな美味としてたくさん役に立っていた鳥やその他の動物が根こそぎにされる。鉱石が洗鉱される。ところがこの洗鉱によって、小川や河が毒水になり、魚類が住まなくなるか、あるいは絶滅されてしまう[33]」

銀は銅と鉄に並んで森林を荒廃させ、農民の生活を脅かした。前章で見たように、16世紀以前の森林地帯はほぼ共有地だった。ジャック・ウェストビーの言葉を借りれば、森林は「貧しき者の外套」であり、生き延びるために欠かせないものだった[34]。貧しき人びとは森林の囲い込みに抵抗したが、ドイツの農民戦争[35]が起きた頃には共有地への入会が厳しく制限され、森林面積が激減していた。共有地の制限に反対した農民たちは16世紀、12カ条の要求を掲げて森林への入会を再度認めるよう求めた[36]。急進的な聖職者であったトーマス・ミンツァー（ミンターやコイナーと訳されることもある）は1524年、こうした森林の囲い込みに対して、「すべての生物、すなわち川にいる魚、飛んでいる鳥、土壌の産物のすべてが資産化された——生物も解放されるべきだ[37]」と非難した。彼が人生を捧げた労働者と農民の反乱は欧州においては金融の妨げとなり、イタリア小都市の資本家が植民地支配の解決策に資金を提供していなければさらなる革命を招いたかもしれなかった。

ジェノバの銀行

欧州では15世紀半ばになると、1315年以降150年あまり続き、欧州大陸の人口を激減させた病気や戦争、飢餓の影響から脱し始めた。1453年には、オスマン・トルコによって首都コンスタンティノープルが陥落して旧東ローマ帝国が滅亡し、イングランドとフランスの百年戦争が終結した。1450

年代は他の点でも波乱に満ちた時代だった。コロンブスと、彼の後援者となるイサベル（1451〜1504）とフェルナンド（1452〜1516）が生まれ、ヨハネス・グーテンベルクが印刷した聖書が流通するようになり、マデイラでは初めて砂糖が生産された。1454年には、ベネチア、ジェノバ、フィレンツェ、ミラノというイタリア北部の四強による「イタリアの百年戦争」がローディの和によって終結した。[38]

これら四強の中でもジェノバ共和国は格別に弱かった。実際のところ、ジェノバは、帝国のような国家というよりは多国籍の持株会社のようなものだった。[39]しかし取るに足らない存在だったわけではなく、1298年の税収はフランスより多く、人口はロンドンよりも多かった。[40]それでも安定した場所ではなかった。中世のジェノバは社会的な反乱が頻発し、1413年から53年までで反乱が14回も起き、都市は混乱状態だった。[41]ジェノバの歴史における「主な論点は貴族と上位中流階級との紛争で、自滅するほど激化することも多かった」[42]。これは1パーセントを占める人びとと0・1パーセントを占める人びととの財政的な対立だと思ってほしい。この対立は1528年まで続いたが、アンドレア・ドーリアがジェノバ共和国の憲法を改定したことで、0・1パーセントの勝利が決定的になった。

ジェノバの海外領土は自治体そのものであるコムーネが管理していた。コムーネでは、オスマン帝国が拡張したことで海外領土を喪失したり、東方でベネチアと競争したりしたことで負債が膨らんでいた。債権者でもあったコムーネの貴族階級は1407年にサン・ジョルジョの家（後にサン・ジョルジョ銀行に改名）を設立し、[43]1年も経たないうちにコムーネと海外領土の管理について協議し、貸付金をコムーネ、主には商人階級から回収できるようにした。15世紀を通じて、コムーネは利払いおよび担保として「1479年にレーリチ、1482年にコルシカ、1484年にサルザナ」といった資産（領土）の権利を譲渡していった。[44]信用収縮が続く中、コムーネの0・1パーセントを占める人びとは、地中海の資源と島々を裕福な商人階級から吸い上げ、その歳入を自らの銀行に預けて独自の帳簿を管理した。[45]銀行と銀行が依存した都市との緊張関係は未だに収まっていない。

ジェノバの商人たちは、コムーネが借金を完済する方法はないものか探しまわった。コムーネは1417年に自治体宝くじを考え出し、「書記官10人分の年収に相当する」特賞をつけることにした。[46] コムーネが財宝を売却したその手法は、聖杯が金融商品にされた手法でもある。聖杯とは、イエス・キリストが最後の晩餐で使ったとされ、グリエルコ・エンブリアコ（「飲んだくれのウィリアム」だ）がカイサリア（今のイスラエルである）を侵攻した後にジェノバに持ち帰ったものだ。1319年、コムーネは銀行への支払いに充てるために、ニッコロ・フィエスキ枢機卿にこの聖杯を質草として渡したのだ。結果的に、聖杯は金融商品となって**枢機卿品**と呼ばれることになった。[47] コムーネはイベリア半島を征服しただけでなく、西アジアとアフリカ北部を襲撃した際に捕らえた奴隷も取引した。「奴隷の所有者が利益を得るために奴隷を貸し出す際の契約によると、投資額に対する収益率は7～10パーセントだった。これはサン・ジョルジョ銀行の株式収益率より高かった。したがってジェノバ人は……人肉に投資をした」わけだった。[48] 15世紀、コムーネの住民20人に1人は奴隷だった。イタリア人の挨拶である**チャオ**が「（Vostro）schiavo、（あなたの）奴隷の意）」に由来するのは、この歴史があるからだ。[49]

サン・ジョルジョ銀行は強大な経済的かつ政治的勢力であり、コムーネ唯一の信用源になった。ジェノバ唯一の中央銀行として機能することもあった。しかし、常に掌握する立場にあったわけではない。商人や無産階級による暴動が起きると、コムーネに対する支配力が弱まったからである。コムーネが債権者たちに公債の返済額を減額するよう求めて抗議すると公債の流通市場が活気づき、1456年にはローマ教皇カリストゥス3世がその正当性を認める命令を下した。信用取引と資本と国家の歴史において、資本家が常に勝利するとは限らないことを記しておく意義はある。

近年の金融史においてサン・ジョルジョ銀行が無視されてきたのは、その記録類が明瞭でなかったことと、ジェノバ人がベネチア人のように自慢したがる人びとではなかったからだ。[50] だが信用枠を融通できたこと、欧州貴族とつながりがあったことから、18世紀までジェノバ人は最低利率で資金を調達できていた。[51] スペインの植民地開拓に融資を行ない、巧妙に利益を得ることで、低金利の恩恵を存分に受けていた。信用供与を有料化したのはジェノバ人だけではなく、その他の銀行も後に続き、アムステルダム、ロンドン、さらには米国にあった銀行もこれに倣った。だがジェノバ人の例が重要なのは、利益の必要性、植民地に資金供給する能力、自然に対する姿勢など、低金利に関わる重要な要素の多くが揃っていたからだ。本章の冒頭で記したように、この点はコロンブスを介した新世界の開拓地における暴力にも関係している。

　ジェノバ人の資本家たちは新世界を必要としていた。1400年代は前世紀に長く続いた不景気と、ベネチアとトルコによってジェノバが有していた地中海東部の豊かな海外領土から商人たちが追い出されるという軍事的な敗北のせいで、貿易が停滞していた。[52] ジェノバの比較的細長い後背地では森林が完全に伐採され、造船業者は輸入木材に頼らざるを得なくなっていた。[53] 軍事的敗北と地理上の必要性に迫られて、ジェノバ人は西方のスペインとポルトガルに向かった。地中海西部で失ったよりも多くのものを大西洋で取り戻すことになる。

　1450年以降、ジェノバ人の資本家たちはイタリア南部から新世界までのスペイン領域に入り込んだ。コルドバ、カディス、セビリアに定着したジェノバ人の商人たちは、絹織物、砂糖、オリーブ油、小麦、染料など、ありとあらゆる高い利益を得られる商品を扱っていたようだ。[54] カタロニア人より立ち回りに長けていたおかげで、彼らはすぐに、カスティーリャ最大の輸出産業だった儲けのよい毛織物を手中に収めた。[55] ジェノバ人は抜け目のない商人ではあったが、彼らが世界を変えたのは戦争に資金提供したからである。

軍事の財政的起源

戦争への資金調達には常に困難が伴う。税金は少しずつしか入らず、農作物の出来次第で増減する。対照的に、戦争遂行には即応性と流動性が要求される。兵士らには武装させ、食事や住居を提供し、そして何よりも合理的な程度に早く支払わねばならない。カルタゴ軍がこれを思い知ったのは、紀元前241年に給与が払われていなかった傭兵が巨大な商業都市を襲撃した時だった。[56] スペインのフェリペ2世も、同じく給与を払われていなかった自らの傭兵が1576年当時にスペイン帝国の一部であったアントワープを略奪した際、身をもってこれを学んだ。現代と同じく当時も戦費は信用払いだった。政府にすれば貧困層を搾取して予算の均衡を取ればよいのだろうが、兵士が訓練を受けてきたように、労働者が武装して組織的に行動する場合、その思惑は外れる。兵士に給与を払い、銀行に借りを作るのは、兵士を武装させているからだ。これはその後の展開を暗示するものだった。

15世紀後半、欧州での戦争は根本的に変化した。いわゆる「軍事革命」[57]で、軍の規模が大幅に急増したのである。1470年には、スペイン軍が抱えていた兵士は推定で2万人ほどだった。1世紀後にはその10倍になった。[58] スペインが先行していたとしても、それほどの差ではなかった。欧州軍は1530年から1710年までで10倍になったからである。[59] 戦費はそれ以上の速度で増加した。[60] 新たな大砲の製造には多額の費用がかかったが、使用するにはそれ以上の費用がかかった。17世紀には、大砲1発が「歩兵1人の1カ月分の給与……に相当した」ほどだった。[61] 1544年、英国軍がブローニュで55日間にわたって仏軍を包囲した時のような、1回の大規模な戦闘で15万発を連続発射することがあった。欧州のあちこちで莫大な費用をかけて要塞と町の防御壁を改修した。例えばエリザベス女王は、イングランドとスコットランドの国境に位置するベリック・アポン・ツイードの砦を新しくするために、王室の年間収入の約半分にあたる13万ポンドを費やした。[62]

現代の戦争は国家の借入余力次第であり、帝国の信用度が戦場での勝敗を大きく左右する。1980年代に軍拡競争に負けたソビエト連邦が国家破綻したのと同じく、破産した帝国は崩壊の道を歩む。16世紀には国王が戦費を借り入れるという慣習が確立していたが、新たな戦費調達の規模はそれまでにない結果をもたらした。繰り返しになるが、スペインとの関連性は重要な点である。その先鞭をつけたのはフェルナンドとイサベルの孫で、1516年以降はスペイン国王のカルロス1世とも呼ばれていたカール5世（1500～58）だった。1519年には神聖ローマ皇帝となり、北海からカリブ海に及ぶ汎欧州を支配したが、その治世中は紛争に明け暮れた。彼は、中央ヨーロッパのフッガー家やヴェルザー家に背を向け、ジェノバ人から戦費を調達した。[63]貸付に先立ち、ジェノバ人は担保として米国の銀に対する第一順位の債権（必ず優先されるわけではなかったが）を要請した。虐殺と植民地での残虐行為を根底とし、この合意によって、地球上の自然と世界の大国、鉱物を体系化する手段としての信用取引という、永続的で非常に現代的な関係が確立された。2世紀近くもの間、チェントリオーネ、パラヴィチーノ、スピノラ、グリマルディ家といったジェノバの銀行家は「スペイン王によるもっとも重要な政治的かつ軍事的決定事項」に深く関わり、事実上「スペインの経済活動のほぼすべての側面」に関与した。[64]実際、1503年にスペインの交易官庁である通商院を組織し、統率したのはフランシスコ・ピネロだった。[65]1617年にクリストバル・スアレス・デ・フィゲロアが、スペインが「ジェノバ人にとってのインド諸島」[66]に成り下がってしまったことを嘆いたのも当然である。

カール5世は、資本主義の生態学においては、軍事力そのものは世界的な権力の一つの形態に過ぎないことをまったく理解しなかった。大金を湯水のように使った結果、血が流れ、借金が残っただけだった。

彼の軍隊が１５５２年にフランス北東部のメスを包囲した時は２５０万ダカットを費やした。米国の金銀に対する王の取り分の10年分に相当する額である。[67] 息子フェリペ２世が１５５６年に即位した時には、数千万ダカットという巨額の借金が残っていた。フェリペ２世は翌年破産を申し立てたが、借金を重ねただけだった。１５５６年には３０００万ダカットだった債務が、１５７５年には倍の６０００万ダカットになり、１５９８年には１億ダカットに達したのである。[68] 17世紀初頭には、スペインの国家予算の３分の２が、数年のうちにはそれ以上が軍事費に振り分けられていた。[69] 収税官という大軍によって多くの命を犠牲にすることが可能になったわけである。経済成長がパーセンテージで測られる時代に、スペインの税収は１４７４年以降の30年で12パーセントの年率で増加して90万レアルから２６００万レアルになった。[70] １５２０年代から50年代までで歳入は実質的に再び倍増した。[71] １７８９年にベンジャミン・フランクリンが「この世で確実だと言えるのは何もない。死と税を除けばの話だが」と指摘したとおり、この二つを結びつけたのは低金利である。[72]

近代における戦争術は金と血を資本に変える手段となった。国家は領土拡張と権限増大を望んだが、それを確保するには資金が必要だった。戦費が増加するに従い、国はさらに借金を増やし、それに応じて増税した。16世紀に軍隊の規模が10倍になれば、軍の駐屯にかかる費用はおそらく20倍になった。１５００年から１７００年のうちの28年間を除いて、常に大規模な戦争が続いていた。[73] どのような結果になるのであれ、投資家にとって戦争は儲かるものだった。

国家に貸した金は資本になるが、リスクを伴った。銀行が破産することがあったからだ。だが、全体的な傾向は明らかだった。金融制度が一つで、多くの国家が権力を求めて張り合う現代においては、国家は争いを続け、借金を重ねることになるだろう。多額の負債を抱えたスペインは競合他国より財政力と軍事力を誇っていた時期もあったが、16世紀後半から17世紀初めにかけてオランダ共和国の征服を試み、失敗していた。オランダには、新世界の富や豊富な天然資源、膨大な人口のいずれもなかったが、スペインにはないものが2つあった。活発な製造業と商業経済、それに伴う富である。スペインは金銀を手に入れていたが、オランダには**資本**があった。オランダ共和国は金融を商取引の武器として活用するという別の手法を駆使し、[▼74] 17世紀の超大国となった。その一方、スペインは長期的な停滞期に陥り、欧州列国の中位国に甘んじていた。

資本主義の生態学——世界的な事例

ここまでは、厳密に地政学的な意味での領土権力を取り上げてきた。しかし、軍事力から財政力への移行には近代的な植民地主義という別の特徴を伴った。近代初期は、欧州の諸国家が対立して全般的に停滞していた一方で、世界的な大帝国が形成されてもいた。ローマやモンゴルを思い出してもらいたいのだが、資本主義以前は巨大な帝国が存在していた。しかし世界史上、利益を得る機会を求めて地球上を探し回って大洋を横断する帝国が存在したことはなかった。

もし資本を作るのが国家であり、国家を作るのが資本であるとするならば、戦争をして資本を蓄積するというサイクルは早々に行き詰ったはずだ。強国と戦っても勝ち目がないからだ。しかし、近世の帝国は他国と戦うためだけではなく、人間を無報酬で働かせ、その他の自然を収奪するためにも組織されたものだった。初期のスペイン帝国主義による残虐行為が窃盗や虐殺を想起させるとすれば、そのような略奪行為がずっと続くはずはなかった。スペイン人は、植民地を銀を主とした富を常に生み続ける流れに変え、その富を貨幣に変える方法を見つけなければならなかった。それを支援したのがジェノバ人と銀行家だった。

15世紀には健全な貨幣が不足し、中世の鉱業は最大の危機に瀕していた。しかし1450年以降は経済復興が勢いづき、技術の進展と新たな事業組織が相まって古い鉱山が再び利益を生むようになった。当時は商人と銀行の時代だったという認識を受け入れるのであれば、15世紀後半に銀、銅、鉄の産出量が5倍に拡大したのは産業的に深い意義があったと指摘する価値がある。カール5世に融資したフッガー家は、貧鉱から銀を抽出する**溶融**などの最先端の技術と現代の事業組織に類似した組織形態を特徴とした、鉱山業と冶金業とで財を成した。これらの金属のうち、溶解にもっとも多くのエネルギーを必要としたのは銀だった。中央ヨーロッパの国王や君主、大公は一人残らず利益の分け前に与ろうとし、16世紀にはドイツのほぼすべての森林への立ち入りが厳しく規制されるようになった。すでに見たように、森林は囲い込まれ、樹木は少なくなり、残った樹木を小作人が利用しようにも厳しく制限されたのである。1520年代までには、急増した鉱山や溶鉱炉で働く労働者階級の怒りと「木材闘争」が結集した。1525年のドイツの農民戦争や労働者たちによるその他の騒動は、鉱山労働者の賃金上昇という成果につながった。暴動と資源の枯渇は、欧州の鉱山所有者にとっては利益の縮小を意味した。だからこそ、1544年にポトシ(ボリビアにある町だが、当時はペルーだった)の銀山が「発見」されたことは、絶妙のタイミングだったのである。[75]

アメリカ大陸の銀山はスペインの戦略的利益にとって非常に重要であったため、フェリペ2世は1568年に貴族であったフランシスコ・デ・トレドを派遣して、ペルー副王に任せて停滞していた銀の採掘量を復活させようとした。トレドが当初梃入れ策の一つとして講じたのは、先住民に対する強制労働制度であるミタ制度の活用だった。ポトシ鉱山周辺にあった16州のすべての村では、男7人につき1人を鉱山労働者として出すことになっていた。こうした男たちは**ミタヨ**と呼ばれ、夜明けから日没まで働かされた。[76] 暴力的に強いられていたこの決まりは日曜とキリスト教の祝日には免除された。ラス・カサスとセプルベダが新世界の先住民の地位について議論を戦わせていた時(「はじめに」を参照してほしい)、トレドはバリャドリッドに滞在中で、魂の救済とキリスト教の浸透という義務はトレドが講じた労働徴用制度の特徴だった。彼は、先住民は自然領域に属する存在ではあるものの、労働によって魂が救済されうると確信していたのである。

ミタヨに対する要請には土地の直接収用が含まれてはいなかった。ミタヨには最低賃金が支払われたが、ポトシまでの交通手段は自分たちで手配し、道具や食料は自前で購入しなければならなかった。奴隷の所有者は奴隷の購入費や生活費を負担しなければならなかったが、ミタ制度は奴隷よりはるかに少ない投資で済んだ。ミタ制度では、再生産労働で発生する費用は故郷の村が負担することになっており、村は、徴用されたミタヨたちが働く日も働かない日も、彼らが生きるために必要な現金や食料を手に入れるためにスペイン人と取引しなければならなかったからである。この制度は、１５６０年から90年までで先住民の85パーセントが死亡したとの推定があるほど、先住民の労働者にとっては世の終わりと言えるほどの影響を及ぼした。[77]

ミタヨに降りかかった激変に勝るとも劣らない変化は森林でも起きていた。もともと、セロ・リコ（豊かな山）で採掘された銀は燃焼炉で木材を使って溶解されていた。夕暮れ時になると、山腹に数千ほどのウアイラと呼ばれる吹きさらしの小型炉に火が入った。これを目にした人に言わせれば「夜を昼に変える」ほどだった。生活の足しにしようと、先住アンデス民が採掘された銀塊を溶解することがあったからだ。[78]それでも、スペイン人からすれば小型炉では不十分だった。開拓地での梃入れ策として、トレド総督は燃料を節約して銀を抽出する水銀アマルガム法という新技術を取り入れた。これは２２６８キロもの大量の破砕鉱石を大樽に入れるという方法で、ウアイラによる生産量を凌駕する規模で運用された。マデイラでの製糖と同じく、これが功を奏するか否かは水力工学、この場合は30あまりのダムの建設次第だった。これらのダムはたびたび決壊し、一度に数百人ものミタヨが犠牲になり、残された人びとの生活用水が汚染された。溶解と比較すれば「低温」の製法ではあったが、水銀アマルガム法は森林破壊を**加速**するものだった。1ポンドの銀を抽出するために必要な燃料は減少したが、1575年から90年までで銀の生産量は6倍に増えて消費燃料が激増したからである。[79]小型炉と水銀アマルガム法を組み合わせて銀を見境なく抽出するようになり、1590年には500キロも離れた所から燃料を運び込まねばならなくなった。16世紀初頭には、かつてポトシ山にあらゆる樹木が生えていた痕跡が一切失われていた。実際、先住民の生き生きとした文明があったことすら感じさせなくなっていた。[80]

安価化が機能していることを改めて目にすることができる。安価な生命とは、生まれ育ったコミュニティで家族の面倒を無償でみて、安価な食料を買って生活するような低賃金で働かされる労働者になるということだ。これは、安価な燃料を集め、安価な自然に手を加えて、安価な貨幣を製造することを必要とする。例を挙げれば枚挙にいとまがない。ポトシは新世界でもっとも重要な唯一の銀の採掘地であり、新世界で採掘された銀は16世紀の世界の採掘量の74パーセントを占めていた。[81]銀が交易を成立させるわけではないが、世界貿易の軌跡はポトシ鉱山から辿ることができる。銀が交換という循環の一部でなかったら、きらきら輝く廃石に過ぎない。商品を生産し、交換することで銀が資本に変わるのである。世界貿易の誕生はマニラが建設された1571年だとする評論家がいるのはそういうわけだ。[82]新世界で産出された銀は欧州にとどまることなく、香辛料の輸送ルートに乗って、その後太平洋を渡った。日本で産出された銀は、交易と裁定取引が複雑に絡み合った貿易の一環として1540年から1620年まで中国へ流れ込んでいった。[83]アジアの一次産品と銀を交換するというつながりがなければ、貨幣が新世界から東アジアへ流れていくことはなかった。ポルトガル人、その後はオランダ人が欧州からアジアへの銀の海上交易路を押さえていたため、スペイン人はその交易路を回避し、大西洋を横断し、セビリアを経由して銀を輸送したように、それと同じ量の銀（50トン）を毎年太平洋を横断してマニラまで輸送した。[84]バルチックへもほぼ同じ量の銀が運ばれた。東欧では、銀、信用、封建地主、奴隷労働者が結びつき、安価な材木、食料、重要な原材料がオランダへ輸送された。これを記しておくのは、資本主義の表舞台は欧州であるものの、資本主義にまつわる物語は欧州中心のものではないことを指摘するためだ。資本主義が台頭した結果、ポトシからマニラへ、ゴアからアムステルダムへと、生命と権力が統合されていった。

資本主義の生態学が国際貿易を通じて拡散したように、密航者も増えていった。カミアリに悩まされたことがあるのなら、銀塊が国際取引されたせいだと思っていい。世界で最初に銀航路を密航した生物がカミアリだったからだ。メキシコ南西部から欧州、アカプルコやマニラから台湾へと銀貨が動いたのと同じくこの生物種も移動したのである[85]。新たな地球生態学ができあがりつつあった。

銀行が政府を必要とする理由

資本主義が誕生する前から、銀行は今日に通じる問題に直面していた。政府が戦費を調達するには当然銀行が必要だが、銀行も政府を必要としている。資産家は、銃で武装した集団（時代が違えば、刀や槍を持った集団だったが）に対してはどうしても弱い。近代以前は、政治的な理由で商人の資産が没収される可能性はあったし、実際そうだった。資本主義が発展しても銀行は依然として弱い立場にあった。欧州諸国間の紛争が増加し、軍が強化され、軍事費が一層増加すると、ジェノバ人などは弱みを強みに変えることに成功した。国家が強制的に資金を没収するよりも早く、信用取引を求める声を上げたのである。

裏を返せば、資本家には国家を上回る権力こそあったが、近代世界において国家が果たす重要な役割の一つを担うには力不足だった。それは、安価な自然を特定し、地図化し、確保することである。ヨーゼフ・シュンペーターの「非ブルジョワ的集団の庇護がなければ、（資本家は）政治的に無力[86]」という指摘はよく知られている。資産についての条件が整えば、住民は征服され、植物相と動物相は地図化され、社会基盤は整備されて、資産家はうまく立ち回る。しかしこうしたことはすべて信用と、金で買える軍隊次第であり、銀行業務と資本家のその他の業務との違いを強調しておくことには意義がある。

歴史家のフェルナン・ブローデルは金融と商業との変化の力学についてこう説明した。「商業資本主義における成長の波と、通常の投資で可能となる程度を超えた資産の蓄積を受け、例えばジェノバやアムステルダムにおいて、かつて金融資本主義は少なくとも一時的には、実業界のすべての活動を掌握し、独占する立場にあったことを指摘しておく[87]」。貨幣、信用取引、金融投機はしばしば「経済的」な過程だと受け止められているが、実際には、現代的な貨幣が流通しているのは、国家機関が交換を保証し、安価な自然という根源的なシステムを粗野な人間やその他の自然から保護しているからだ。

資本家たちは、欧州の王や裁判所が提供していた標準的な保護を受ける必要があり、それに加えて、新たな支払い方法を創設するための政府の許可と庇護という別の手立ても必要としていた。銀行が行なうのは信用取引である。銀行は金属や油絵、家屋、聖杯といった資産を預かり、それらをさらに現金に換える。新たな支払い手段である担保が循環し続け、現金化されないうちは、純利益をもたらし続ける打ち出の小槌だ。しかし、そうした信用取引が聖杯を担保としたジェノバ人の**コンペレ**〔有限責任の出資者による組織形態〕であれ、信用力の低い抵当権付きの債務担保証券であれ、これらを保証し、促し、その後利益を手に入れるためにはいくばくかの権力が必要だ。こうして、国営銀行か近年でいえば国際通貨基金（ＩＭＦ）のような確かな「最後の砦となる貸し手」が、強い通貨と軍とのつながりをもって既存の覇権的秩序を保障する役割を果たしているのである。

これは動的な仕組みだ。本章の冒頭で述べたように、世界を流通する貨幣と世界的権力のリズムとはしっかり絡み合っている。新開拓地での生産活動は当初混乱していたが、その後ジョバンニ・アリギが指摘したように、「収穫が減少し始め、この仕組みを統治する機関や事業を行なう機関に対する競争圧力が強まる。そして物質的拡大から金融的拡大へという位相的変化の段階が始まる」のである。[88] およそ1世紀にわたって蓄積が繰り返されて利益を生み、それ以上に多くの流動資産が生み出された後、危機的瞬間になって、力の均衡はそれまで蓄積を体系化してきた資本家から離れて銀行家の手に移るのである。こうしたことはジェノバ、オランダ、大英帝国で起き、現在では米国で起きている。しかし、１９８０年代に始まった金融化の時代はこれとは大きく異なる。かつての大規模な金融拡大は帝国主義に全面依存し、利益を生む好機を安価な自然というまったく新たな開拓地に拡大していくものだった。公共地、小作人や先住民の土地を剝奪し私有化する[89]という近年の「土地争奪」の急増は、海洋の収奪[90]や新たな宇宙空間の争奪競争をも伴っている。[91] 金融市場の異常な変動性は、金融資本の支配力だけでなくその脆弱性をも物語る。将来に対する賭けはいつかは報われなければならない。それが、まさに過去数世紀にわたる営みや食料、エネルギー、原材料の開拓によって可能になったことだ。今日、そうした開拓地はかつてないほど減少しているが、新たな投資先を求める資本はかつてないほど増えている。前代未聞のこの状況は、今日の世界を形成している極端な富の不均衡と深刻な金融不安という異常な結びつきを説明するものだ。戦争と暴力は、この結びつきにある隙間という隙間から滴り落ちてくるものだ。しかし、今回は新たなものを生み出す破壊という有意義な見通しなどなく、ただ破壊あるのみなのだ。

　このことから、ゴールドマン・サックスがあらゆることに一枚嚙んでいる理由だけでなく、今この瞬間あらゆる場所に存在している理由がわかる。15世紀から16世紀後半にかけてのジェノバ人資本家のディアスポラたちから、オランダの植民地主義によって利益を得たアムステルダム銀行協会、国内外で収奪に投資した英国商業銀行、そして今日の世界的な金融エリートに至るまで、国家と銀行とその他の資本家たちの関係が蓄積のサイクルの盛衰につながっている。

現代的なつながり

低金利についての世界‐生態論の歴史の知識があれば、現代の金融資本主義をより広い文脈で位置づけることができる。金融工学が一層複雑になっているのは「金融アナリストの増加」の結果ではなく、数世紀にわたる蓄積の結果だ。どちらにも資本、権力、自然を体系化する独自の手法がある。フラッシュオーダーと、1000分の1秒単位で取引を行なって数百万ドルを稼ぐ能力は、特定の取引が午後ではなく午前中に行なわれたことを記録したジェノバ人会計士第1号の延長線上にある。官民協働体制と内部のディーラーに国有資産を抵当として預けることは、またもや、聖杯をあるべき買い手に売却することに似ている。[92]

15世紀まで遡って分析することはとりわけ役に立つ。決して初めてのことではないのだが、近年ギリシアは国外勢力の怒りを買ってきた。その理由は別に詳しくまとめられているが、ギリシアは2015年、国有資産を体系的に吸い上げるという条件で一連の対策を受け入れるよう強いられ、債務免除を保証された。[93] これは、従来的な意味での新自由主義的な政策ではなかった。[94] 実際、IMFはギリシア経済を完全に破滅させることのない速度でギリシアから資金を引き出すために「欧州がこれまで検討に前向きだったものをはるかに超える」債務免除を推奨したのである。[95]

IMFは、「巨大すぎてつぶせない」ほど制度的に巨大な銀行がすでに政府を懐柔していることを指摘してきた。また、ギリシア国民が緩い規制の代償を払わされており、銀行はそのおかげで自ら作り出した信用を売る新たな方法を見つけ、そうした賭けがシステム崩壊を引き起こす場合には中央政府の保険に頼ることができたとも報告した。[96] しかしドイツにとっては、欧州において経済的覇権を確保する方がIMF

が示した経済的教訓よりも必須だった。原理原則よりも権力の方が重要だったのである。15世紀における帝国と金融の責務は、21世紀になった今でも有効である。

必然的に、銀行への支払いは労働者から収奪し、その他の自然の営みを可能なかぎり私物化することによって行なわれる。ギリシアでは当時の政権が環境保護の実績を喧伝してはいたものの、自然資産を売却することで債務を返済していた。[97]もちろんギリシアの「自然」を見ることは今でも可能だ。だがその自然は、田園風景や海を売りにする囲い込まれたリゾート地や複合施設で、ギリシアの債権国が受け入れ可能とした通貨を持つ観光客がユーロ建ての破格の料金をバーで支払って楽しむものになっている。経済全般的にギリシア人はドイツ人よりも長時間働いているが、それでもドイツ人労働者とは異なり、怠け者だという固定観念を押しつけられている。[98]この報告に間違いがあるわけではないが、ある民族の働きぶりは他の民族の働きぶりと同じには評価されないことを示している。どうしてそうなっているのか、どのようにして続いているのかを理解するために、人間が時間と労力をかけて自然を使って稼ぐ方法を十全に検証する必要がある。次章のテーマは労働という営みだ。

第3章 安価な労働

カリブ海を航海していた時、コロンブスは、見慣れないその地の動植物を売って得られる利益についてまったくわからないことが残念だった。それでも、ある動物については正しく評価することができた。その動物とは、人間である。コロンブスは捕らえた先住民の扱い方を心得ており、彼らの労働力に見当をつけ、最終的には欧州へ輸出するよう働きかけた。2回目の航海を終えた後、コロンブスはフェルナンドとイサベルに「三位一体の名の下に、値段がつくすべての奴隷を送ることにしましょう」と書簡にしためた。[1]彼がどのようにして奴隷の価値を理解したのかというと、[2]奴隷は、コロンブスの欧州での生活の一部だったからである。コロンブスはジェノバでの子ども時代に奴隷や奴隷商人、人買いなどが身近にいる環境で育った。それに、スペインとポルトガルによる収奪という長年繰り返されてきた歴史に巻き込まれてもいた。スペイン人もポルトガル人も、それより数世紀も前から奴隷になじみがあった。マデイラでは、ポルトガル人が最初にカナリア人を奴隷として使って砂糖を生産していた。[3]イベリア人は、植民地征服と法的な詭弁を弄してこの労働力を手に入れていた。第7章（「安価な生命」）で惨状と人種についての法理を再検討するが、まずは、営みと自然と金融の関係を明確にしておく必要がある。

十字軍の時代は、交戦規程によりサラセン人（イスラム教徒）を敵性戦闘員として捕虜とし、奴隷とすることが認められていた。領土拡大の争いで捕らえた人間は戦利品であり、聖戦に際しての負債を銀行家に返済する手段だった。[4] しかし、カナリア諸島にはイスラム教徒がいなかった。それでも植民地主義に基づいて得た利益を返済する義務は残っていた。ポルトガル王は、臣民が植民地遠征の際に見つけた北アフリカ人あるいは西アフリカ人は**誰であれ**捕らえて奴隷にしてもよいとする許可をローマ教皇に求め、その許可を得た。北アフリカや西アフリカに住むアフリカ人の多くはイスラム教徒ではなく、したがって絶対必要条件とされた神学的な意味でのキリスト教徒の敵でないことは広く知られていたのだが、ローマ教皇ニコラウス5世は1452年、ポルトガルのアルフォンソ5世に許可を与える書簡を送ったのである。

われらが神イエス・キリストが血を流されたのはキリスト教信仰のためであり、その一体性と普及に関わるどのような懸念があろうと、信心に満ちた高潔な魂において繁栄することを当然望んでのことであった、……使徒的権威により、これらの文書をもって、王国であれ公爵領、郡、公国、その他の私有地であれ侵攻して、どこの者であるかを問わず、サラセン人と異教徒、およびその他のすべての不信心者、キリスト教に敵対する者を探し出し、捕らえ、支配することを完全かつ自由に行ない……**および、その者を終生にわたって奴隷とし、王陛下自身およびその後継たるポルトガル国王が、王国であれ公爵領、郡、公国、その他の私有地、所有物、そのような財産を永遠に使用し、私有化し、交換する**許可を王陛下に付与する。[5]

新世界で労働者を集めるには、ローマ教皇による書簡が同様に欠かせないものになった。アメリカ大陸に住む人びとがキリスト教徒に敵意を抱いていると主張するには無理があったため、無知であることが新たな基準として浮上した。労働者を集めて管理するためとして、彼らが何を知り、何を知らないかが国家の当然の関心事になったわけである。[6]キリストについてまったく知らない先住民には、まずはキリストと地上にいるキリストの代理人について伝えることが必要だった。先住民が、新たな統治者であるイベリアの君主とローマ教皇を受け入れることを求めるこの新たな通達を拒否するのであれば、十字軍の規程と同様の戦争行為を定めた規程が彼らを奴隷とすることを認めていた。1513年の**降伏勧告状**（レクリミエント）はスペイン語で読み上げられた9つの段落からなる文書で、先住民に選択肢を伝えるものだった。この文書は、まずキリスト教の概要と新世界に到着した人びとについて述べ、スペインによる統治と教皇を受け入れるよう求めている。さもなければ、

ここに以下を宣言する。神の助けを得て、われわれは（汝らの国に）手加減ぬきで上陸し、あらゆる可能な手段と手法を駆使して汝らと戦争し、汝らを支配し、教会および教皇に従属させる。男、その妻、その子どもを連行し、奴隷にし、教皇の命ずるままに奴隷として売り、懲罰を与える。主人に従わず、受け入れず、歯向かい、反発する奴隷に対しては、その所有物を取り上げ、あらゆる悪事を行ない、損害を与える。それによる死亡や損失は汝らの責であり、教皇もしくはわれらもしくはわれらとともに到達した者らの責ではないことを断言する。[7]

熱帯の猛暑下で、金属製の衣装で身を固めたよそ者が読み上げるこれらの言葉の響きを聞くことは、まったく理解できない言語で判決を聞くことだった。働いて死ねという命令だったのだ。この文書とこの命令は、先住民に膨大な労働を課し、黙示録の始まりを伝えるためのものだった。[8]この手続きが完全に合法ではない可能性があるという疑義が高まったため、1551年春、カール5世は植民地拡大の取り組み

を一時的に停止し、14人の法学者からなる審議会が先住民に対する戦争の正当性を判定した。もし先住民が罪を犯しておらず、無知なだけだとしたら、スペイン人の征服によってかき集められた資産とそのために先住民が働かされたことは、違法な手段によるものだったことになる[9]。これが本書の冒頭で取り上げたバリャドリッド論争の柱である。委員会でセプルベダに反論する際、ラス・カサスは、命に階層があることと、一部の人間が他の人間よりも優れていることを認めていた。争点は、この階層における先住民の位置づけと、キリスト教徒の征服者が先住民に対して負う義務だった。最終的には、先住民は社会の一部ではないが、数世代に及んで労働すれば自然の中に位置づけられた地位から脱することもあるという結論に落ち着いた。

強欲さと敬虔さには有害な親和性がある[10]。植民地化を進めるのであれば、神がそれを認めなければならなかった。突き詰めれば、文明化のためとして先住民の土地を奪い、その土地で働かせることを認めるということは、先住民の魂を救済するという義務だったのだ。バリャドリッド論争は、欧州人とその他の土地の「自然」に属す未開人とを区別しただけでなく、労働を目的としてその方針を合法化するものでもあった。実際、先住民が2世代以上をかけて**降伏勧告状**の束縛から解放されたのは、まじめに働き、敬虔であることを示したからだった。スペイン人が銀と先住民の命を手に入れる一方で、その間先住民はキリストについてだけではなく、労働によって人間と自然を区別するという特有の価値観について教え込まれることになった。

ここに、資本主義におけるもっとも悪辣な会計上のトリックがある。多くの人間を社会(ソサエティ)ではなく自然(ネイチャー)に分類することで、開拓地では好き勝手な仕訳をすることが可能になったことだ。兵士や事務員、水兵らには現金で支払うことが要求され、金銭的関係を通じて支払われた。しかし金銭的関係から発生する労働は、資本主義の影響が及ぶ範囲であるものの、その関係の外側で発生する、はるかに大きな労働の流れに左右された。「女性と自然と植民地」による対価のない営み（事実上、一種の継続的な窃盗だ）は、商品経済制度において労働力を収奪する基本条件だ。どちらか一方が欠けても成立しない[11]。安価な労働を話題にするとは、人間を労働させ、土地を耕し、資源を採掘する資本主義の方法のみに焦点を当てることではなく、それらをどう組み合わせるか、あらゆる場面で人間と人間以外の営みをどう結びつけるのかを突きとめることなのである。

そうした区別が資本主義になぜ必要なのか。簡単に言えば、労働者を雇えばコストがかかり、時を経るに従ってそのコストがますます増えていくからだ。そうなる理由はさまざまにある。労働者は組織化して闘うが、資本主義が発展するにつれて代替となる収入源は根絶やしにされ、ケアの担い手は押しつぶされる。この広い意味での賃金労働者——恐ろしいことに、マイク・デービスが「余剰人類」[12]と呼んだ数十億人を超える非正規労働者の場合が多いのだが——がそのコストを負担するのであれば、資本家も負担しなければならない。剰余価値を生み出すあらゆる行為は、金銭的関係を超えて、人間と人間以外の生命を割りあてるというより大きな行為に依存する。この論理は新世界の労働者だけでなく、欧州の労働者にも適用されるようになった。この論理の解明と安価な労働の戦略と対抗戦略が本章の主題である。

賃金労働の時間的生態学

労働は楽しみのためにあるものではなかった。フランス語の travail とスペイン語の trabajo の語源を考えてみると、どちらも英語の名詞形 work の訳語で、ラテン語の語源は trepaliare であり、「拷問する、苦しみもしくは苦痛を与える」という意味である[13]。しかし、労働の仕組みや自然への影響は変化してきた。数千年もの間、ほとんどの人間は多かれ少なかれ、陸や海と緊密に関わって生きてきた。そうでなかった人であっても、労働という任務やその対象と密接につながっていた。人間が生き延びてきたのは、断片的ではない包括的な知識を頼りにしていたからだ。漁師や遊牧民、農民、治療師、料理人、その他多くの人びとが、生命の網に直接つながる形で、営みを実践してきたのである。例えば農民は、土壌や天候のパターン、種苗について、要は植え付けから収穫までのすべてについて知っている必要があった。営みが楽しいという意味ではなかった。奴隷は容赦なく扱われることが多かったが、1492年以降のアメリカ大陸において生死を分けた大量虐殺と同じような無慈悲なものではなかった。[14] 労働関係が公平だというわけでもなかった。ギルドの親方は年季明けの職人を搾取し、領主は小作人を搾取し、男は女を搾取し、老人は若者を搾取した。だが営みは生産という包括的な意味と、生命と社会から成るより広い世界とのつながりを前提としたものだった。[15]

営みと同じく、自然は生活に不可欠なものだった。中世ヨーロッパの自然とは、すでに見たように相互依存的なものの一つだった。人間とその他の自然との間に区別がなかったということではなく、これらの区分が一体のものとして受け止められ、存在していたということである。人類はずっと、自分たちとそれ以外の自然との違いを認識してきた。[16] だがその違いは区別であって、コロンブス以降のように**組織的な原理**ではなかった。

近代的な労働と自然は、長い14世紀（1315〜1453）〔「長い」世紀の表現は、ブローデルが使った「長い16世紀」に倣い、歴史学や歴史社会学などでよく使われている。ここでは黒死病からコロンブスによる航海を可能にした金融発展までを一つの期間として捉えていることを示すために用いられている〕における欧州封建主義の燃え殻から同時に姿を現した。封建制度における農業は極めて多様だったが、持続可能性と土壌開拓とを併せ持つものだった。[17] 土壌が疲弊すると領主が得る富と小作人の生活手段を脅かしたが、領主と小作人の関係からして、生産性向上のために再投資しうる余剰は限定的だった。その一方で、人口密度が高まったおかげで土壌肥沃度の劣化をごまかすことはできた。より多くの労働者を投入することで、土壌疲弊によって減少した収穫分をなんとか埋め合わせることができたからだ。封建時代の領主は、播種や収穫に投入される労働よりも収穫量に関心があったからである。

これが変化し始めたのは16世紀で、その理由は**労働**生産性と比べ、**土地**生産性が喫緊の懸念ではなくなり、収益に関わる課題でもなくなったことだ。オランダや英国の農民、それにマデイラ、その次にはブラジルのサトウキビ農家は、拡大しつつあった加工品国際市場に積極的に進出するようになり、労働時間と収穫量との関連に一層関心を持つようになった。第1章でみたように、イングランドでは囲い込みによって土地が集約され、地方に住む人びとがそれまで手入れをし、維持し、生きる場所としてきた共有地からますます「解放」された。このような新たに追い払われた人びとは別の仕事を見つけるのも、それがうまくいかなければ飢え死にするのも投獄されるのも自由だった。こうして、労働者と土地との新たな関係が同時に作り出されたのである。17〜18世紀になると、上流階級が貧困層の浮浪を懸念した結果、厳格な物乞いと浮浪者の処罰に関する法律が制定され、貧困状態に陥るしかないという最悪の影響を緩和する慈善事業が発展した。[18] 投獄を振りかざした政府による威嚇は、貧困層を賃金労働に就かせるための戦略だった。人間から知性と体力と技能を取り上げるような生産労働に従事させるこの取り組みには別の近代発明が用いられた。時間を計る新たな方法である。

もし土地生産性ではなく労働の実践によって資本主義の生態学が形成されたのだとすれば、そこに欠かせない仕組みは機械時計だ。[19] 貨幣ではなく時計が労働の価値を測る鍵となる技術として登場したのである。この区別が重要なのは、稼ぐために働くことが資本主義の特徴だと考えられがちだからだ。だが、それは違う。13世紀のイングランドでは、労働力人口の3分の1が生きるために稼いでいたのである。[20] 賃金が生活や空間、自然を成り立たせる決定的な手段となったのは、新たな様式の時間が登場したからにほかならない。

14世紀初頭には、この新たな時間モデルが産業活動の形を決めるようになっていた。現在のベルギーにあるイープルは繊維産業の盛んな都市で、ここの労働者は仕事の流れや季節によってではなく、抽象的、直線的、反復的な新たな種類の時間によって管理されている。イープルでは就業時間の開始時と終了時に鐘が打たれ、時間が測定されていたからだ。16世紀になると、時間は分刻み、秒刻みで安定的に測定されるようになった[21]。この抽象的な時間は就業と余暇、睡眠と起床、信用取引と現金、農業と工業のみならず、祈禱までも含めてあらゆるものを具体化するようになった。16世紀末には、イングランドの教会区のほとんどに機械時計が置かれていた[22]。20世紀、デトロイト州にあるフォード社の組立ラインではフォード・モデルTを量産しており、「厳正なマネジャーたち」がtherbligs（サーブリッグ）（考案者Gilbreth（ギルブレイス）の名前を後ろから読んだのだ）と呼ばれた労働単位を測定していた。その1単位は、わずか1000分の1秒である[23]。

アメリカ大陸の征服には、その地の住民に時間と空間という新たな概念を教え込むことが含まれていた。欧州の諸帝国が侵出した場所がどこであれ、先住民はキリストと時間が必須であることを理解しない「怠け者」だというイメージが持たれるようになった。時間管理は資本主義の生態学の要だった[24]。早くも1553年には、スペイン国王によって主要な植民都市に「少なくとも1台の時計」が設置されるようになった[25]。他の文明社会には独自の高度な時間の取り決めがあったが、新たな労働管理制度によって先住民の時間感覚や人間以外の生命との関係性が置き換えられてしまった[26]。マヤ暦では天の時間と天の解釈が複雑な階層を構成し、宇宙における人間の多様な取り決めを示している。スペインの侵略者らがその取り決めを尊重したのは、マヤ暦の神聖な時期に虐殺を行なうという点においてのみだった[27]。

エドワード・トンプソンが指摘するように、時間は特有の論理で管理される。「成熟した資本主義社会においてはすべての時間を消費し、市場で売買し、利用しなければならない。労働力が単に『暇つぶし』

をするだけであればそれは侮辱である」[28]。特定の業務をより大きな生産目標に直接結びつけることで、時間をごまかすことができなくなった。時間的な規律が全世界において暴力的に押しつけられたのである[29]。

新たな臣民に資本主義的な時間の価値と仕組みを教えることは、植民地事業の要だった。1859年、ある植民者はオーストラリアのアボリジニについてこう記している。「（アボリジニは）今や……『ニップニップ』、すなわち植民者が毎年行なう羊の毛刈りから日にちを数えることで便利さを手に入れたのだ。これが年月を伝える新たな方法になったようだ。これまではその方法がなかったのだ。そのときは月数だけで十分だった」[30]。しかし、時間的な規制が反発を招くこともあった。別の植民者の日記にはこうある。「今夜は大掛かりなコロボリー（熱気に溢れた、おそらくは神聖な集会だ）があった。日曜なのだからと言って、やめさせようとしたが、彼らは『褐色の者に日曜なし』と言うだけだった」[31]。反発の理由は、彼らが、自分たちの労働力が窃取されていること、つまり植民者が彼らの労働力を私有化していることをよく理解していたからだ[32]。植民地化される前は、多くの狩猟採集民と同じくオーストラリアのアボリジニは1日6時間足らずで十分な量の食料を集めていた。資本主義の下で同じ実績を得るために求められた1日12時間労働よりもはるかに短い時間である[33]。新体制に反発すれば「怠け者」だとして人種差別を受けた。その見方は根強く残っている。米国では、白人の30パーセント以上が、黒人は白人よりも怠け者だと思っているのだ[34]。

利益を上げるために時間と労力をかけて働かされるという「丸一日続く労働」を通じて統治するという植民地の慣習に苦しめられたのは、オーストラリアのアボリジニだけではなかった。先住民、アフリカ人奴隷、小作人、賃金労働者がさまざまな体制の下で働かされており、彼らの反乱に対処し、一層効率よく働かせるような仕組みを導入することでこうした制度は継続的に改められていた。中世末期のヨーロッパで支配者層が封建制度を立て直すことができなかったのは労働者と小作人がそうさせなかったからだ。新世界においては先住民たちが奴隷状態に反発して抗ったが、ヨーロッパ人が持ち込んだ病気には抗いきれなかった。[35] 初期に試された労働としては、強制的な賃金労働（アンデスのミタ制度）、債務労働、年季奉公があった。[36] こうした労働形態は、借金を負わせて規律を維持するような工場都市や小作人などの債務強制的（かつ、かなり人種差別的）な制度を通じて20世紀に入っても続いた。

こうした形態の労働の中には前近代的と言われるものもあるが、よく考えればそうではないものが思い浮かぶ。例えば1630年代のブラジルにあったサトウキビ農園は、バングラデシュの繊維産業に見られるような近代工業的な作業であったことが容易にわかるだろう。[37] シドニー・ミンツはこう指摘する。とりわけ産業革命以前においては、「技能と職種の専門化、年齢、性、（人種、）身体状況などによる分業とクルー、シフト、『ギャング』（などの名で呼ばれる作業班）への振り分け、時間を正確に守り、精勤することの強制等々、ここに見られた特徴は……農業よりは工業と結びついたものであった」[38]。サトウキビ農園は今日の工業型農業の先駆けであるだけではなく、今日の近代的工場の先駆けでもあった。これら近代のサトウキビ農園では、燃料を大量消費する大型ボイラーとサトウキビの茎から汁を絞り出す強力な圧搾装置を使い、高度に機械化されていたのみならず、作業工程の「単純化」を強力に推し進めるものでもあった。すなわち、労働者（奴隷）には単純化した作業を与え、土地そのものに対してはサトウキビの単一栽培に集約したのだ。それは、自動車の組立ラインで働く組立工が単純化された互換性のある部品を組み立てるがごとく、ファストフード店の店員が標準化されたハンバーガーを作るがごとく、アフリカ人奴隷はサトウキビの単一栽培という単純化された風景の中で特化された作業をこなしたのだった。

労働、自然、単純化というこの現代的な論理を結びつけると、より長期にわたる連続を理解する方法が見いだせる。砂糖や銀、銅、鉄、林産物、漁業、穀物農業などの資本主義初期における広大な一次産品の開拓地は欧州とその植民地における労働支配戦略を実験する場であり、常に対立が起きる場だった。労働者が抵抗するたびに、それを新たな理由として商品化されていない、あるいは最小限の商品化しかされていない自然を加工するための機械が導入された。近代的な労働体制とテクノロジーは、近代の労働者を使った実験と戦略、労働者の抵抗の坩堝から登場したのだ。1600年までには、ブラジルのサトウキビ畑には重厚な製糖所が、深い森に覆われたノルウェーには製材所ができ、アンデスには水力を利用した巨大で残酷さに満ちた水銀製造コンビナートができた。小作人が日常的に行なう抵抗だけでなく、激しい反乱があったことや労働者が他の手立てを模索したこともわかっている。[39] その最たるものは、後にハイチ共和国となる植民地サント・ドミンゴのサトウキビ農園で起きた奴隷の反乱だ。[40]

世界的な工場はすべて世界中に生産地を持つ

資本主義という言葉は、貨幣が一次産品に形を変え、また貨幣という形に戻るという「動いている価値」[41]に由来する。この転換をじっくり眺めてみることにしよう。価値とは「あらゆる富の源泉」、すなわち人間と人間以外による働きが具体的に結晶化したものだ。[42] ここでマルクスが有益であるのは、人間の活動が自然の一部であることを常に思い出させてくれるからだ。すなわち、われわれがその他の自然を直に「理解」できないのは貨幣に妨げられているからだ。資本主義におけるほとんどの労働と同じく、われわれが触れる自然はかなり切り離されている（自然はわざわざ出かけていく目的地であって、生活する場所ではない）。人間にとって労働と自然は現実の領域ではあるが、別の領域なのである。この見識が環境保護主義者を誕生させ、労働政治を形成したのだ。マルクスは主として、資本主義の下では小作人や職人などが「生産手段」を所有しなくなると指摘した。工具や工場、土地、店舗を所有するのは他の誰かであり、労働者に賃金を払い、その労働力を使ってこれらの生産手段を活用させるのは資本家だ。マルクスは、資本主義が労働と自然の二元論を通して現実を見ていることを示そうとしたのである。同時に、そのような区別が不可能であることを指摘している。労働者に起きることは「外部の自然」に影響を与え、その逆もまた真であるからだ。１８７５年にマルクスがドイツの社会主義者たちをたしなめたのは、彼らが、「労働はすべての富の源泉ではない。自然もまた労働と同じ程度に使用価値の源泉であり（そして物的富は実にこの使用価値から成り立っているのだ！）、**労働そのものは、人間の労働力という一つの自然力の発現に過ぎない**[43]」という原点を忘れてしまったからだった。

人間の労働は「自然の力」であり、次に、生命の網は有益で必要な作用をもたらすものという洞察から、環境保護活動家と労働活動家の懸念がどのようにして異なる領域に分けられ、共通する立脚点が曖昧になったかについての新たな見解を得ることができる。「仕事」と「環境」をゼロサム的な対立において見てしまうと分析的な間違いを犯す[44]。マルクスは１８７５年、ドイツの社会主義者たちが労働だけが富の源泉だと考えたのは誤りだと警鐘を鳴らした。マルクスは、彼らが「超自然的な力」は労働のおかげだとしているると考えたのだ。20世紀の環境保護活動家に対しても同様の指摘をしたくなる人がいるかもしれない。彼らも、超自然的な力、とりわけ文明を左右する超自然的な力は自然（ネイチャー）に属するとみなしているからだ。

仕事も環境も資本主義を通じて作られることを理解すれば、連帯する根拠を見いだし、環境保護主義者と労働運動がそれぞれの根源的な前提に立ち戻る好機に気づく一助となるだろう。現代の労働界はどういうわけだか地方とは関係がないと考えがちだが、**すべての**営みが地方の恩恵を受けており、今後も受けていくのである。資本主義の大いなる時代のすべてが農業との関係を築いているのだが、その農業とは、数百万、１９７０年代以降であれば数億人もの人間を農場から追い出してきた。

第６章で取り上げる１９４０年代から70年代にかけての農業革命と、19世紀における米国での農業革命について検討しよう。どちらも化石燃料と工場労働を前提としていた。南部の大農園は、ミシシッピ川デルタ地帯の安い労働力と肥沃な土壌を利用して協働的に生産された安価な綿花を、過酷な労働体制の温床であった英国の繊維工場に大量に送り込んだ。アラバマ州やミシシッピ州といった新興の開拓地では、1790年から1860年までで奴隷の人数が20倍以上に増えた。1860年には、米国南部の奴隷が400万人近くにもなっていた。[45] 奴隷労働者を使うと生産性が驚くほど高かった。とりわけミシシッピ川デルタ地帯の大農園は、安価な労働のもう一つの最前線である豊かな沖積土の上に築かれたからだ。[46] 奴隷は安い綿花の原価であり、その値段は1785年から1835年までで70パーセント以上も急落した。[47] 南部の綿花事業は、ミシシッピ州の奴隷と同じく自然(ネイチャー)に分類された先住民を立ち退かせ、絶滅させることで成り立っていた。米国で農業において排除を実践し、綿花と食料を輸出したことによって、英国では工業化が可能になった。1870年になる頃には、英国では労働者7人のうち6人が農業以外の仕事に就いていた。彼らの腹を満たすには安価な食料が必要で、米国の農業にはまさにその用意があった。1846年以降の30年で、米国産穀物の英国向け輸出は40倍に増えたのである。[48] これほど著しく増加したのは農業が工業化したおかげだった。農場での大規模な機械化は、1840年代に刈取機など簡素な農業機械を導入してささやかに始まったものだったが、その後の数十年で一気に進んだ。1870年までには米国の機械生産の4分の1が農業機械に向けられたほどだった。[49]

その10年間で、米国産穀物はイングランド人労働者の腹を満たしただけでなく、南欧および東欧の小作人に大打撃を与えることで新たな労働界をも可能にした。米国産穀物の輸出が急増すると、穀物価格は暴落し、1882年から96年までに半値になった。[50] 農業が工業化すると、小作人が資本で置き換えられ、食料品が安くなった。次章でNAFTAを取り上げるが、当時も今も、小作人たちは自分たちが余剰人員にされると移住という対応を取る。その多くが米国に向かい、第二次産業革命の新たな産業で仕事を得たのだった。[51]

19世紀後半の工場から誕生した産業システムは、自動車王ヘンリー・フォードにちなんで「フォーディズム」と呼ばれるようになった。しかし、フォーディズムが誕生したのは農場だったという重要な点が見逃されることは多い。革新的なのは、19世紀における家族経営農業の工業化、そのような農業によって可能となった解雇、下流の食品加工産業、おそらくその最たるものである食肉加工の「解体ライン」で発展した技術が直接的かつ密接に結びついてできあがった点である。[52]

この食品加工制度は、奴隷制から組合による賃金労働までの労働者管理という領域の一つの実験場だった。だが労働者にとっては、それまでとは異なる政治を想像する機会にもなった。アプトン・シンクレアが小説『ジャングル』で描いたように、これらの生産ラインで移民労働者が組織化したのはよりよい労働条件のためだけではなく、世界を支配する新たな方法を求めたからでもあった。米国では現在、『ジャングル』は動物と労働者の残酷性を描写した胸が悪くなるような物語として記憶されているが、最後はデモのまとめ役のスピーチで締めくくられている。

組織せよ！　組織せよ！　組織せよ！……シカゴで社会党が獲得した5万票は、公益事業を市営化する民主主義体制が来春から実現することを意味している！　そうなると、政治屋どもはまたぞろ選挙民を欺き、横領と腐敗の勢力のすべてが公職に返り咲くことになる！　だが、返り咲きを遂げた連中が何をするにしても、絶対にしないことが一つだけある！　選挙に当選したときの公約の実行、それだけは、絶対にしないのだ！　連中は公益事業の市営化をシカゴ市民に与えたりはしない。与える気もなければ、与える努力もしない。連中にできることといえばただ一つ、アメリカの社会主義に初めて訪れた最大の機会を、シカゴの我が党に与えることだけなのだ！　われわれは似て非なる改革者たちに自らの無能と有罪を認めさせるのだ！　われわれは「ラディカルな民主党」の赤裸々な実態を見えなくしている嘘を一つ残らず暴くのだ！……シカゴはわれわれの手に落ちる！　シカゴはわれわれの手に落ちるのだ！[53]

シカゴの政治家は似非改革派のままで、シカゴはまだ社会主義に転じていない。それは少なからず、労働者たちが労賃を切り下げられない世界を思い描いていたように、雇い主たちは異なる考えを抱いていたからだ。[54]資本家が労働者の労賃を低く抑え、労働者たちが組織化して要求した大胆な解決策を実行させないために用いた策略は、最初に農業で考え出された。例えば、綿花産業では明確に異なる戦略が多数登場した。綿花農場の労働者は譲歩を多数要求したために、大西洋の両側で、人間の労働力を必要としない技術に計画的に置き換えられていった（綿花産業の一部の反抗的な労働者は、手織工に取って代わられた）。[55]より安価な綿花の調達ルートが新たに開通したために（これで時間と金と土地が節約でき、利益が増えた）、世界のある地域で働く労働者が別の地域の労働者と競わされた。[56]代替となる繊維の開発に投資がなされ（羊毛が木綿に取って代わられたように、新たな繊維が登場したせいで綿花労働者たちの交渉は難しくなった）、スト破りの民間警備員を使ったり反抗的な労働者に思い知らせるような法律が制定されたりして、組合の組織力は直線的に打ち砕かれた。

綿花産業は大西洋のどちら側においても、労働者が最初に決行したいくつかのストライキの現場だった。スヴェン・ベッカートは著書『綿の帝国』の中で、1792年に英国で起きた綿花労働者の抗議と、1807年に最低賃金を求めて13万筆の署名を集めた手織工による陳情を取り上げている。[57]米国で最初に実行されたストライキは、1824年にロードアイランドにあった紡績工場での仕事を放棄した女性たちが主導したものだった。この産業の反対側、つまり原料を収穫する農場で奴隷たちが反乱を起こしたのは決して偶然ではない。[58]繰り返しになるが、これは、米国からカリブ海西インド諸島の一つであるマルティニーク島を経て、1835年にイスラム教徒の奴隷が暴動を起こしたブラジルのバイア州に至るまで各地にあった綿花、砂糖プランテーションにおいてなど、産業横断的に起きていた世界的な現象だったのだ。[59]言い換えると、労働者階級が声を上げたのと時を同じくして奴隷たちも声を上げ、同じ一次産品を通して、時には奴隷、アイルランド人、そしてあらゆる種類の庶民といった大西洋の被植民者とされた人びとが直接的な連帯を通して結びついたのである。[60]

工場労働者が起こしたストライキと奴隷の反乱は、抵抗の表れであるからだけではなく、資本主義の生態学に対する明確な抗議でもあるという点で結びついている。世界的な工場はすべて、世界中に生産地を持っておく必要がある。産業、サービス、技術を提供する各企業が労働の搾取と、安価な自然に依存していることはほとんど説明されていないが、儲けるためなのである。アイフォンのアプリはカリフォルニア州クパチーノで設計され、一人ブラック企業化したフリーランスのソフトウェアエンジニアによってコーディングされ、中国の極めて過酷な労働環境の工場で組み立てられたチップに頼り、コンゴ民主共和国の血にまみれた紛争で採掘された鉱石が使われている。現代の製造業は本質的に労働を重層化し、同時並行的な異なる体制に依存する。資本主義はありとあらゆる抵抗を駆使して労働の最前線を再び動かしてしまったのだ。

本質的な労働管理

職場における雇用者の力を示すテクノロジーは深く浸透し、われわれが思いもよらない国、ソビエト連邦においても登場していた。少なくとも理屈の上では労働者自らが労働条件を統制していた国である。ソビエトが西洋の資本主義諸国とどれほど異なっていたかについてはいまだにいろいろ言われているが、対照的というよりは類似的という方が言い得ている。ソビエトの労働形態は、労働と自然との同じ関係にとらわれていたからである。20世紀の国家共産主義理論は、16世紀の生態学から抜け出せていなかったのだ。[61]実際のところソビエトは、米国の能率コンサルタントであったフレデリック・ウィンズロー・テイラーを含め、敵である資本主義からあらゆるアイデアを取り入れることにむしろ熱心だった。そうしたアイデアはソビエトの産業で活用され、議論された。レーニンはかつて、テイラー・システムにおける「機械による人間の奴隷化」を非難したが、1918年4月には、「テイラー・システムの導入について確かに議論しなければならない。……それがなければ生産性の向上は不可能であり、生産性を上げなければ社会主義を導くことはないだろう」と発言している。[62]農業においても工業化が積極的に取り入れられた。1927年から32年にかけて、米国の農業専門家約2000人がソビエト連邦に滞在し、ソビエト人も米国の工業化された農場を訪問した。計画経済と市場経済との融合という点でソビエトと米国の取り組み方が異なるとしても、自然についての見解では一致していた。[63]スターリンにとっては(米国人にとってもだが)、自然とは「操作する対象であって……従属させる敵」だったのである。[64]

中国共産主義は、集団主義によって労働関係のあり方を変えるほどまでになったが、依然としてプロメテウス的な側面が強く残っていた。毛沢東は1958年、食料不足を解消するべく穀物を餌とする動物の撲滅を宣言した。毛沢東は、中国人民を半永久的に繁栄させるには2日間も対策を実施すれば足りるだろうと考えた。そこで、蚤、蠅、ネズミ、スズメという4大外敵を目にしたらその場で退治することとされた。退治された蚤の数こそ数えられなかったが、中国政府は「4万8695・49キロの蠅、93万486匹のネズミ、136万7440羽のスズメ」が退治されたと記録した。[65]天敵であるスズメがいなくなったせいで、無脊椎動物が急増した。昆虫が穀物を食い荒らすことには頭が及ばなかったせいで、中国では1959年から61年まで大飢饉に見舞われることになった。

気苦労の絶えない資本家にとっては、中国人民が大勢死亡したことよりも、小作人が土地の所有権を握るかもしれないということの方が気がかりだった。資本家たちは一般的に、多様な急進的大義を掲げた労働者の力を恐れて戦略を変えていった。自動車業界を例に見てみよう。1930年代、米国ではストの大義のために労働者を参加させるには座り込みストライキが有効であることが明らかになり、その結果経営者側は交渉の座につかざるを得なくなった。ミシガン州フリントでは、全米自動車労働組合が1937年初頭の3カ月間でゼネラルモーターズとの協定締結に成功した。米国が第二次世界大戦に参戦したことで組合の組織化は一時的に停滞したが、1944年にはスト活動が1937年と同程度に活発になり、1945年の終戦後には再び活性化した[66]。戦後の日本では、自動車メーカーが米国で典型的だった労働争議を避けようとした。組合を壊滅させることができなかったため、操業体制の一新をめざした。すなわち、標的となりやすい一工場で製造するのではなく、下請企業が流れ作業で部品製造と組立を完了するような体制にしたのである。これによって労働争議は骨抜きになり、相争う状態に置かれた労働者側からいともたやすく譲歩が引き出せるようになった[67]。

とくに米国の共産主義者や社会主義者のより大きな経済的かつ社会的変革を求める構想が米国のマッカーシズムやその他の地域での反共主義という並行した活動によって打ち砕かれた時ですら、労働者の要請が取り入れられることはないとしても、融通を図られることはあった[68]。世界各地の職場におけるこうした取り込みは協調組合主義の興隆を意味した。マイケル・ブラヴォイが「専制的」から「覇権的」な工場体制への移行だと呼んだものだ[69]。工場の運営者はお互いの経験から学んでいたが、自動車業界のストライキが世界各地で起きていた中、労働者も同様に学び合っていた。韓国では1990年代まで、ストライキが労働者の利益だけではなくより広い社会的ブロックの利益も代弁していたため、一般市民からの支持を得ていた。工場労働者以外の市民は、譲歩を頑なに拒否する国家にさらなる民主主義を求めた[70]。自動車メーカーは、労働争議は起こさせないと約束した中国へと生産現場を移したが、労働者の不満と抗議は中国でも世界各地でも今日も続いている。[71]

まとめると、欧州では囲い込みを通じて近代的な労働が作り出されたわけだが、これは人間とそれ以外の自然との関係や、時間の捉え方をも含めた日々の過ごし方を変化させた多様な過程だった。植民地においては、自然（ネイチャー）が私有化され、先住民労働者とアフリカ人奴隷は完全に自然の領域に組み込まれた。資本主義では、考えられうるあらゆる形態の労働制度が常に同時に試されている。それゆえ、「シェアリング・エコノミー」において新たな類の労働が存在する一方で、今日では奴隷（執筆時点で、奴隷として大西洋を横断して移送された頃よりも多くの人びとが奴隷としてカウントされている）[72]が存在し、例えばコンゴ民主共和国には戦時囚人キャンプが存在している。いずれの場合も、経営側は現行の労働慣行の地平を超えて、労働生活が互いにどうつながるのか、またその先にある自然とどうつながるのかを思い浮かべ、作り変えているのだ。

しかし、資本主義は労働に関わる第三の機会、つまり金銭関係の外で独占的に行なわれる再生産労働なくしては一日たりとも存続しえなかった。世界各地にある工場や農場はそれぞれ家族やケアを行なう共同体に依存している。ゆえに持続可能性を指向する革新的な政治は、労働力、無償のケア労働、自然による作用全般という資本主義における労働の3つの分類を認識し、かつ、これら分類の矛盾を超えて人を動かさねばならない。労働者の搾取は、人間以外の自然や無償のケア労働の独占と結びついている。これまで見てきたように、資本主義の台頭は、女性を社会から排除し、安価な、つまり収奪された自然領域に追いやることと密接に結びついていた。[73]では、何が有償の労働とされてきたのか、何が経済に対する「贈与」として提供されてきたのかを分ける境界線を検討しよう。

第4章 安価なケア

コロンブスの妻、フィリーパ・モニス・ペレストレロについてはよくわかっていない。彼女の父バルトロメオは、ポルトガルのエンリケ航海王子からマデイラ沖にあるポルトサントを贈られていたことがわかっている。[1] フィリーパが結婚する時には遺産がすでに食いつぶされていたが、婚姻には一族の貴族が招待された。1457年もしくは58年にコロンブスと結婚した時、彼女は19歳だった。[2] コロンブスが彼女に出会ったのは、サンティアゴ騎士団所属の修道女が運営していたリスボンの教会でのミサだった。ミサは、十字軍関係者の社交の場だった。[3] フィリーパは1479年か80年に息子を生み、84年に死亡している。確かなことはほとんどわかっていない。[4] コロンブスに愛人がいたことは知られている（その愛人のいとこは新世界に置き去りにされ、死亡した）。コロンブスは先住民側の代表者を目にするや否や、「生まれた時と同じく裸で過ごしている。女もそうだ。とはいえ、女の子どもは1人しか見かけなかった」ことに気がついた。[5] その翌月、コロンブスは女性6人を誘拐した。それまでに誘拐していた男たちに女をあてがえば、もっと従順になるだろうと思ったからだった。

海軍総司令官となったコロンブスは2度目の航海でイタリア人の貴族ミケーレ・ダ・クーネオを連れて

図1　ウィリアム・ブレイク『アフリカとアメリカに支えられるヨーロッパ』、1796年。出典：Stedman 1796, 394.

いった。クーネオはこう書き残している。

航海中、とても美しいカリブ人の女を捕まえた。かの海軍総司令官から賜った女だ。司令官と2人で、この女をわたしの船室に連れ込んだ。女は現地の慣習のとおり、衣服をまとっていなかった。わたしは楽しもうとしたのだが女は嫌がった。爪はじきするようにあしらわれ、そもそもこんなことを始めなければよかったと思った。だが……綱を取り出してこの女を打ちすえようと考えた。女は、これまでに聞いたこともないような、耳を疑うほどの金切り声を上げた。結局、この女は売春婦に囲まれて育ったのだと言ってよいのだろうと納得した。[6]

コロンブス日誌では女性についての記述はほとんどないが、性別（ジェンダー）についての記述は多い。性で区別することが道理上いかに重要か、労働者をいかに管理するか、どうしたら女を所有することができるかといったことだ。3度目の航海でコロンブスがスペイン国王に送った書簡には、世界は球体ではなくむしろ乳房の形をし、乳首の上に位置する楽園だとあり、性と性的な関心を思わせる表現が使われていた。[7] 世界中を航海し、「別世界」の資源と先住民たちを支配したコロンブスは、国王と女王のために手つかずの処女地を征服したのである。銀山を手に入れるために性にまつわる表現が使われる必然的な理由はない。[8] しかし、一部の人間が地球を回って資源を手に入れたことを性的に征服したことだと捉えた人びとはいた。安価な自然と労働を手に入れて支配することは、当初から、人間が何をどのように所有できるのかだけでなく、誰が所有し誰が働くのか、どのように誕生し、どのように扱われるのかについての概念が変わることでもあった。

調理や教育、育児、看病、掃除、祈禱といった営みは資本主義以前から存在していた。近代において人類が初めて経験した生態学的な大きな変化は、とりわけ火を使うようになってケア労働が変化したことである。[9]しかし資本主義下の開拓地で劇的な変化を遂げたケア労働は、近代初期のキリスト教的な性と権力の概念を反映し、一層強めるものだった。最初から、植民地で見つけた先住民の性は重要な問題だった。アラワク族の男性について伝える際、コロンブスは青春期や、性的な未成熟さを意味する**マンセボ**という言葉を使った。先住民の男性は未熟だというのがコロンブスの説明であり、その後に起きた植民地戦争の特徴は、スペイン人が先住民を軍事的かつ性的に征服するものとしていた点である。[10]例えば、1519年にベラクルス州議会からスペインのカール5世に送られた書簡は、議会が先住民を処罰する許可をローマ教皇に求めたことを示唆している。その理由として、「そのような処罰は警告であり、それでも反抗する輩に恐怖心を与える機会だからであります。したがって悪魔に仕えるというような重大な悪事をやめさせる機会でもあります。子どもに加えて男も女も殺害されて生贄として捧げられるにあたっては彼らが間違いなく獣姦者であり、嫌悪すべき罪に興じていることがわかっており、そのように聞いているのであります」[11]。

ユカタン半島のマヤ民族の性的指向を知ると、スペインの植民地主義者たちは憤った。マヤ社会が平等主義で奔放な愛を実践する社会だったからではない。それどころか、セックスは明確に規定された序列に従っており、スペイン人の入植者たちがなじみのないことに圧倒されていなければ納得できるものだった。アダムとイブが裸であることを恥じた代わりに、マヤ民族の神々はペニスに穴をあけた。聖体を口に入れてもらう代わりに、マヤ民族の高貴な女たちは舌に穴をあけて紐を通した。マヤ民族は肉体的に神を知る可能性を信じていたのだが、スペイン人の入植者たちは煽動され、辱められている証だとのみ受け止めたのだ。[12]

ユカタン半島のマヤ民族の中には、入植者たちの上品ぶりを逆手に取った者もいた。ピーター・シーガルは彼ならではの研究成果として、カトリック神父4人が教会内部で性行為をしたことについて、匿名の先住民が告発した話を取り上げている。

伍長であったディアス神父にはボロンチェン出身のアントニア・アルバラードと呼ばれた女がいて、公衆の面前で女のバギナに繰り返し挿入した。グラナド神父は一晩中マヌエラ・パチェコのバギナを蹂躙した。良き市民が同じことをすれば、この神父は必ずその市民を即座に罰するのに。しかし、これら神父の行きすぎた姦通に目を向けよ。自らの手で女らのバギナに触れながら、御託を並べさえする。神のご意思によってイングランド人がやってくるとしたら、これら神父のような姦通者ではないかもしれないが、男の肛門で性行為をしないだけなのだ。彼らの亀頭に天然痘をこすりつけたまえ。アーメン。[13]

マヤ民族の宗教規範としてはごく当然のことが、スペイン人が即座に対応する必要のある醜聞として帝国風の抑揚で繰り返し伝えられた。結果的にこれらの神父は別の土地に異動させられた可能性はあるが、そうした抵抗や反撃があっても誰が何をしたのかに目を配る行為はなくならなかった。アン・ストーラーは植民地史研究において、植民地時代のヨーロッパ人が先住民の性的指向に対して抱いていた幻想と恐怖は秩序と権力に関する非常に厳格な考え方の上に成り立っていたことを指摘している。「フランス、イギリス、オランダ、イベリアの植民地で、誰が誰と結婚し、セックスをするのかということは決して偶然ではなかった」[14]。近年の考古学的研究により、性と身体の監視がいかに植民地支配計画の中心であったかがわかっている。バーバラ・ボスによると、「二精（トゥー・スピリッツ）」〔先住民社会で男性と女性の両方の精神（スピリッツ）を持つ人びとを指す言葉。男性社会と女性社会の狭間に存在し、特別な能力があると受け止められている〕や同性愛指向者に対する暴力的な抑圧は、宣教師や軍人による性的支配計画の一部でしかなかった。宣教師らは軍の支援を得て、婚前や婚外の性行為、複婚、避妊具の利用も敵視した。カリフォルニアにおける布教予算の25パーセントは、先住民（カリフォルニア人）の『わいせつなもの』を隠すための衣服の購入に充てられた」[15]。

これのどの部分が世界－生態論に関係があるのかと言えば、すべてだ。[16] 先住民のジェンダー体系は、欧州から持ち込まれたものよりもはるかに広範で包括的なものだったが、資本主義の生態学とは相容れないものだった。[17] 安価な自然と安価な労働に序列をつけるには、その他の営みと作用を無償にする必要があった。わけても、そうした営みを担う人間を作り出し、管理することが必要だった。[18] 本章では共同体の面倒を見て、育み、作り上げる、いわゆる生殖労働に注目する。そうした営みが圧倒的に無償であるのは、その営みによって賃金労働というシステム全体が可能になるからだ。無償労働、とりわけケア労働が無償でなければ、賃金労働は単にコストがかかりすぎてしまうのである。

資本主義が誕生した時、先住民を自然という檻に囲い込むために用いられた戦略は、無償労働を行なう人間の区分、すなわち女という区分を設けて管理するためにも用いられた。人間の身体は、時には医学的に、法律的には常に、男と女という2つある区分のうちの一つに強制的に分類された。結果として登場した社会（ソサエティ）と自然（ネイチャー）、男と女、有償労働と無償労働という二値によって、資本主義という生態環境にいる人間は大きな見落としをしてしまうような考え方を身につけた。すなわち、「本当の労働」に該当するのは有償労働のみだと考え、それを可能にするケア労働のことをすっかり忘れてしまったのだ。すべての女性がケア労働をするわけではなく、ケア労働は女性のみが担うと言いたいのではない。資本主義の世界－生態論が、そうした結びつきが当然であるかのようにしてきた歴史に光を当てたいのだ。ケア労働を語らずして労働史を論じるのは、海水を語らずして魚類生態学を論じるようなものである。限られた方法でならそれも可能だろうが、語られていないものに気がつくや否や、それ以上論じることは難しくなる。資本主義の生態学は、当初から性と権力と生殖に強い関心を抱いてきた。その知識と歴史が徹底して隠蔽され、いとも簡単に忘却されてきたということがその関心の重要性を示している。今まさにこの歴史が再発見されようとしている。[19]

大いなる家畜化

人がお互いにどのように面倒をみるかに決まった方法はない。[20] 人類史における地域社会の形態や人口動態が非常に多様であることからしてこの点は明確だ。[21] 人間の生命を管理し、世話し、子孫を残すというシステムは、あらゆる場面で人間以外の性質と結びついている。この実存的なつながりは、物質系や生体系だけでなく信念体系や思考様式にまで及んでいる。節目ごとの通過儀礼や、五月柱から瀉血(しゃけつ)といった春の豊穣を祝う儀式からは、人間と人間以外の生命がお互いを通じて多様な方法を作り上げてきたことがわかる。しかし資本主義での再生産労働について語るときにわれわれが言及するのは、世界的な生態系によって作り変えられ、現在まで続いている特定の取り決めである。[22] この取り決めにおいては、一部の人間が家庭という新たな政治的、社会的、生態学的で、資本主義の生態学におけるケア労働を担うのにより適した単位に落とし込まれてしまった。これを大いなる家畜化と呼ぶことにする。

まったく関係のないように見える一連の見解について考えてみよう。2010年から14年にかけて、ウィーンを拠点とする世界価値観調査が行なった調査では、「就職が難しい場面では、男性の方が女性よりも仕事を得る権利がある」という設問に対してさまざまな回答を得た。アイスランドでこれに同意したのは3・6パーセントだったが、エジプトでは99・6パーセントだった。[23] この差はなんだろうか? 手っ取り早い説明としては文化、宗教、伝統、所得水準の差だ。だが、一流誌である『クオータリー・ジャーナル・オブ・エコノミクス』に掲載されたある研究は、これらのいずれでもないと指摘した。過去200

年にわたるデータを検証し、宗教から戦争、石油の有無に至るまであらゆる要因を照合して、著者らは、多数の国に共通する、男女の不平等に関係する鍵となる要因はどうやらある農業技術の導入のようだということを突き止めた。その技術とは、鋤である。[24] 伝統的に鋤を使う社会で育った人びとは家庭において男女を平等に扱わない傾向があるだけではなく、移住した先でも固執する。優れた経済学者と同じく、この研究者らはそうなる手がかりを見つけてはいない。鋤を他の農業技術に置き換えても、ジェンダーや不平等、差別といった問題が解消しないことは明らかだ。より大きな課題は、土地を耕作する特定の方法がどのようにして男女間の分断を当然のものとするようになったのかを理解するだけでなく、平等に向かうには何をしたらよいのかを理解することだ。

紀元前2600年のエジプトの象形文字に描かれていたほど古くからある農具が、なぜ21世紀の偏狭的な優越主義をもたらしたのだろうか。[25] 16世紀、現在のペルーにある開拓地で年代記の編纂をしていたインカ・ガルシラーソ・デ・ラ・ベーガは、鋤に由来する性差別という難問を解決しうることを書き残していた。[26] 先住民の人びとは、雄牛を家畜化し、軛(くびき)をつけることは自然の秩序を乱す奇妙な行為だとみなし、家畜化する側である人間についても奇妙であると受け止めていた。先住民たちは、スペイン人は非常に怠惰で、自分たちで土地を耕すことはせず、動物に耕作させるようにしつけ、その間自分たちは座りこんで歯に挟まった食べ物をほじくっているような人びとだと解釈していた。スペイン人に対しては、彼らが畑として選んだ土地やその土地の使い方からしても奇妙な存在だと思っていたのである。入植者たちは比較的平たんな土地を好んで大農園にしていたが、先住民らは、現在もクスコ周辺で見られるような台地化する技術を用いていた。[27] みんなで共有する急峻な斜面を鋤で耕すことはできず、物理的にも社会的なしきたりからも強い反対があった。延々と続く広大な私有の大農園を鋤で耕す方がはるかに容易だった。すなわち、奇妙なのは鋤だけではなく、労働の変化、人間以外の生命との関係性の変化、鋤に適した私有地の変化が相まって奇妙だったのである。そうした見解の中心には、動物と人間の家畜化をめぐって新たに形成された考えがあった。

　近代的な家庭および家族は、欧州資本主義が生態的に変化した結果の産物である。アリス・クラークは著書『17世紀における女性の労働生活（*Working Life of Women in the Seventeenth Century*）』の中で、夫、妻、子で構成される核家族は、共有地におけるケアと生産活動に関わる経済地理学的な変化を通じて登場したと指摘する。[28]共有地での女性の営みには燃料採集や食料調達があり、それによって自給自足が可能になった。時には市場価値のある余剰品にもなったことを思い出してほしい。もし何か問題が起きれば、地域における宗教的、個人的、社会的な支援網が社会的な保険となった。このような仕組みは、鋤の普及をもたらした農業革新、つまり、拡大される一方の囲い込みによる土地所有、単一栽培、排他的な私有財産の取り決め、飢えたり投獄されたりするかもしれないという恐怖に裏打ちされた労働力の誕生と相容れないものだった。

　囲い込みによって小作人は猫の額ほどの自分の土地だけでは生きていけなくなった。生きていくためには労働力を売る賃金労働者になるしかなかった。労働市場では男と女が争うことにもなった。共有地があった頃は乳製品の販売は女性が農業に関わる一つの手段となっており、牛乳や乳製品の販売で家計を支えていた。共有地がなければ牛の放牧ができなかった。酪農技術を必要とした市場が縮小してしまったのである。羊毛は牛乳より儲けがよかったが、羊毛刈は男の仕事とされていた。女には搾乳と子牛の取り上げという賃金労働に就くことが求められた。春の鋤入れと秋の収穫は重労働で、やはり男の仕事とされることが多かった。このような分業が男女の賃金格差につながったのだ。今日の世界的な賃金格差は当初から自然との関わりがあり、その原点は畑にあった。

　近代的な家庭モデルを定着させるには、経済だけでは不十分だった。男も女も新たな家庭での責務について教育を受け、訓練される必要があった。近世初期の欧州では誰もが、すべての人間の社会的関係が神と人との関係を原点としていることに納得していた。国王は臣民の上に立つ神の役目を体現し、家庭においては夫がその役目を担っていた。[29] 15～16世紀の宗教改革でローマ教皇の権力が衰退すると、欧州では、教会の権力や国王の主権について多くの書物が書かれるようになり、同時に家庭を切り盛りするコツについての説明書が多数発行されたことは驚くことではない。都市化と工業化に勢いを得た新たな社会的序列に戸惑う人びとにとっては、これが手引書となった。もっとも影響のあったものは英国清教徒の聖職者であったウィリアム・ゴージによる『家庭の義務について（*Of Domesticall Duties*）』で、その冒頭では「キリストに対する畏れをもって、互いに仕え合いなさい」[30]という「エフェソの信徒への手紙」第5章21節が引用されている。これは、旧約聖書の神の怒りが新約聖書の神の慈悲によってなだめられたというテーマを探求したものであり、女には家庭内で服従することを求めている。家庭においては女は男に従い、使用人は主人に従い、男は父なる神がもたらす権威主義という模範に従うべきだとされたのである。

近代的な家庭というものを純粋な手引書だけで浸透させることは無理だった。力ずくで進められたことでもあったのだ。安価な労働の場合と同じく、安価なケアという戦略を成功させるには、ある種の人間の身体をしつける必要があった。すなわち、女性の身体を従順な再生産機械に変えるには、力と恐怖と社会的取り締まりが必要だったのである。[31] この取り締まり制度には、刑務所、学校、診療所、精神病院、暴力と恥づけによる公的および私的な性と性的指向の管理が含まれていた。[32] 異端とされた女たちは、自然を踏み越え、本来あるべき女としての立ち位置を定めた命令を軽んじたとして非難された。新たな序列に従わなかった魔女たちは公の場ですさまじい拷問にかけられた。そうした拷問は中産階級（ブルジョワジー）でなかったために指示書を読むことができず、反体制派に加わりたいと考えるかもしれない女たちを対象にした、新たな行動様式についての教育であり講義だったのである。[33] シルヴィア・フェデリーチは、一人ひとりの肉体に特定の方法で労働を課し、子どもを産ませ、特定のふるまいをしつけるという、ミシェル・フーコーが関心を示した暴力の形態は、初期資本主義の戦略的必要性の一端として歴史的局面において表出したものに過ぎなかったと指摘している。[34]

世界‐生態論の用語に戻ると、人類と自然という対の発見は、ケイト・ラワースの辛辣な表現を借りれば、人類中心的というよりは人間中心的なものだった。[35] 家庭における暴力まがいの教育は法律、とくに財産法によって強制されたものだった。この点については第7章で検討するまで保留にしておくのがよいのだが、近代資本主義の所有権についての原文を少しばかり示しておく意義はあるだろう。その原文とは、1689年に出版されたジョン・ロックによる『統治二論』だ。同書は、何を所有することができ、誰が所有することができるのかについて概説しており、新たな資本主義国家の領域を人間の別の種類の階層から区別して囲い込んでいる。同書後編の第2段落にはこうある。「為政者がその臣民に対して持つ権力は、子どもたちに対する父親の権力、家僕に対する主の権力、妻に対する夫の権力、奴隷に対する主人の権力とは区別することができよう」[36]。これによって、一部の男たちが自由で平等な市民として参加する公共領域と、奴隷制や家父長制、夫による妻の法的代理人が主流となる私的領域との区別が確固たるものとなる。言い換えよう。自由主義の人間は生まれながらにして男だった。男は、暴力と、特定の生産システムすなわち資本主義的農業が世界的に拡大していく中で誕生した。自然（ネイチャー）とされるものと社会（ソサエティ）とされるものから成る、新たな生きた現実が作り出されたのである。

これによってどれほどの社会混乱が広がったのかは想像し難いが、次の絵の場面のような場所はあちこちにあった。この絵画はかつて、楽しげな田園風景として鑑賞されていた。何人かの批評家がこの絵画をじっくり観察したところ、描かれているもの以上に読み取れるものがあることがわかった。[37] ロンドン・ナショナル・ギャラリーに展示されている『アンドリューズ夫妻』でトマス・ゲインズバラが描いたのは、

図2　トマス・ゲインズバラ『アンドリューズ夫妻の肖像』、1750年頃。所蔵：The National Gallery, London.

資本主義の生態学の一場面なのだ。左側には、リラックスした様子のロバート・アンドリューズが描かれている。彼は持てる1パーセントに属しているが、衣装は「キス・ザ・シェフ」エプロンに匹敵するほど1750年代においてはインフォーマルで、公の場で着用するものではない。彼は、「スタアーバレーのサフォーク側にあるコナード・ウッズを望む邸宅の東南に向かって100ヤード」[38]進んだ地点から眺めたこの絵に描かれているすべてのもの、すなわちエセックス郡サドベリーにある一族の土地、オウベリーズの所有者だ。

この財産は相続と投資によって築かれたものだった。ロバート・アンドリューズの父親も同じくロバートという名前で、銀細工業と銀行業で大成功した人物だった。アンドリューズ家の家長であるロバートから金を借りている人は大勢いたが、中でもプリンス・オブ・ウェールズ、ヘンリー・フレデリックの負債が最多だった。アンドリューズは、3万ポンド（現在でいえば640万ドルに相当する）もの融資の保証人になっていたのである。[39]ゲインズバラの絵画が示しているのは、安価な貨幣と、貨幣が戦争に使われ、再び貨幣に変わるというつながりの軌跡だ。100年前にポトシの土壌から掘り出された略奪品で手に入れた所有権の肖像画なのである。オウベリーズはアンドリューズ一家と、妻フランセスの出身家、カーター一族の財産を合わせた土地だった。この絵の制作中、ゲインズバラは貴族からだけではなく都市に住む金持ちという新興階級からの依頼も受けていた。そうした金持ちとは、貴族との関わりこそなかったものの、わずか3世紀前に始まった貯蓄と略奪という新たな循環のおかげで富を成した人びとだった。

この絵はアンドリューズ一家とその所有地を描いた習作であるという点で異彩を放っているとする批評家は多い。これは、農業技術の最前線であった農園を描いた作品なのである。ロバート・アンドリューズは『農業年報（*Annals of Agriculture*）』誌に「農業経営の利益について（On the Profit of Farming）」、「小麦黒穂病について（On the Smut in Wheat）」といった論文を発表したことのある農学者だった[40]。ここでは穀草類が条播に植えられている。おそらく、ジェスロ・タルが1700年に発明したすじまき機[41]を使って植えられたものだろう。もっとも、この農機が一般的になったのは1800年代半ばのことではあった。これは、地方の農業が都市の工業のようになった時期に浮上した問題、つまりは労働力、機械、播種量、市場のバランスの最適化という問題を解決するのに役立つ技術である。

ゲインズバラは、ロバートと妻フランセスとの関係について別の見方も示している。ロバートはざっと見渡すかぎりのすべてのものの持ち主で、猟銃を小脇に抱えて木によりかかり、前かがみで立っている。一方、フランセスは背筋を伸ばし、この絵の未完成部分であるひざの上に手を置いている。ゲインズバラは、ロバートが仕留めて猟犬が回収したキジを描きこむつもりだった[42]と言う者もいれば、ここには後から赤ん坊が描きこまれることになっていた[43]と突飛なことを言う者もいた。いずれにせよフランセスは、夫の所有地や夫の傍に控える犬と同じように、囲い込まれ、飼いならされた、いわば財産にたとえられているのである。

ゲインズバラは息子の方のロバートと同じ地域で育っており、同時期に同じグラマースクールに通っていたと思われることから、知り合いであったはずだ。また、父親の方のアンドリューズが裕福であることを認識していたとも考えられる。それほどの富を自由に使える暮らしなど一生かけても叶わないことをわかっていたため、支援を受けていた可能性すらある。[44] アンドリューズ夫人の表情に鑑賞者に対する軽い侮蔑を見て取った批評家がいたことは、おそらくそのせいだ。彼女も財産の一部ではあるのだが、われわれはその彼女の立場にも及ばないということなのだ。[45]

穀物が先導した資本主義的モノカルチャーの伝統と技術、すなわち偉大なる栽培化という特徴を伴うのは、まさにこうした力関係なのである。ゲインズバラの絵は歴史的教訓を示すだけでなく、今まさに起きていることの報道でもある。この絵は、今日、世界中で押しつけられ、争われている社会的変化を描写しているのだ。デンマークの経済学者エスター・ボーズラップは、当時興隆した社会関係について論じつつ、「農場で鋤が使われれば必ず隷属をもたらすとは、預言者その人の言葉である」というイスラムの引用を書き留めている。[46] 囲い込みの名の下で共有地が破壊されていることが把握でき、人間による生産と再生産との新たな関係が理解できる上に、女性差別的な鋤という謎を解決することもできる。[47] ただ、鋤が使われるようになって失われた社会制度の残骸を糧として、そうした耕作がそもそもどのようにして伝統になったのかを理解するには、200年どころではなくそれ以上遡らなくてはならないだけだ。

金融化と女性の相続

とりわけ英国においては、新たな管理方法が慣習化したことで中産階級の女性たちは苦しい立場に追い込まれた。この国では、既婚女性の身体と財産は夫の支配下に置かれるという法的地位の規定も含めて妻たる身分を法律で定めていた。欧州のほとんどの国では、婚姻に伴う財産として、夫が相続したもの、妻が相続したもの、婚姻中に取得した財産の3種類を認めていたのだが、英国では妻が相続した自由保有の土地とそれ以外という2種類しか認めず、夫を亡くした妻が相続できるのはそのうちのわずか3分の1だけだった。妻たる身分についての法律は中世から19世紀まで存在した。女性から権利と身分を取り上げる権限が強すぎたため、この法律に反対する活動家はこれを「社会的慣習による死」と呼んだほどだった。妻が夫の姓を名乗るようになったのはこの制度に由来する。中産階級の妻たちに使用人などの生活を差配する権限があったことは確かだ（17世紀の家事指南書には「英国は女にとっては理想郷であり、使用人などにとっては監獄であり、馬にとっては地獄である」という標語が載っていた）[48]。それでも、娘を持つ中産階級の親たちの気は休まらなかった。娘が結婚したら、それまで当然としてきた豊かな生活や暮らしぶりはどうなるのだろうか？　結婚相手が無能だったら？　たとえ品行方正な男だったとしても、若くして死んでしまったら？

エイミー・ルイーズ・エリクソンが行なった分析には説得力があり、多少なりとも近代における大型取引の説明になっている[49]。魔女狩りが行なわれていた時期に、妻たる身分について公然と反発することは危険だった。生き延びて、目立たぬように抵抗を続けるために、イングランド人は、未亡人が経済的な安定を確保するように、妻たる身分にある子どもたちが収入を得られるように、未亡人の生活を支えなければならない家族には財産の返還が保障されるように契約法を発展させ、慣習化させた。こうした取り決めは金融商品ではなかったが、エリクソンは、「財産という抽象概念に備える法的担保を当然とする風潮の確立に役立った」と指摘する[50]。これは、中産階級の女性にとってとりわけ重要だった。彼女たちも金を使えるようになり、資本主義を発展させた投機的取引を行なえるようになったからだ。男たちは南海泡沫事件で無一文になったが、この狂乱に乗って儲けた女たちが多かったことを示す証拠すらある[51]。株式市場が巨大ではなかったことからこの点を強調しすぎてはならないが、今日の金融商品や金融オプション、金融派生商品を支える法律的かつ文化的な根拠が、中産階級の女性が家庭を通じて被る損失を回避するために整備された点に注目する価値はある。当然のことながら、未婚女性を金融市場に参加させることが新たな核家族の目的だったわけではなかった。階級とジェンダーの不可分性を示す例として、繰り返しになるが、歴史的偶発性という巡り合わせが近代資本主義の形成にいかに重要であったかを示す例として示しておく。[52]

投資家階級になれるはずがなかった女たちにとって、結婚は別の可能性をもたらしてくれるものだった。1600年代は失業率が上昇したため、女性たちにとっては、貧困状態に陥らないために結婚するという動機が強くなった。[53] 女たちが結婚を選択するしかない経済的必然性が高まったのと同時に、この選択は**強制したものではない**とごまかす哲学も増えた。これは当然、資本主義下にある労働者の関係を映し出している。結局のところ、労働者たちの自由とは、わずかな賃金を得るために働くか、飢え死にするか、債務者監獄に収監されるかの選択肢に集約されるとしても、少なくとも理論上は自由を有する主体のように見える必要があった。この新たな世界における中心的な理論家はもちろんアダム・スミスだ。婚姻歴はなかったが、アダム・スミスは家族と結婚についても考えていた。彼は子どもの父親になったことも結婚したこともなく、母親のマーガレット・ダグラスと一緒に暮らしていた。マーガレットは息子に養われながら、成人した息子の世話をしていた。父親はアダム・スミスが生まれる前に亡くなっており、マーガレットはその財産の3分の1しか相続していなかった。父親の財産を相続したのは、わずか2歳だったアダム・スミスだったのである。妻たる身分についての法律を考えれば、夫の死後、なぜマーガレットがまだ幼かった自分の子どもに金銭的に依存することになったのかがわかる。[54]

1759年に刊行された『道徳情操論』の中でアダム・スミスは、先住民の結婚は自由意思によるものではなく、年長者が取り決めた契約だったという例を挙げた。先住民は、なぜ自由な結婚をしなかったのか。コロンブスの性差別的な文言を繰り返してスミスはこう論じている。「未開人の間では、愛情の弱さはもっとも許すべからざる柔弱とみなされる」[55]。おかしな理屈ではあるが、言わんとするところはよく伝わってくる。最善の結婚は、英国で見られる形、つまり、男女が愛し合う相手を対等に選ぶ結婚なのだ。自由市場の根本原理を説いた人物としてもっとも引用されるアダム・スミスが、個人同士の恋愛で自由を礼賛したとか、前近代的な成り行き任せの文明は劣っていると強調して、自由な結婚を正当化したことは驚くにあたらない。しかし、彼の人生においてもっとも深い愛情が母親に対するものであったことはいささか皮肉ではある。

女性の発明

新たな資本主義体制が栄えるためには、従来の体制を根絶する必要があった。核家族の枠を超えて夫婦と子どもを支えてきた親族によるネットワークは、共有地同様に破壊された[56]。家族を支えた拡大家族やそうした人間関係は形を変え、職業化されたのである。女性は学校教員になるのではなく、保育園に追いやられた。助産婦ではなく、男の外科医が取って代わった[57]。それまで認められていた女の経済活動は家庭領域に押し込まれ、それに伴ってその領域から政治活動が除外された。女性たちが黙ったままでいることはなかった。例えばフランス革命は、パンを求める女たちの抗議活動から始まったものだった。だが資本主義の生態学の理屈からすれば、女性史や女たちによる活動や抵抗運動を最小限に抑え、沈黙させることが求められた。家庭内では男がすべてを仕切り、公的領域を支配したのは市民だった。市民であるためには資産を有する白人男性でなければならなかった[58]。

この仕組みをうまく機能させるために、国家は男と女という区分を設けることに強い関心を持つようになった。身体上の性がどちらかの区分に当てはまらない者にはどちらかに適合させるために外科手術が行なわれた。[59] そうした区分がなければ、新たに設けられた。例えば英国がナイジェリアを植民地化した際は、家庭内の取り決め事項を変え、家庭という領域を設け、女という法的区分を設けることが重要だった。ナイジェリアやその他の社会の血縁関係は、女を抑圧することも、核家族内での地位よりも高い地位に女を押し上げることもある重要な関係だったが、リベラルな市民にとって法律上もっとも重要な親族関係は婚姻関係だった。[60] オイェロンケ・オイェウミ（Oyèrónkẹ́ Oyěwùmí）はこう主張する。「ヨルバ民族社会にはつい最近まで女が存在しなかった。もちろんobìnrin は存在していたが、これは解剖学的な女のことだ。okùnrin（解剖学的な男性）と同じく、その身体構造を理由に社会的地位が認められるという特権を得ることはないが、何らかの地位に就く道が閉ざされるわけでもなかった」[61]。オイェウミはさらにこう続ける。

> 「女」という区分を設けることは、植民地国家にとってまさに最初の成果の一つだった。……したがって、ヨルバ民族のような、被植民者とした民族の女を指導者として認めることは植民地政府からすれば考えられなかったのは当然である。……国家権力を男性性の権力に転換するのは、国家機構から女性を排除することで一定程度達成された。これは、性別によって権力が決められることのなかったヨルバ民族の組織構造とは際立って対照的だった。[62]

スペインの植民者たちがマヤ民族の性的に大胆な行為を抑えつけたように、イングランド人は自分たちがよしとする性に基づく序列や権力を受け入れるように求めた。[63] そのあり方によって女という法的区分が設けられ、生殖活動の作業場である家庭に配置されたのである。**作業場**と言ってしまうと、家事労働に対する見方を歪めることになる。家事労働は、まさに賃金労働の領域を超えて女が男のために尽くすことであって、自然が企業に提供する無償の贈り物に近いと考えられた。

ジェニファー・モーガンなどがまとめているように、女についてのそうした解釈が成立した文化的な根拠は、大西洋の向こう側にいたアフリカ人女性を奴隷としたことにあった。[64] 奴隷商人や探検家たちはコロンブスの2回目の航海で得られたダ・クーネオの理屈に従い、先住民の女は超自然的に性的であり、あるべき社会の領域外にいる存在、すなわち自然(ネイチャー)に近い存在だと表現した。この考え方の中心にあるのは非常に強い生殖力だ。奴隷廃止論者であるジョン・アトキンスは、獣姦をし、「肩越しに授乳できるほど(胸が)大きかった」[65] ギニア人の女たちについて報告している。痛みをまったく伴わずに出産をした女たちについて書き残した入植者もいた。奴隷制を導入したことで、その魅力とより多くの奴隷を生み出すという新たな要求とが一緒くたになった。女の奴隷は、債務を相殺するだけでなく、利益を生む点でも金融商品だった。1650年代のバルバドス島の女たちが「増産者」と指定されたのは、その身体からさらに多くの奴隷が生み出されたからだ。こうして、奴隷たちを維持する費用を補ったわけである。さらに、多産であることから子どもを育てる素質が当然あるものともされた。この能力は、家事使用人を探している白人中産階級に売られる奴隷の広告で見かけられるようになった。[66]

抵抗が起きる可能性は常にあった。北米入植計画の初期では、先住民の女たちがカナダの毛皮取引の最前線で踏ん張っていた。交渉を仲介し、婚資を払った夫と別れて別の男を夫とし、規制しようとする毛皮交易会社をうまくかわしていたのである。[67] 彼女たちの家庭は、男が女を養い、女が家庭を守るという家父長的な二項モデルに合致するものではなかったはずだ。米国でも同様で、絶対的な権限を握っていたのはどこかの男ではあったが、家計の足しになるのであれば女が例えば下宿人を置くといった事業を行なう余地はあった。[68] 欧州では、地方から出てきたオランダ人女性が都市で家事労働者として働き、団体を結成し、労働組合を組織した。[69] だがこの抵抗運動の背景には必ず他の闘争があった。19世紀や20世紀に、南の発展途上国に登場した民族主義者たちが欧州の帝国と戦った時、彼らは性別で区別する政治的な境界をますます強引に押し付けた。人種や階級、ジェンダーは、男にも女にも影響が及ぶような形でこうした最前線で一斉に誕生したのだった。[70] 白人性の研究と同じく、男性性および関連する法的概念の研究は比較的まだ新しいが、広がりを見せる分野である。覇権的男性性の下での血縁関係をめぐる変化と抵抗について学ぶことは多い。[71]

鋤に続くもの

鋤は必然ではないと主張する人びとに対して何か言えるだろうか。資本主義へと突き進む変化の影響を脱し、一定の条件の下、ある種の平等性が広がるのを目にすることは可能だ。この見解は2016年のIMF報告書にまとめられており、健康や経済、政治参加、教育などのさまざまな指標から、世界中の多くの女性の地位が向上したことが示されている。[72] IMF加盟国は、国民所得を増やすと同時に男女平等を拡大したが、豊かさが女性の解放をもたらすという先入観はいまだに健在だ。

だが、話はそう単純ではない。例えば中東やその他地域の産油国を見れば、国民所得の増加が女性の権利を妨げていることがわかる。[73] インドのような国はこの40年間で1人当たりの収入が5倍に増加したが、著しい不平等が続いている。確かに、きれいな水が手に入り、医療を受けられるようになって女たちは恩恵を受けている。[74] しかし子どもを含めて女は男よりも長時間働き、男よりも少ない報酬しか得られず、男より食事が少ない状況は変わっていない。[75] 地方に住むインド人の1日当たりのカロリー摂取量はこの40年間で500キロカロリーも減少し、貧血になる女児の割合はこの10年間で上昇している。[76] この状況を明らかにする方法の一つは生活時間調査だ。インド人についての調査結果から、子どもを含めた女性は国民経済計算が示す時間よりもはるかに長い時間を家事労働に費やしていることがわかる。女性が食料や燃料を

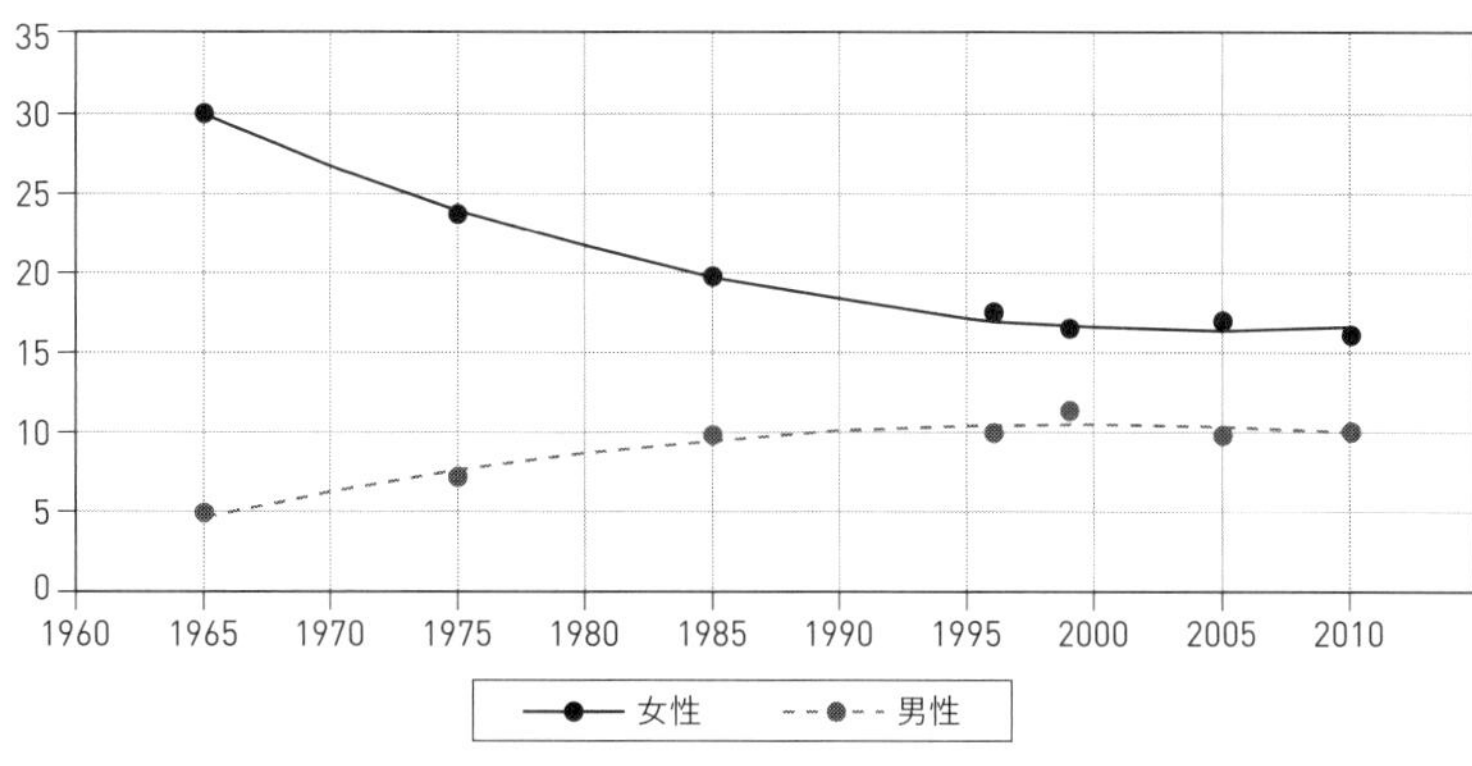

図3　米国、1週間の平均家事労働時間。25〜64歳。男女別。出典：Bianchi et al. “Housework: Who Did, Does or Will Do It, and How Much Does It Matter?” Social Forces 91, no. 1: 2012, 57–58.

集め、家事をする時間は男性の6倍も多い。低収入層であれば男性も女性も低賃金の仕事を掛け持ちすることが多いが、もっとも賃金が低いのは依然として女性だ。睡眠時間や自由時間は男性よりも短く、地方に住んでいればなおさらそうなる。[77] これは「今より豊かになれば、いい暮らしができる」という単純な状況ではない。国は**確かに**豊かになっている。だが、貧困層や労働者階級の国民は腹をすかせたままだ。この階級の女は、男よりも太っているかやせているかのどちらかになりがちなのである。[78]

図3が示すように、米国では、再生産労働を研究する学者らが20世紀には全体的に肯定的傾向があったことを認識している。せいぜい週に10時間程度ではあるが、それまで以上に無償の家事労働を行なう男が増えたということだ。洗濯機や食器洗浄機のような省力化の家電製品は女の負担を軽くする技術だと思われていることが多いが、そうはならなかった。そもそも洗濯機は洗濯にかかる時間を短縮するものではなかった。ただどれくらい頻繁に女が洗濯をするかという男の期待を高めただけだった。[79] 米国の女たちが運動を起こしたことで、家事労働の分担についての期待が変化した。その時でさえも、ルース・シュウォーツ・コーワンが著書『お母さんは忙しくなるばかり——

家事労働とテクノロジーの社会史』で指摘しているように、男が担うことになった家事はまさしくより機械化が進んだ家事だったのである。その間も女が担う家事は依然として精神的な重荷となっており、たとえ同程度の時間がかかるとしても男が引き受ける家事よりもはるかにマルチ・タスクだった。[80]

第3章で安価な労働を取り上げた際、世界的農業と世界的工場との関連性において地方経済と都市経済とを結びつけた。無産階級の労働力が利用できるようになったのは、ケア労働が無償労働に変わり、自然(ネイチャー)からの「無償の贈り物」の一つとなったからに他ならない。これまで見てきたように、労働は無償でも贈り物でもない。資本主義は、ケア労働を当然のものと受け止め続けるのみならず、この労働によって培われたスキルが商業的世界での売り物となることを期待している。それゆえ、その性差別的な考え方が（例えば）**マキーラ**〔メキシコが設けた委託加工制度および保税輸出加工区。この地区で加工した製品を輸出する場合、原材料等を輸入する際や製品を輸出する際に関税等が免除される〕やコールセンター、介護業界などで手先の器用さや配慮に溢れた対応、気遣いのできる姿勢のある女が低賃金で募集されることにつながっている。そうした労働者は**女であるがゆえに**、安価なケア労働に生涯にわたって従事し、訓練を受け、特定の技能を会得することが期待されている。[81]

ケア労働から得られた技能だけでなく、柔軟性についても性別(ジェンダー)に偏った期待がある。20世紀半ばの北の先進国の工場労働者には通常保障されていた雇用保険や年金、組合組織が保障されていない労働者である無産階級(プレカリアート)は、なにか新しい経験をしているように見えるかもしれない。[82]しかし転職のしやすさ、融通の利く働き方、求人の多さという点は、ずっとケア労働の特徴だった。不安定雇用の発端は資本主義的な職場配置が進化したことと、かつてはケア労働が無報酬だったことにある。自由契約経済は、ケア労働的な規律が実社会全体に拡大した延長線上にあると解釈できる。

ケアエコノミーは米国では2012年から22年にかけて70パーセント成長すると推定され、世界的な傾向も同様であることから、ケア労働のコストは構造的に低く抑えられている。[83] だが米国のケアエコノミーが現在のような形になったのは、世界の他の地域からケア労働者がやってきたからに他ならない。南の発展途上国から北の先進国へ奴隷が乳母として売られたり、より最近では医療従事者が移民としてやってきているように、米国のケアエコノミーの生態学は長期的で世界規模の人種差別をはらんでいる。[84] その労働が文字どおりの生殖活動である場合もある。生殖技術が進展した結果、代理母の需要が急増しているのだ。世界最大の子宮市場はインドである。先進国で8〜10万ドルほどするコストが3万5000〜4万ドルですみ、この産業はインドだけで20億ドルを超える利益を生むと期待されている。[85] 安価なケア労働の最前線は深化、拡大し、ケア事業者の巨大な国際的ネットワークが国境を越えて送金することで他国で生活する家族を支えている。世界にまたがって生きる世帯が世界的な工場や農場を可能にする仕事に就いているのである。

ケア労働が根本的に切り下げられている点に対して、柔軟な価格戦略を打ち出し、家事に報酬を払うよう要請することが抜本的な解決策の一つである。1970年代の「家事に賃金を」キャンペーン〔1972年にイタリア、パドヴァで結成された国際フェミニスト共同体が、政治的課題として家事労働に取り組んだキャンペーン〕は、「組立ラインで奴隷を働かせることが、台所の流し台で働く奴隷を解放することにはならない。これを否定するのは、組立ラインにおける奴隷制度そのものを否定することだ。女がいかに搾取されているかを理解しなければ、男がいかに搾取されているかを理解できないことを改めて証明している」と主張した。[86] 皮肉な点は、女には、家事労働に対して無報酬とまでは言わないがほとんど報酬を支払われていなかった長い歴史があることだ。つまり、奴隷として働かされてきた歴史である。このパターンに当てはまるのは米国だけではなく、さまざまな階級やカースト、他国出身のケア労働者たちが、他国においても広範囲にわたって搾取され、苦しめられている。[87] たとえ報酬が労働として認められる手段であるとしても、尊厳を得るまでにはさらに長い道のりが必要になる。アンジェラ・デービスは「単に主婦に賃金を支払っても、心理的に自由になったとはまったく感じられない」と指摘する。[88] だからといって、「家事に賃金を」キャンペーンが持つ視点を忘れてはならない。資本主義にケアに対する報酬を要求するのは、資本主義の終焉を要求することだからだ。

生態学的関係に金銭を持ち込んでもうまくいかないのであれば、より総合的な取り組みの方が効果的である可能性がある。国家は近代的な家族が作り出された頃から存在しているが、ケアを管理する国家の役割は、第二次世界大戦後に福祉国家を創設しようと努力したところ劇的に増大した。[89] とりわけ西欧においては、その福祉国家によって労働者階級に医療、教育、年金に関して有意義な利益がもたらされた。だが、国家がケア労働を管理することと、そうした労働から自由であることは同じではない。[90] グウェンドリン・ミンクは、女性の権利を求める議論は長年母性をめぐる領域で交わされており、それによる「勝利は公民権というよりは母性の社会化」だったと指摘する。[91] カレン・オレンは、一般的な労働法と、とりわけケア労働は「遅れた封建主義」だと言った。[92] 例えば、米国のケア労働者が1938年公正労働基準法上の労働者として認められるようになったのはようやく2015年で、労働組合と協同組合を組織した成果だった。[93] 言い換えると、鋤で耕作していた当時の生態学を資本主義の生態学から切り離すには、IMFが主張するように単なる収入増加ではなく政治的闘争への関与を決意することが必須なのである。[94]

新自由主義の下でケア労働が労働として認識され、報酬が支払われ、軽減させるための闘いは右派による経済ナショナリズムの下で一層難しくなっている。米国に限らず一部の北側先進国では、緊縮財政策の下で安定した仕事に就くことが難しいため、成人した子どもたちは30代になっても親と同居する状況だ。緊縮財政のせいで、女たちは成人した子どもたちだけでなく年老いた両親の面倒も見なければならなくなっている。イブリン・ナカノ・グレンが記すように、米国人女性は現在、子どもの世話よりも親の世話をすることに時間を取られている（子どもの世話は17年だが、親の世話は18年だ）[95]。年金の実質価値が減少すると同時に福祉国家の資源が奪われつつあるために、女が負わなければならないケアに伴う人間関係が厳しさを増しつつある。第7章で見るように、ナショナリズムには必ず家庭第一主義と家事労働がついてまわる。残念ながら、70年かけてケア労働者たちが勝ち取ってきた成果が来る10年で一気にひっくり返される可能性が十分にあるのだ。

しかしセックスワーカーの組合から家族介護の協同組合まで、資本主義の生態学の黎明期と驚くほどよく似た支配形態に反発した組織による解放を求める闘いと抵抗運動は続いている。近年の景気後退を受けて世界中の職業変動を調べた研究から、性別で区別される職業が目立って増加したことがわかっている。男は兵士に、女は介護にという世界に向かっているということだ[96]。女性に対する暴力が近年急増していることが示しているように、そのような仕事は、暴力が残酷な教示手法として振るわれ続ける状況下で行なわれている[97]。

ケア労働を評価し、平等に分配し、削減し、補償を求める闘いが成果を上げれば、それは、安価な自然に終わりを告げ、ケア労働を搾取するのではなく前提として評価する方向に向かう希望に満ちた印になるはずだ。ケア労働が公正に扱われる世界を想像することは、資本主義以降の世界を想像することでもある。だが資本主義が存続するかぎり、労働力再生産はそれ以外の安価なモノに準じて報酬が切り下げられる。資本主義の生態学が安価な労働を維持するために安価なケア労働を必要としているように、社会的序列を維持するためには労働者を維持するための燃料も必要である。次章では、安価な食料に目を向けてみよう。

第5章 安価な食料

新世界への初航海でコロンブスは、自分たちの食事より、儲けが見込める新しい植物に注目した。ニーニャ号、ピンタ号、サンタマリア号での食事は厳格な手順に従っていたため、最初の2カ月間の乗船記録には一切記述がなかった。[1] 食事に関しての記述が登場したのは新世界に到達した2日後のことだ。コロンブスが、船に乗り込んでいた老人が陸上の知り合いに船員たちに食べ物と飲み物を持ってくるよう泣きついたと書いたのが最初だった。その1カ月後の1492年11月5日、コロンブスは食事の視察に出かけることにした。現地の食料を試し、先住民は「人参のように見えて、栗のような味のする**マメス**を食べていた。われわれが食していたものとはまったく違う根菜や豆を食べている」と報告した。だが、コロンブスは味見のために出かけたのではなかった。彼の記録はほぼこうだった。「何千種類もの果物があって書ききれないほどだが、すべて金になるに違いない」[2]

コロンブスの食事は毎日、乾パン（二度焼きした小麦ビスケット）、肉の燻製、チーズで、日誌に書くまでもないようなものだった。帰路にあった1493年1月25日になってようやく「船員たちがイルカ1頭と巨大なサメを捕殺した。今やパンとワイン、先住民から手に入れたヤマイモが少し残っているだけであり、非常にありがたかった」と記録されていた。[3]

本章の主題は、労働者の腹を満たす食料である。マデイラの砂糖革命は、資本主義の生態学の初期における核心部分だ。コロンブス自身がこの植物を新世界に持ち込み、1506年にはヒスパニオラ島で広く集中的に栽培されるようになった。[4]だが、本章で取り上げるのはコロンブスなどがマデイラからジェノバに運んだ製糖ではなく、水兵や奴隷の家族が食べ、安価な労働をさせるための滋養となるような食糧である。[5]

穀物の品種は土壌や人類生態学にとって重要だ。食糧について一般的に語ることはできないが、その特殊性と、異なる穀物が独自の生態系をどのように形成してきたのかを認識する必要がある。米、トウモロコシ、小麦はフェルナン・ブローデルのいう「文明化の植物」[6]であるが、まったく異なる権力、労働、調理法、自然を誕生させてきた。

ヨーロッパが選んだのは小麦だった。小麦は土壌を疲弊させるため、定期的に土壌を休ませなければならない。小麦を選択するということは、家畜を育てることであり、それが許容されたということである。今や、雄牛や馬、鋤、荷車のないヨーロッパの歴史など誰が想像できようか。小麦を選択した結果、ヨーロッパは常に農業と畜産とを並行して営むようになった。ヨーロッパが肉食社会でなかったことはないのである。米は園芸の一形態から発展した。稲作は、畜産を行なう余裕がまったくないほどの集約栽培を必要とする。これが、稲作地帯で肉食が大きな割合を占めていない理由だ。トウモロコシの栽培が、「日々の糧」を手に入れるためにもっとも簡単で便利な方法であることは間違いない。栽培期間が短く、手間もかからないからだ。トウモロコシを選んだからこそ、自由な時間が得られ、小作人を強制労働に駆り出し、米国の先住民は巨大な遺跡を建造することができたのだ。土地を断続的にしか耕さない労働力をうまく利用した社会だったのである。[7]

資本主義は石炭革命や石油革命と結びつけられることが多いが、食糧制度の変革が先だった。余剰食糧がなければ、農業以外の労働は存在しないのである。教科書に記載されているようなシュメール人やエジプト人、ドイツ人、ローマ人、マヤ人、インカ人たちなどの文明は、より少ない人数でより多くの食糧生産を可能にした革命によって発展した。新石器時代から16世紀初めまでの人類史の弧における食糧の多様性は息を呑むほどだ。[8]だが、これらすべてには2つの共通する特徴がある。労働力ではなく土地を前提とした農業生産制度と、市場ではなく政治による余剰食糧の管理制度である。

資本主義的な農業は地球を一変させた。一部は、特定の作物や作物系を作るためだけの土地になった。現金収入を得るための単式農法である。他の区域は、そうした土地での農業をやめさせられたり、自分の労働力でより多く稼げる場所である都市に集まって住んだりする人びとのために残された。都市と農地は、都会に住む貧困層のために安価な食料を提供するという、永遠に続く要請によって長きにわたって結びつけられたきょうだいなのである。キケロから中国皇帝までの誰もが、都会の住人を腹いっぱいに食わせ、不平不満が起きないようにすることが重要であることを理解していた。[9]現金収入を意図する農業生態学がそれと異なるのは、利益のみに注目していること、暴動を防ぐためだけにではなく安価な労働を維持するために都市労働者とその家族の腹を満たす安価な食料を必要としたことだ。労働とケアの章で見たように、賃金労働制度の維持にはコストがかかり、そのコストは時間が経つにつれてさらに多くのコストを必要とする。食料が安ければ、コストのかかる制度であっても富をもたらすことができる。そうした富は、権力と生産の基本構造を通じて流れ、都市と地方という新たな生態学を生み出した。これは、雇用者と労働者の関係と同じく非常に不平等なものだ。地方と都会の生態学は資本主義に編み込まれ、そのパターンは、大西洋の辺境や欧州の主要都市、インド洋、アジアの香辛料経路を経由して形成された。

食料はどのようにして工業世界を作ったか

1700年になる頃、英国の小作人は日雇い農夫つまり雇われ農夫となるか、あるいは土地から離れて都市に出るかしかなかった。イングランドの労働人口の61パーセントは食糧生産とは別の仕事をしていた。都市住民の割合は前世紀の2倍に増えた。[10] それまでの200年間で進められた囲い込みによって農業は競争の激しい仕事になり、とりわけ新たな鋤や輪作、排水路といった技術革新が取り入れられたことで、生物学的な農業生産性が向上した。農業革命が正確にいつ起きたのかについては歴史学者たちが議論を交わしているが、イングランドでは1700年までにすべての巨大資本主義国家が必須とする大きな2つの取り組みが行なわれていたことがわかっている。一つは余剰生産物を増やすことで、もう一つは農場から労働者を追い出すことである。[11] 労働者を追い出すことができたのは、それが新たな意味で生産性を上げることだったからだ。すなわち、労働生産性は1500年から1700年までで46パーセントも上昇していたのである。[12]

18世紀が幕を開けた当時、イングランドの農業は急速にプロレタリア化しつつあった欧州を飢餓状態から救えるほど強かった。産業化は新たな労働者を生み出したと思われがちだが、労働者を農場から追い出したことが新たな形態の工業化に有利に働いたという方が正しい。1550年以降の200年間で欧州の賃金労働者は6000万人も増加し、コストをかけずにこうした労働者たちの腹を満たしてやらねばならなかった。世界各地の工場の一つひとつが国境を越えた農場を必要としたのである。16、17世紀におけるそうした農場はポーランドで、オランダの漁師や森林労働者、採掘労働者はポーランド産の小麦やライ麦で腹を満たした。だが1700年になるとポーランドからの輸出は崩壊した。土地が疲弊してしまったのだ。その後の半世紀はイングランドが欧州の穀物倉となり、輸出量は5倍に増えた。そのおかげで西ヨーロッパの都市では穀物価格が安定した。しかし、常に経済成長を渇望する資本主義からすれば安定するだけでは十分ではない。[13]イングランドと北ヨーロッパの食料価格は下落した。[14]

イングランドの成功は長く続かなかったのである。かつてポーランドがそうであったように、この島の農業革命は行き詰まりを見せたのだ。農場主らは徐々に原野を「利用」[15]していったが、1750年には限界に達した。穀物輸出が停滞したのだ。生産性が伸び悩み、食料価格は高騰した。[16]アイルランドからの輸入を急増させても英国の食料価格は1770年から95年までで工業製品価格指数の2倍、織物価格より66パーセント、石炭価格より48パーセントも早く上昇した。[17]

もしこれが単に英国だけで起きたのであれば、とくに問題にはならなかったかもしれない。だが生産性の失速、格差の拡大、食料価格上昇は大西洋沿岸諸国全体で起きたのである。西欧では1750年以降の50年間で、労働生産性が低下し停滞した。[18]1789年の革命前のフランスでは、パンの価格が賃金よりも3倍も早く値上がりした。[19]メキシコ中部でも生産量が減り、トウモロコシの価格は18世紀終盤に向けて50パーセントも上昇した。[20]1730年から1810年までの欧州全域で「パン用穀物」（とりわけ小麦やライ麦だ）の価格が急騰した。英国では250パーセント、イタリア北部、ドイツ、デンマーク、スウェーデン、オーストリア、オランダでは200パーセント以上も高くなったのである。フランスの食料価格のインフレ率は同期間で163パーセントと低かったが、大規模な社会不安を防ぐほどではなかった。[21]

1760年になると、英国の田園地方では農業資本主義の勝利およびその疲弊を示す[22]ような根本的な変化の兆しが見られるようになった。全国的な食料をめぐる反乱の増加と穀物価格の上昇を受けて、議会では囲い込みの規模拡大を加速させた。農業が急成長した要因を再現することで生産性を再度向上させようとしたのである。1760年から90年までに成立した囲い込み法は、それ以前の30年間で成立した法律より6倍も多かった[23]。1750年以降の100年間で、それまで野原や共有地であった英国の耕作地の4分の1が私有地化されたのである[24]。

この生態学が前提としたのは安価な自然と安価な労働だったが、安価な食料も必要とした。安価な食料で使う「安価」には、商品経済制度においてより短い平均労働時間でより多くの熱量（カロリー）を生産するという独特の意味がある。非資本主義的な耕作法には、少しの努力で高い収穫量を上げる方法も確かにある。19世紀初頭のブラジルでは、農業者が森林の一部を更地にして耕し、数回収穫した後でまたそのサイクルを繰り返すという焼畑農業を行なうことで、労働1時間当たりで7000～1万7600キロカロリーにもなるキャッサバ、トウモロコシ、サツマイモを収穫していた。比較のために挙げておくと、これは同時期のイングランドにおける労働生産性より3～5倍も高かった[25]。だが資本主義が興隆するまで、密集して住むようになった人びとの腹を満たせるほど農業の労働生産性が上がった場所はなかった。

安価な食料の供給がうまく機能したのは次のような仕組みによる。資本主義における農業革命によって食料価格が下がり、それによって最低賃金も下がった。労働者に支払われる賃金は少なくなったが、飢え死にすることはなかった。次に、この結果として無産階級化が進むにつれて、雇い主側の賃金負担が減り、搾取の割合が上昇した。余剰食料が増加して「低賃金の」労働者を食べさせることができさえすれば、蓄積された資本をさらに増やすことができたわけである[26]。これは単純化した例だ。安価な食料という仕組みは何らかの意図があって登場したわけではないが、資本主義の生態学においてこの制度が登場したことを理解すると、安価な食料を供給するという要請こそが現代世界を形成した点も含め、世界を違う視点で考え、捉えることができるようになる。

コメやトウモロコシ、小麦についてブローデルを引用したが、産業革命時の英国人は主に新世界産の砂糖から熱量を摂取していた。ケネス・ポメランツは「1801年に英国人が摂取していたカリブ産の砂糖を国産品に置き換えるとすれば、85万〜120万エーカーの良質な小麦生産地が必要だっただろう。1831年は砂糖価格が暴落し、国民1人当たりの砂糖消費量が5倍になる前のことではあるが、それでもその年には、120万〜160万エーカーが必要になった」と指摘する。[27] 資本主義に関わる話は腹を膨らませることに端を発する、世界的な物語なのである。

17世紀から18世紀までずっと、欧州諸国の政府は都市における食料価格を管理しようとしていたが、いつもうまくいくわけではなかった。パンをめぐる暴動は主として、家族の世話を担い、食料を市場に頼って入手していた女たちが先頭に立っていた。[28] もっともよく知られている騒動はフランス革命の引き金となった。1789年、食料価格の危機が悪化すると、パリの女たちは「パン屋の店主とその妻と子ども」(国王ルイ16世、妻マリー・アントワネットを指す)[29]を捕らえるためにベルサイユの町を行進した。その2年後、サトウキビ栽培を担っていたフランスの植民地でフランス人植民者に対する反乱が起きた。植民地本国でスローガンとなっていた自由、平等、友愛を求めた反乱だった。ロシアやペルー、北米に至るまで農民による反乱が世界的に広がっていた時代において、ハイチとフランスでだけ反乱が起きたわけではなかった。[30]

労働者の腹を満たすために、帝国主義の国では食料が必要だった。ロシアの革命家ウラジミール・レーニンは、ケープタウン大学キャンパスから銅像が撤去されたばかりのセシル・ローズの1895年の発言を引用している。「昨日はロンドンのイースト・エンドで失業者たちの会合に参加して、『パンだ』『パンだ』と繰り返すだけの興奮したようなスピーチを聞いた。帰途でその場面を繰り返し思い出し、帝国主義の重要性をこれまで以上に確信するに至った。……常日頃言っているように、帝国とは毎日の食事の問題なのである。内戦を避けようと思うのなら、帝国主義者にならねばならない」[31]。その20年後の1917年、レーニンは「平和、土地、そしてパンを」をスローガンとする革命の真っただ中にいた。長年にわたるパン騒動を礎とする暴動は、それより130年前のフランス革命と同じく、女たちが率いたものだった。[32]

欧州の帝国主義の国では安価な食料が工業労働者に供給されていたが、他国の人びとは大きな犠牲を強いられた。マイク・デービスが指摘するように、帝国主義諸国は第三世界を形成した商品貿易網を作り上げた。[33] 英国の旧植民地を例にすると、欧州の帝国全域で全般的に小作人が蔑視されていたことがよくわかる。1845〜48年のジャガイモ飢饉の際、アイルランド人には仕事がなく食料も入手できなかったが、貧困と市場原理から生きるためには働くしかなかった。飢饉が最悪の状態にあった時、アイルランドは母国を養うために年間約30万トンもの穀物を輸出していた。結果として起きた飢饉によってアイルランドの大部分の人口が失われたことは、むしろ好都合だった。当時、財務事務次官で飢饉救済資金を管理していたチャールズ・トレヴェリアンは、この問題について極めて明確な姿勢を示した。[34]「真の不正義は、飢饉という物理的な悪ではなく……（アイルランド人の）道徳的な悪」であった。アイルランドが飢えに苦しむ中、トレヴェリアンは王国に貢献したとして爵位を授与されたが、彼は、歯止めなく増えるアイルランドの人口を抑制する方法として「飢餓は、全知全能の慈悲深い神意の直撃なのだ」と記した。[35]

英国のその他の植民地も同じ力にさらされた。銃口を突き付けられ、貧者への施しというインドの慣習は穀物を輸出できるようにする自由市場に取って代わられた。[36] 第2章で貨幣を取り上げたが、軍事力と財力がかけ離れた存在であることは決してなく、ときには、前者を賄うために後者が行使されることもある。植民地下のインドは、英国の世界帝国主義を支えるために納税を通した資金提供の義務を負っていた。「インドの市井の人びとは……北京の略奪（1860）、エチオピア侵略（1868）、エジプト占領（1882）、スーダン征服（1896〜98）というインド軍遠征の費用を負担」させられた。[37] 1871年以降、ドイツと米国、すぐに日本やその他の欧州諸国が英国の金本位体制に加わると、植民地に対する収奪がさらに激しくなった。1873年から94年にかけてインドの銀貨ルピーの価値は3分の1以上も下落したが、インドから英国への支払いは金貨建てだったからだ[38]。

市場原理と暴力は、アジアから欧州へ安価な食料が輸出されたことと密接な関係があった。1839年11月に英国軍艦が中国の珠江を封鎖したのは、銀と阿片をめぐる争いだった。阿片はインド全域にあった栽培地で栽培されていた。18世紀末に阿片の栽培と貿易を独占していたのは東インド会社だった。中国に向かう阿片は急増し、違法であるがゆえに儲けが大きかった。中国からすれば英国と取引する必要はなかったが、英国は中国茶を輸入したかった。そのためには銀が必要だった。阿片貿易に関してエリック・ウルフは皮肉を込めて次のように指摘する。「欧州人はようやく中国人に売りつけるものを見つけたのである[39]」。1839年、中国政府が「英国の密輸業者たちが船舶に満載した阿片を中国に輸送するのをやめるまで、食料や水を提供し、取引することを禁じ」たことで、この貿易は危機にさらされた[40]。2度起きた阿片戦争のうちの第一次戦争は数年間続いたが、争点は中国市場の支配だった。1842年以降、中国は欧州勢力と業者に徐々に開放させられると、英国にとって最大の収穫は茶の木の確保だった。1851年には、ロバート・フォーチュンがおよそ2000株の茶の木と1万7000個の種を中国から、当時英国統治下にあった香港経由でカルカッタの植物園に運び込んだ[41]。19世紀末には、英国人は中国産ではなく、インドやセイロン（スリランカ）で栽培された茶を飲むようになっていた[42]。

英国は、植物帝国主義を芸術に変貌させた。ゴムの木の種はブラジルから密輸されてロンドンにあるキュー国立植物園で栽培され、南アジアや東南アジアでも試された。かつて縄や農具に使われたサイザル麻はメキシコ南部からアジアへと同じように持ち出された。熱帯地方特有のマラリアを克服して植民地を拡大するために、マラリアの特効薬キニーネの原料であるキナノキが栽培され、原産地であるブラジルから遠く離れて広がった[43]。

それまでも多くがそうであったように、より重要な農業に関わる革新の一つは戦争や地政学の結果として誕生した。化学肥料である。20世紀初めまで最大の無機肥料は採掘して得られるものだった。硝酸カリウム（KNO_3）は農業や火薬の材料として用いられる重要な鉱物だった。歴史家のアヴナー・オファが指摘するように、欧州ではそうした食糧供給の管理をめぐる緊張が第一次世界大戦の勃発に一役買った。[44] 連合国側は、チリ硝石を止めることがドイツとオーストリア＝ハンガリー帝国の食糧供給を止める手段になると見て取った。軍事作戦が、戦前にドイツ人化学者フリッツ・ハーバーとカール・ボッシュが開発した大気窒素の固定化といった技術の商業開発を促したのである。[45] 彼らの行動が地球を一変させた。というのも、地球上の一酸化窒素（NO）とアンモニア（NH_3）の濃度は今や1800年以前の5倍になっているからだ。[46] 第6章で取り上げるように、アンモニア生成に必要なエネルギーは安価な化石燃料から直接得ることができる。これが、1カロリーの食糧を生産するために最大10カロリーの石油が必要とされる主な理由の一つだ。[47]

20世紀には、こうした生物工学的な介入が些末なことのように思わせる変化が起きた。革命的な共産主義思想の拡大は、セシル・ローズや彼のような資本家たちからすれば恐怖の現実化だった。ロシア革命は、あらゆる資本家にとって悪夢が現実化したものだった。各国政府は、ハンマーと鎌に屈するリスクを負うよりは、反抗的な労働者を手なずけ、うまく適応させる道を模索した。スペインの植民地だったメキシコは労働者と資本家、国家がそのように妥協した現場だった。

1910年のメキシコ革命は中流階級の問題として始まったが、すぐに労働者と小作人が軍事的な要求をするようになり、それ以上の問題を抱えることになった。1934年には、ラサロ・カルデナスがこうした要求の実現を公約にして大統領に選出された。[48] カルデナスは広範囲にわたる土地改革を行ない、全耕作地の47パーセントに当たる土地を分配した。また、スタンダード・オイル社などの石油産業の資産の国有化に着手した。安価なエネルギーを統制することは、メキシコの協調組合主義的な計画の核心だった。

スタンダード・オイル社の創設者ロックフェラーからすれば、これは暴挙でしかなかった。また、人口が増加し供給可能な食糧に限界のあることによって突きつけられた深刻な脅威を証明するものでもあった。米国の支配者層は、マルサスの予測が現実化したのではないかと恐れた。すなわち、供給される食糧で都市住民の腹を満たせなければ、社会崩壊が引き起こされるのではないかと心配したのである。

慈善家たちは社会救済という責務を自らに課した。メキシコで事業を始めてからほぼ10年後の1951年にロックフェラー財団が発表した戦略的文書『世界の食料問題、農業、ロックフェラー財団（*The World Food Problem, Agriculture, and the Rockefeller Foundation*）』は、反政府活動や人口、食料といった課題を具体的に示したものだ。「さらに数百万人が……共産主義者になるかどうかは、共産主義の世界と自由主義の世界のどちらが約束を果たすのかということにある程度左右されるだろう。腹をすかせた人びとは言葉に惑わされるが、行動を示せば彼らの支持を得ることができる。共産主義は十分に食べられていない人びとを誘惑する約束をする。民主主義はそのような約束をするだけではなく、それ以上のことを実行してみせなければならない」[49]

ロックフェラー財団は1943年にメキシコで活動を始め、若手の才能ある植物育種家ノーマン・ボーローグを起用し、**都市の**飢餓を防ぐことを目的として穀物を開発させた。政治家らを悩ませたのが農村部ではなく都市部の飢餓だったという点が極めて重要だ。世界で飢えに苦しむ人びとのほとんどが集中しているのは地方なのだが、そこに住む人びとの食料や雇用にはほとんど関心が持たれなかったのである。飢餓が政治的に問題視されるようになったのは、貧困層が都市に移住して満足に食べられないことから怒りを感じ、さらに暴動につながったり、安価な自然を支配していることに抗議したりするようになったときのみだった。緑の革命として知られるようになった運動の出発点は、この支配に対する中産階級の懸念と労働者を抗議行動に向かわせないようにする必要性に見いだすことができる。

緑の革命はかみしめるべき言葉だ。これは1968年に米国国際開発庁のウィリアム・ガードが一連の介入を称賛して作った造語だ。「農業分野における（最近の）進展には新たな改革の素地がある。これはソ連の赤の革命のような暴力的なものでも、イラン国王による白の革命でもない。これは緑の革命というものだ」[50]。つまり緑の革命とは、農業、新種作物、肥料、農薬、灌漑、土地所有制度、マーケティング手法、それに国家権力を利用して、安価な労働力やケア労働、原材料、そして、イランが国際石油市場に与えた影響を認識すれば、エネルギーを維持するためのものだったのである。

メキシコで進められた緑の革命は安価な食料体制を具体化するものだ。従来、ボーローグは「伝統的に小麦を栽培していたメキシコの高地だけでは、自給自足で賄えるだけの小麦を栽培できないことに気がついた」[51]と説明されている。それゆえ、彼は都市部で安価な小麦が自由に流通するように品種改良に着手したのである。この功績によりボーローグは1970年にノーベル平和賞を受賞した。緑の革命のそうした歴史には各国政府や慈善家らが注目し、他の場所でも成功させようとしてきた魅力がある。最近では、アフリカの緑の革命のための同盟を通じてそのような活動が行なわれている。だが緑の革命についての表向きの説明は、メキシコについては必ずしも正しく伝えていない。メキシコのほとんどの小作人にとって、小麦よりもはるかに重要な穀物はトウモロコシだった。1950年には、トウモロコシの作付け面積（478万1759ヘクタール、つまり1181万5984エーカー）は小麦の作付け面積（55万5756ヘクタール、つまり137万3303エーカー）の約10倍もあったのである[52]。小麦は商業農家によって生産される傾向があり、そのモデルや資源は米国のトウモロコシ農家ではなく小麦農家のそれだった。同様に、緑の革命がインドで取り入れられた時、研究投資の対象となったのはトウモロコシだった。トウモロコシはインドの農作物収穫量の3パーセントにも満たず、主要産品ではなかった[53]。

ある種の穀物が大陸を飛び越えて世界的に栽培されるために必要とされた唯一の方法は種子技術だけではなかった。緑の革命が成功するには、農業相談事業や政府の現業員が新たな穀物を推奨することが必要だった。また政府は、農業販売委員会を使って農業従事者に補助金を助成してもっと生産させる必要もあった。安価な食料を生産するには政治的な反対勢力を抑圧する必要があった。結局のところ、緑の革命とは、多くの小作人と土地なし労働者の運動が掲げていた、土地と農業の包括的改革という赤の革命的な政治目標を阻止するための改革案だった。だからこそ、緑の革命を遂行する際は権威を振りかざした計画になることが多かったのである。[54]

緑の革命は成功だったと捉えることも可能ではある。世界的に見れば、1950〜80年で穀類生産量は倍以上になり、単位面積当たりの生産量も倍以上になった。緑の革命の中心地では生産量の増加はさらに早かった。インドの小麦生産量は1960〜80年で87パーセントも急増した。これは、1935年以降の20年間で米国のトウモロコシ栽培農家が経験した生産量に近い。[55] 世界市場で取引されるこの食料の割合が増加し、1960年代から70年代にかけて世界の穀類輸出は179パーセント増加した。[56] 国家による助成金と暴力によって食料の価格抑制という公約が実現したのである。1952〜72年までで食料価格は年3パーセントずつ下がり、その下落率は20世紀を通じてすでに劇的に下落していた商品価格より3倍も早かった。[57] コメ、トウモロコシ、小麦の実売価格は1976〜2002年にかけてさらに下落した。[58] おそらく最大の収穫は、土地改革を求める小作人の要求と政治改革を求める都市住民の要求を効果的に抑えつけたことだった。

だが、長期にわたった緑の革命の大きな成果によっても飢餓を減らすことはできなかった。農業革命は確かに共産主義的だったが、それでも成果を上げていた中国を分析対象から除外すると、緑の革命が遂行されていた間に飢餓人口は11パーセント以上も増えた。[59] 成果報告では、1965〜72年までで「インドの

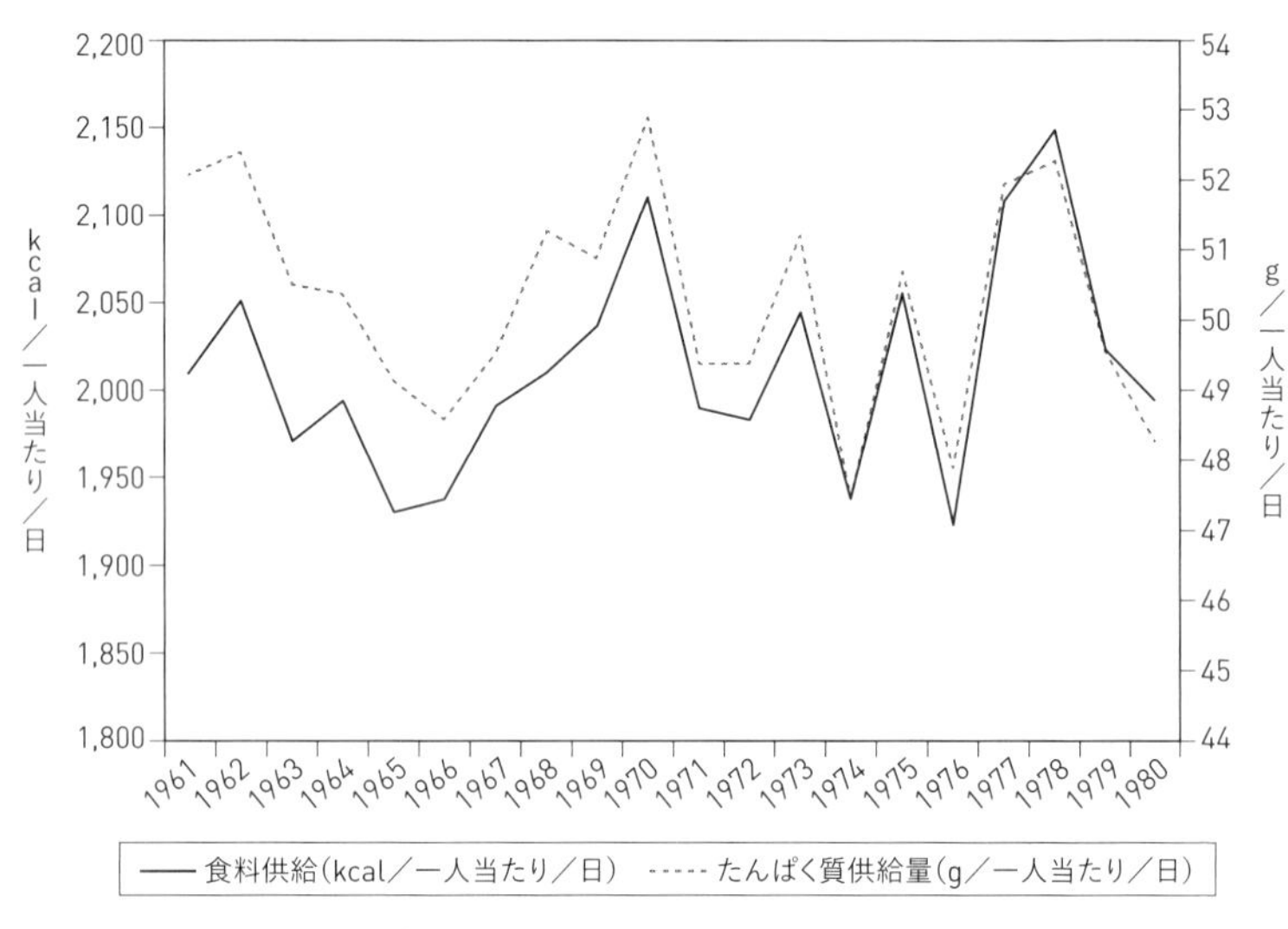

図4　インドの食料およびたんぱく質の供給量。出典：FAOSTAT, www.fao.org/faostat/en/

小麦生産量が倍増[60]」し、1970年代を通して着実に増加し続けた事実を称賛する報道もあるが、実際にインド人が消費した量はこの期間を通じてほとんど増えていないのである。

インドの農薬消費量は1955~2005年で17倍に増え、その大部分はパンジャブ州においてだった[61]。緑の革命がもっとも集中的に遂行された地域では近年ガン患者が集団で確認され、「ガンに襲われた村」として正式に宣言された地域もある[62]。繰り返しになるが、緑の革命が対象としていたのはインドの村人ではなく、資本主義からの離脱を考え、まさに貨幣でつなぎとめられているような都市の労働者だった。各国政府は貿易協定や助成金、技術などを通じて、とくに主食となる穀物と加工食品の価格を管理してきた。実際、1990~2015年まで、加工食品の価格は果物や野菜といった生鮮食品ほども上がらないという現象が世界各地で確認されている[63]。毎日摂取することが推奨される生野菜や果物を5種類も食べるには、低所得国の市民であれば世帯収入の少なくとも半分を支出する必要があった。農村部の世帯ではその割合はさらに大きかった。低所得国の農村住民の70パーセントは、もっとも安い野菜を3皿分あるいは2皿分の果物を買う余裕すらなかったのである。[64]

1990年以降、経済協力開発機構（OECD）加盟国の労働賃金率は比較的安定している。これは、第3章で取り上げたように、学者らが「賃金抑制」と言い得たような反組合政策の直接的な帰結だ。新自由主義時代の一貫した賃金抑制を考慮すると、食品が単に賃金コストに比較して安いだけではなく、価格という点から直接的に考慮しても安価であると見ることは理に適っている。そうすると、メキシコで劇的に価格が下落した食材が鶏肉であることは偶然ではないことがわかる。これは、北米自由貿易協定（NAFTA）や技術、米国の大豆産業の直接的な結果なのだ。NAFTAは当初農作物を除外していたが、農民を農業から都市の工業地帯に移動させて「近代化」を図ろうとしたメキシコ政府の要請を受けて含めることになった。[65]この戦略は成功だった。2003年に全国各地で「地方はこれ以上我慢できない」という抗議行動が起きたことからわかるように、メキシコの農業経済が崩壊してしまったからだ。[66]その結果、米国の農場で働くために移住する回路ができ、労働力が蓄積されることになった。それでも、少なくとも鶏肉は安かったのである。

1970年代以降、肉は世界的な食生活の変革の中心に位置づけられてきた。長期的な緑の革命の将来を検討するにあたって、世界がどのようにして徐々に肉食へと移行したのか、肉類が安く生産できるようになった論理が「栄養主義」の興隆とどう結びついているのかを検討する。「栄養主義」とは、「飢餓を、貧困問題に取り組むことによってではなく、食料の個々の分子成分を栄養が不足している人びとに届けることを優先することで[67]」解決しようとする方法だ。安価な食料という暗澹たる未来が姿を現しているのである。

少しばかりの肉と野菜の食事からビタミンを加えた貧困へ

カナダの食品学研究者トニー・ワイスは、肉の消費量が近年でどの程度変化しているかを次のように指摘している。「1961年には、30億強の人びとが平均して年に肉を23キロ、卵を5キロ食べていた。2011年には、70億人が1年間に肉を43キロ、卵を10キロ食べるようになった。……1961年から2010年までのわずか半世紀で、食肉加工される動物は世界でおよそ80億から640億頭に急増した。この増加率が今後も続くとすれば、2050年までには再び倍増して1200億頭になるだろう」[68]

食物はどこから来るのかということについて現実離れの考えを抱いている人びとは、肉類を加工食品ではなく未加工食品のように思っている。だが、製糖産業でまず発展した単純化、細分化、専門化という工業労働的な手法は、精肉産業にも入り込んでいる。飼料と油糧種子作物は緑の革命が広がったこともあって南の発展途上国でも栽培可能になり、ワイスが「産業穀物・油糧種子作物・家畜複合体」と名づけたものの一部になっている[69]。シカゴ商品取引所のような均一な穀物や肉類という一次産品を扱う市場ができたことで、こうした一次産品は単なる安価な食糧になっただけでなく、金融商品を補完するものにもなった[70]。翻ってこうした金融商品は、本質を変化させた穀物を均一化、均質化、工業化する必要がある。そうした産業は、集約的な品種改良、ホルモンの補充、抗生物質の使用、集中的な給餌作業といった新たな獣医学的実践を考え出すことが要求されるようになり、世界中の食品や土壌、水、空気の品質が一変するほどの影響をもたらした。すなわち、スーパーマーケットで売られている生肉は、資本主義の生態学による洗練された力を結集して調理されたものなのである。

その一つの結果が、有精卵と4キロの飼料を5週間で2キロの鶏肉に変えることができる食肉生産システムである。[71] 1970年から2000年までで七面鳥の生育期間は約半分になり、20週間で卵から16キロの成鳥になる。[72] その他の動物も品種改良や集中給餌システム、世界中に張り巡らされたサプライチェーンを組み合わせたことで同じような進化を遂げている。世界の豚肉の半分は中国で消費されており、その飼料の輸入調達は地球規模になっている。その結果として、人為的な二酸化炭素排出量の14・5パーセントは畜産業によるものになっている。[73] 約500グラムの牛肉を作るには、6810リットルの水と3キロの餌が必要なのである。[74]

畜産業がもたらす環境への影響は、当然のことながら、システム化された工業的な食品製造の利益計算には含まれない。だから肉類を格安で売ることができているのだ。これは、安価な労働とはまた別の話だ。「工場式畜産」を環境問題と受け止め、「工場生産」を社会問題だと考えることは危うさをはらんでいる。米国の新自由主義的な精肉業において安価な労働力が集中していることを考えると、ラテン系移民が中心であることも指摘する必要があるだろう。安価な労働を提供できているのは、2つの面で階級が再編されたからだ。一つは1980年代の米国で、ホーメル・フーズなどの新たに登場した強引な食肉加工企業が組合を崩壊させ、組合員労働者を低賃金の移民労働者に置き換えるという強引な取り組みをしたことだ。[75] もう一つは、1994年以降NAFTAによってメキシコの農業分野における秩序が不安定化し、低賃金の移民労働者や資本主義の生態学に追い出された失業者が米国の国境の一方から他方へと流れ込んだことである。[76]

食肉加工産業は環境を利用し、政府からの補助金が潤沢に注ぎ込まれているが、多くの人びとがその製品を購入することができずにいる。そうした人びとには、民間企業や国際的な開発コミュニティが工業的に生産された植物由来の高栄養食品という代替品を提供してきた。工業化と緑の革命が、フードシステムに含まれる多くの食料**から**栄養分を奪っていったことからして、少なからず皮肉な話である。[77] そうした栄

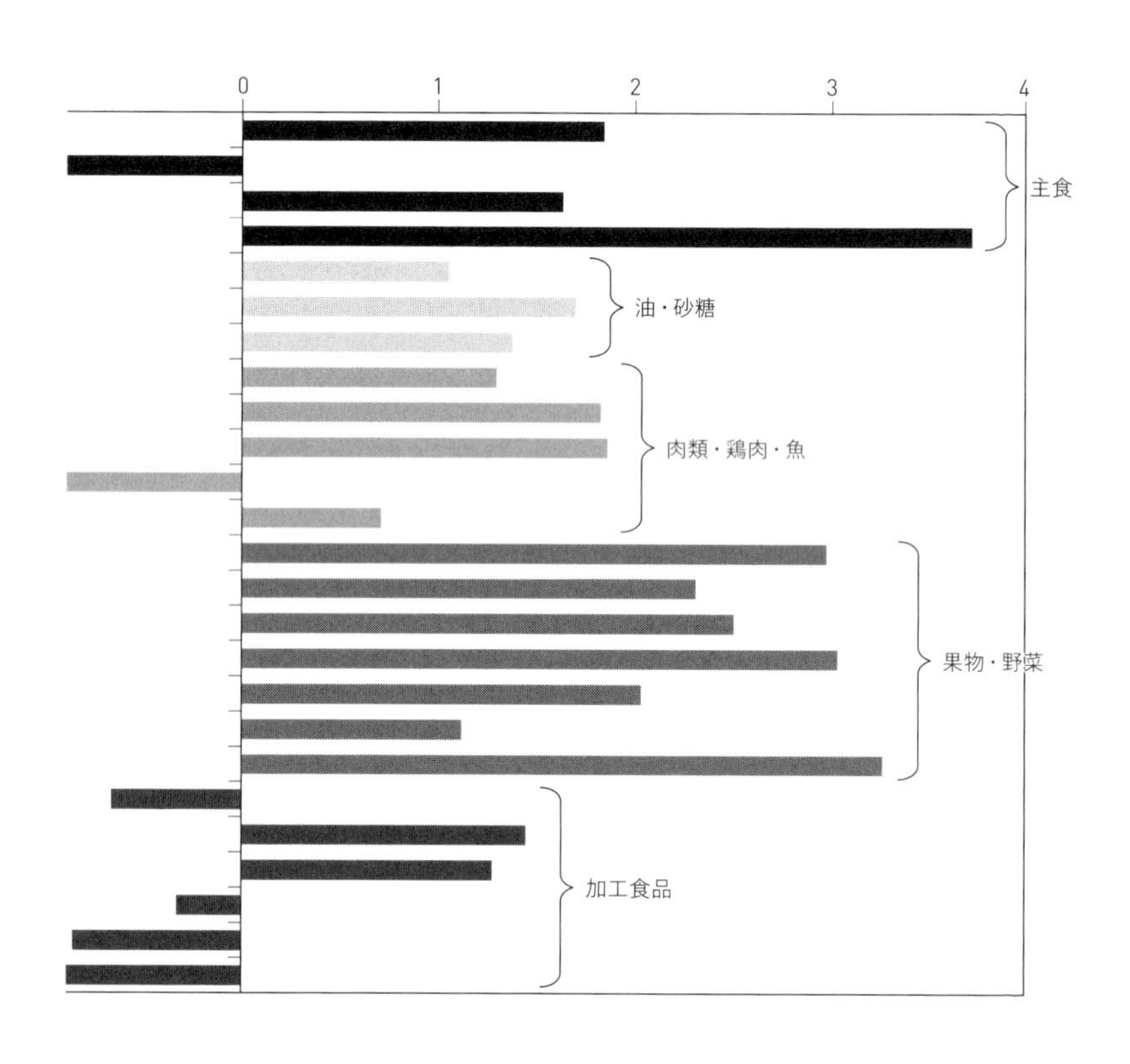

養分を犠牲にして、標準化された一次産品の生産量を最大化し、保存期限を最大限延ばし、消費者に受け入れさせようとしたのである。そのような加工された栄養分を再びフードシステムに取り入れることは、超加工食品〔食品を加工度合いで分類した場合にもっとも加工程度が高いランクに入る食べ物のこと。スナック菓子、インスタント食品、炭酸飲料、冷凍食品、保存料を添加した肉加工品などが含まれる〕の収益性を増やす手段である。ある意味、安価な食肉を生産する論理は循環している。つまり、添加物を食品に加えることで、収益性の高い肉類を生産するためではなく安価な労働力を維持し、その労働力によってその後もさらなる利益がもたらされるようにしているのだ。

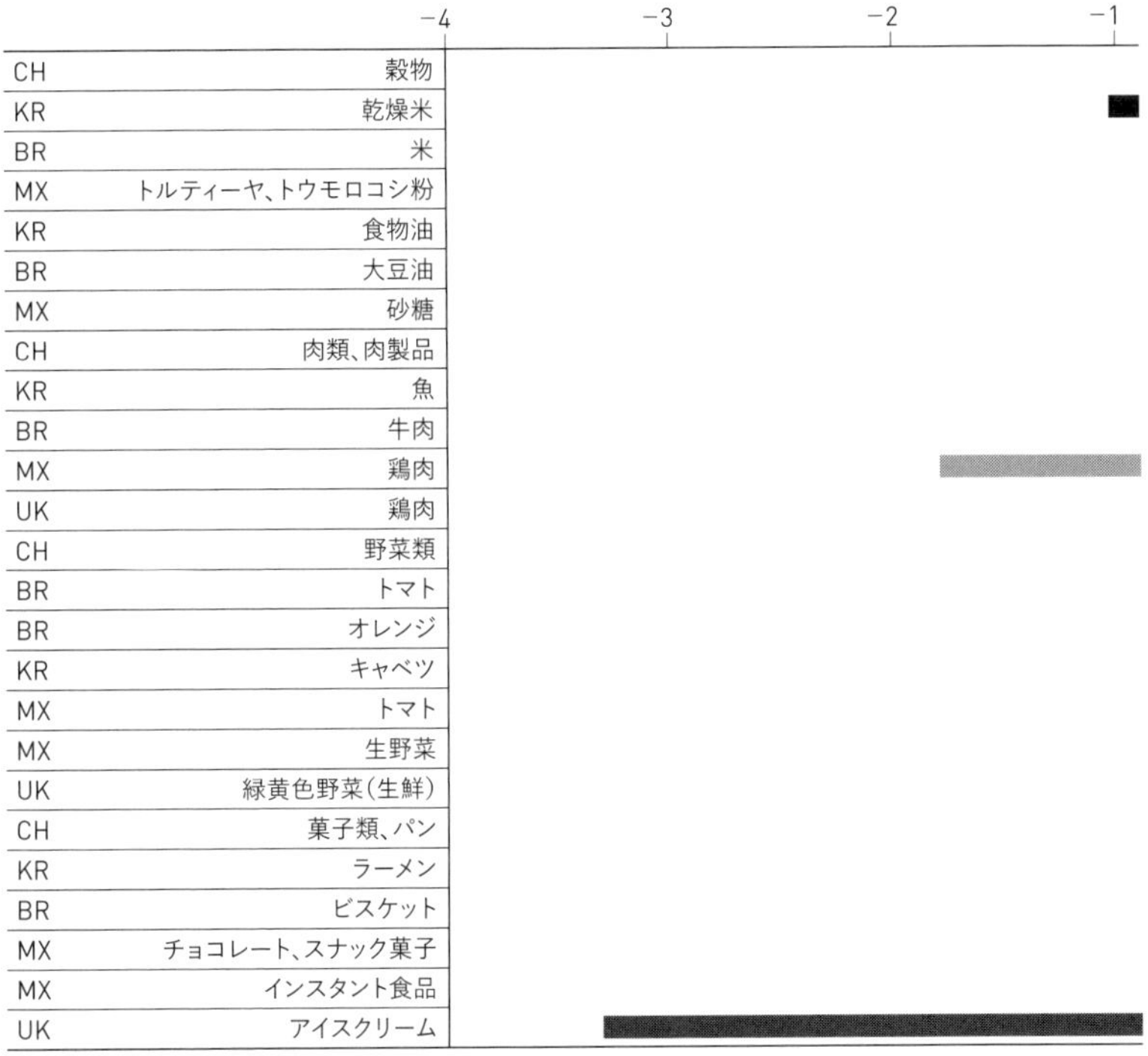

		−4	−3	−2	−1
CH	穀物				
KR	乾燥米				
BR	米				
MX	トルティーヤ、トウモロコシ粉				
KR	食物油				
BR	大豆油				
MX	砂糖				
CH	肉類、肉製品				
KR	魚				
BR	牛肉				
MX	鶏肉				
UK	鶏肉				
CH	野菜類				
BR	トマト				
BR	オレンジ				
KR	キャベツ				
MX	トマト				
MX	生野菜				
UK	緑黄色野菜（生鮮）				
CH	菓子類、パン				
KR	ラーメン				
BR	ビスケット				
MX	チョコレート、スナック菓子				
MX	インスタント食品				
UK	アイスクリーム				

図5　1990年から2012年までのメキシコ（MX）、韓国（KR）、ブラジル（BR）、中国（CH）、英国（UK）における食料価格の増減率。出典：Wiggins and Keats 2015, 10

この論理がもっとも明らかに機能しているのは南の発展途上国だ。2013年のG8サミットでは「成長のための栄養——ビジネスと科学を通じた飢餓との闘い」というタイトルを打ち出し、G8およびそのパートナー諸国の見解を明確に示している。このサミットでは、長期的な緑の革命による成果をアフリカにもたらすために「食料安全保障および栄養のためのニュー・アライアンス」という飢餓に取り組むイニシアチブを始動させた。緑の革命は20世紀に、飢餓にあえぎ、怒りをたぎらせて都市で暴動を起こした人びとという政治問題に対応するための階級政治への介入として始まったことを思い出してほしい。ニュー・アライアンスは、かつて『フィナンシャル・タイムズ』紙が「世界の覇者」[78]と名付けた経済的利益を追求する集まりである世界経済フォーラムで提案された基盤の上に、農業や食品産業の市場を開拓しながら都市部の不穏な動きという懸念に取り組むために構築されたものだ。

ニュー・アライアンス最大の資金提供者がノルウェーの大手肥料メーカー、ヤラ・インターナショナルである理由はこれでわかる。ヤラはアフリカの土壌から採取し、数十年もの間もっぱら輸出されてきた資源の収奪に意欲的だからだ。窒素、カリウム、リン、セレニウムなどの微量元素が不足しているのは、植民地体制下や独立後に輸出されたからだ。独立後について言えば、アフリカ諸国が1980年代、90年代に受けた世界銀行構造調整融資の返済に使われたのである。

手直しの機が熟しているのは土壌だけではない。人間も同じだ。G8の計画では、海外企業にはアフリカの市場と土地の利用がそれまで以上に認められることと、貧困と食料が入手できないことによる病気に対応するためにアフリカ人に対して栄養価を高めた加工食品が提供されることを要求している。これが、ビタミンを加えた貧困の時代の本質だ。つまり、地方に住む貧困層が農業で生計を立てることが難しくなる一方で微量栄養素でその極貧状態をしのがせる農業政策であり、収奪とその収奪がなるべく長く続くようにする戦略を組み合わせた政策なのである。[79]

ここで、安価な食料供給体制という重要な点に行き着く。これは人びとが食事を摂ることも、栄養満点な食事を摂れることも約束してはいない。食料不足による健康障害や栄養失調が世界的に続いていることがその証拠だ。事実、資本主義による安価な食料政策は、ファルシャド・アラギが言うように「貧困管理体制」なのである。[80]

その一方で、資本主義による農業開拓は、[81]食糧の75パーセントを供給する南の発展途上国の大部分に居住する世界の農民たちを抑圧し続けている。農業開拓がアマゾン川流域地帯を切り開き、世界中の農民を立ち退かせている現状は暗澹たるものだが、21世紀になると、500年間続いてきた資本主義食糧体制を壊滅的に弱体化させるような新たな問題が登場した。気候変動だ。開拓地というイメージは、土地のことだけを考えるのであればぴったりだ。だが過去200年で起きたのは、それとはまったく異なる開拓地拡張の動きだ。それは、温室効果ガスの廃棄場所としての公共大気圏の囲い込みである。

21世紀は、農業と林業（これには換金農耕のための土地開墾も含んでいる）が温室効果ガス排出量の4分の1から3分の1を占めてきた。[82] そうならざるを得なかったのだ。というのは、どちらもエネルギーを大量消費する産業であり、1940年代以降はそれに拍車がかかったからだ。[83] これは大きな問題だ。なぜなら、囲い込むような公共大気圏はもう残っておらず、資本主義の帳簿から気候変動のコストを除外する明確な方法もないからだ。18世紀半ばの英国の農民が経験したのと同じように、生産性の伸びが鈍化し、停滞しつつある世界規模の農場以上にこれがはっきり表れている場所はない。米国の穀物農業では1980年代以降労働生産性は3分の1も下落し、インドでは、1980年代から90年代にかけての小麦生産量は80パーセントも落ち込んだ。[84] 新たな農業革命という農業生命工学の見通しはこれまでのところ、これ以上ないほど悪い。新たな収穫増を実現できず、除草剤グリホセートなどの毒性物質に耐性のある突然変異の雑草や耐性菌を作り出し、現在の世界的な気候システムの状態変化を推し進めるような安価な食品モデルを維持しているからだ。[85]

開拓地では常に、土壌や営み、生命を労働生産性を上げる道具として扱うことによって、換金農作物を多く作らせてきた。気候変動は開拓地の閉鎖以上の何かを象徴している。これは安価な自然というモデルを内側から破壊し、いともたやすく自然を収奪する状態を終わらせることではなく、劇的な逆転をもたらすことなのだ。多くの研究が示しているように、気候変動によって農業生産性が押し下げられている。**気候**は、干ばつ、豪雨、熱波、急な寒波までをも含む、実に多様な現象を意味する言葉である。ブローデルのいう「文明化の植物」であり、新自由主義を体現した作物でもある大豆は、人為的な気候変動の結果として農学者らが生産抑制と呼んだ事態をすでに経ている。議論の余地はまだあるが、1980年代以降、生産量が約3パーセント減少したとする分析が多くある。これは1981年から2002年にかけて、毎年50億ドルもの価値が失われていることと同じだ。[86]

さらに悪いことに、気候変動は確実に悪化する。地球の年間平均気温が摂氏1度上昇するごとに、非線形かつ劇的な影響が世界の農業に及ぶという大きなリスクがついてくる。時期や作物、場所、今日の驚異的な速度で大気中に吐き出される炭素がどの程度かによるが、今後100年間で農作物の生産量は5〜50パーセントは減少するだろう。[87] 2050年までに、世界中の農業が気候変動による損失コストの3分の2を吸収することになるのだ。[88] つまり気候だけでなく資本主義の農業モデルも、本書の冒頭で取り上げた突発的かつ不可逆的な変化の瞬間の一つである状態変化の途上にあるということだ。世界中が工場になり、世界中が家族となり、世界中が農場となった。気候変動が起きれば、今後100年でこの食料供給体制は崩壊するだろう。

気候変動が起きれば、食料を安く供給できなくなり、資本主義の生態学は劇的な終わりを迎えることになりかねない。だが、そのような食料があるからこそ、低賃金で働かされる労働者が生き延びていられたのだ。それでも、食料だけが安価なケア労働を維持する要件ではない。歴史的に見れば、16世紀以降、欧州の労働者が直面した重大な費用は、食料に次いでエネルギーにかかるコストである。安価な食料が失われるのは、まさに、安価なエネルギーが大気にもたらす結果なのだ。その仕組みを理解するために、今度は安価なエネルギーに目を向けよう。

第6章 安価なエネルギー

ここが町を作るのにも砦を作るのにもいい場所なのは、
いい港があり、海が穏やかで、土地がよくて燃料が豊富にあるからだ。

クリストファー・コロンブス日誌
1492年11月27日

コロンブスが新世界に到着する頃には、マデイラ（ポルトガル語で「木々」を意味する）はコロンブスに学びを授けた砂糖産業によって燃え尽くされていた。マデイラの樹木は造船に使われていたが、次には燃料として使われるようになり、そして灰と化した。樹木が燃料になったのは適していたからだけではなく、人間と特別の関係があったからだ。鉛筆に使われる黒鉛が炉の床材として使われ、泥炭が肥料から暖炉の燃料に変わり、牛糞が土壌改良の肥料から調理用の燃料に変わったように、木材は木材を取り巻く環境によってその使われ方が変わったのだった。資本主義の生態学を成り立たせている要素が人間と樹木との相互関係を形成したのである。

乾燥した土地に燃料が登場して以来、火はずっと地球を構成する一部だった[1]。人間が登場する前から火には独自の周期があった。数年かけて堆積された焚き付け材を燃料として、恵まれた気候変動のサイクルで燃えてきたのである。翻って人間は、さまざまなものに火をつけてきた。**ホモ・エレクトス**を**ホモ・サピエンス**にしたのは調理である。もともとは草を燃料としていたが、野牛の糞は現在でも良質な燃料として使われている[2]。ヘロドトスは、スキタイで油分の多い動物の骨が燃料として使われていたことを発見した[3]。炭化したマンモスの骨は、人間が火を使ってきた歴史が長いことを示している。マオリ族がアオテアロア（マオリ語でニュージーランドを指す）に移住すると、森林の半分が失われる結果を招いた[4]。しかし人間は節約する必要があることを認識してもいた。**節約**するとは、通常「控える」と解釈されるが、これは現時点の消費を控える犠牲的な行為だ。だがより正確にいえば、節約することも現時点の消費の一部であり、分けて考えるべき部分ではないのである〔現時点の節約は、将来のためといった目的があってする行為であり、消費の先送りと理解するべきだということ〕。そうした節約する決意は周王朝（紀元前1122～256）にみられる。周王朝では山麓森林警察の創設などによる森林管理が行なわれていた[5]。燃料を長く持たせるために節約をしていたのである[6]。

資本主義の生態学には、化石記録の一部として独特の森林火災地理学〔原文はpyrogeographyであり、生物地理学と火災生態学とを合わせたものとして1990年代から2000年代にかけて登場した。森林火災の経時的な広がり方を地理学として捉え、火災の広がり方を条件付けによって予測しようとする新たな学問分野〕が含まれる。先住民は、火災によって新世界の地形を一変させた。彼らは、北米東部で森林、サバンナ、牧草地からなる「モザイク的性格」[7]を作り上げたが、ヨーロッパ人はこれを手つかずの自然と捉えた。コロンブスが新大陸に到着してから1650年までで、病気や植民地時代の暴力などによりアメリカ大陸の先住民は95パーセントも減少した。森林に火を放ったり、樹木を伐採したりする人間が減ったことで森林は勢いよく回復し、新世界は地球における二酸化炭素の吸収源となった。森林が広がることで地球が冷却され、先住民を虐殺したことによって小氷河期の過酷さが増すという結果になったわけである。[8] 17世紀半ばには、ユーラシア大陸とアメリカ大陸に近代初期でもっとも厳しい冬が何度か到来したことが記録されている。この時、中国からフランスにかけて過酷な戦争と政情不安の時代となっていたことは偶然ではない。[9] 冒頭での指摘を繰り返すと、虐殺と森林再生という現象が人為的なものだったとするのは誤りだろう。植民地の先住民を虐殺したことは、すべての人による行為ではなく征服者と資本家による行為であり、**資本主義的なもの**とする方が的を射ている。資本主義と産業革命を一緒くたにするのであれば、これらの変化は、初期の資本主義の破壊があまりに甚大であったため、4世紀前に地球の気候を変えてしまったことを伝えるものであるはずだ。[10]

欧州をはじめとする国の多くの庶民にとって、森林地帯は食料と同じくらい生き延びるために不可欠なものだったのであり、今でもそうだ。共有地を破壊すれば、飢餓を招く以上の事態を意味していた。木材を集める共有権を奪い、燃料や建築資材の不足を押しつけた。封建制下の欧州では、11～12世紀に人口が増加し、居住地が拡大したことで、農地だけでなく、貴族や諸侯にとって富をもたらす収入源だった森林への立ち入りをめぐっても争いが起きた。[11] 英国のジョン王が1215年にマグナ・カルタを受け入れざるを得なくなった時、同時に二つ目の書類、つまり御料林憲章（The Charter of the Forest）にも署名せざるを得なくなったことは重要だ。マグナ・カルタは法的権利と政治的権利に関する文書だが、御料林憲章はエストーバーと呼ばれた広範囲に及ぶ生存に必要な木材品を農民のために確保するという「経済的な生存」[12]に関する文書だった。御料林憲章は、英国の庶民が燃料や木材、建築資材を入手できるように保証した文書だったのだ。

ピーター・ラインバウが指摘するように、ドイツの「近代史上初の無産階級による大規模な反乱であった1525年の農民戦争では、慣習的な森林利用権をもう一度認めることを求めていた[13]。この要望には、「風倒木、倒木、たわんだ枝」を使う権利が含まれた。倒木、たわんだ枝に関しては「蜂が群れ、その中に蜜のあるものに限る。枝や幹の色を目安として切ることはならない」と定められた[14]。何世紀もの間、庶民は燃料と建築資材となる木材をめぐって闘ってきた。資本主義的なエネルギー改革は石炭ではなく木材から始まったこと、森林が囲い込まれた結果としての私有化から始まったことがしばしば忘れられがちであることから、この点を指摘しておく意義はある。

欧州と北米におけるエネルギーの歴史を、例えば中国における森林破壊の歴史より大目に見るわけではない。森林警察による緩和効果があったとしても、中国では、1000年前の大規模な森林破壊の影響が現在も続いている。中国人1人当たりの森林蓄積量が10立方メートルで世界平均の8分の1しかない[15]。だが、中国は生態学的な世界征服には力を入れなかった。力を入れたのは欧州だった。

欧州のエネルギーに注目するのは、資本主義の生態学の本質の一部であり、ある意味安価な自然である燃料の使われ方が異なるからだ。安価なエネルギーは、安価な労働とケアを増幅し、ときには代替する手段である。食料を安価にして賃金総額を減らせるとすれば、安価なエネルギーは労働生産性を上げる資本主義の重要な手段だ。実際の歴史がもっと複雑だとしても、この2つには論理的なつながりがある。まず、農民は共有地から追い出さねばならない。新たに誕生したこうした労働者はなにかしらの賃金労働に就かざるを得ない。次に、こうした労働者を雇う職場や工場は、互いに競争する必要がある。雇用主は昔から労働者を酷使してきた歴史があるが、資本主義者同士の熾烈な争いの最終的な決め手になるのは労働生産性だ。通常、平均的な労働時間当たりでより多くの商品を生産するという労働生産性は機械によって決まるとされている。資本主義において機械が役に立ったのは、人間的とは言えない本質の労働を機械が担ったからだ。また、需要が無限にあることからその労働コストは低く抑えなければならない。そのため、地上にあった共有地の囲い込みと時を同じくして、地中世界が囲い込まれたのである。16世紀の英国で農民の生活が一変したまさにその時、巨大な鉱山で数千トンもの石炭が産出されていたのだった。ここに、われわれが抱く世界像に新たな安価な地層が姿を現したのである。資本主義的な世界工場には、世界規模の農場と世界にまたがる家族だけでなく、世界規模の**鉱山**も必要なのだ。

本章では、欧州とアメリカ大陸におけるエネルギー革命を通じて、エネルギーが資本主義の安価なモノの一つになった経緯と21世紀の地球生態学において安価なエネルギーが意味するところを探る。エネルギーは、生命の網の構成要素から売り買い可能な商品に変化したという点で**モノ**である。化石化した生命は資本主義の生態学を通じてのみ火を起こす燃料となり、エンジンの燃料タンクと化す。だが、資本主義のエネルギーシステムは複数のタスクを同時にこなしている。そのシステムのおかげでエネルギーが安くなり、それに必要な材料も安くなっている。安価な石炭は安価な鉄鋼を作り、安価な泥炭は安価な煉瓦を作る。この結果、ビジネスに必要なコストが削減され、収益性が高くなる。[16]安価なエネルギーは、家計費において食費に次いで大きな費用の一つであり、それを抑制することで人件費の抑制にも役立っている。囲い込みのせいでほとんどの農民は共有地——世界の多くの地域において資源を集めるのは女の仕事だった——を利用できなくなり、エネルギーはさらに高価になる一方で、労働者は現金経済に引き込まれ、建築資材や燃料を購入しなければならなくなった。[17]エネルギーコストを抑制することは、安価な労働を維持管理するためのもう一つの方法だった。エネルギーは生活に欠かすことのできないものだが、資本主義の生態学においてもどれほど不可欠であるかを示すために、膨大なエネルギー資源の上に位置し、その資源を活用して、自ら地中からはい出し頭角を現した国、オランダから始めよう。[18]

オランダ病

まず、2012年にロイヤル・ダッチ・シェルのCEOであったピーター・ボーザーの発言で始めよう。

例えば米国での話になりますが、米国石油協会によりますと、石油業界は直接的、間接的に900万人以上の雇用を支えています。これは同国の総雇用者数の5パーセント以上にあたると推定されています。2009年には、石油業界が国家経済にもたらした経済的付加価値は総額で1兆ドル以上であり、国民総生産の7・7パーセントに相当します。

経済への直接的貢献以外にも、はっきりとわかるような形ではないにせよ、エネルギーはその他分野に密接に関わっています。例えば、私たちが消費する1カロリー分の食料には平均して5カロリー分の化石燃料が必要です。牛肉のような高級食材になると平均して80カロリーに上ります。エネルギー部門は淡水をもっとも多く使う部門でもあり、米国で取水される淡水の40パーセントを占めています。

強い立場にあるのなら、エネルギー部門が担う役割やわれわれの仕事の有益性を明確にし、他方で、われわれが境界を越えて協力し、今後の課題に取り組む協働相手として信頼するに足ることを示す必要があります。その見返りとして、今日あまりにも頻繁に不足している操業許可が社会から与えられることになるでしょう。[19]

オゴニ族のケン・サロ・ウィワらの抗議を押し切って化石燃料産業の勝利を企てることはボーザーの仕

事の一部だった。ケン・サロ・ウィワがロイヤル・ダッチ・シェルとナイジェリアへの抗議行動を組織して1995年に死刑に処されたのは、彼の命が軽く扱われたからだ。[20]現在のインドネシアで油田開発をするために創設された同社の社史にはこう記されている。「ロイヤル・ダッチの隆盛が可能になったのは、自由主義的な方針を掲げた植民地政策の分野で勝利をおさめたことによる。すなわち、これら熱帯地域の資源開発においては、西洋の資本と労働の自由競争によってアジアにおける植民地領土の利益がもっともよく実現されるという方針である」。[21]70年に及ぶマデイラでの好景気や森林破壊、破綻が示すように、燃料に対する貪欲さは資本主義の生態学の一部である。ロイヤル・ダッチは安価なエネルギーの長い歴史におけるもっとも新しい立役者に過ぎない。

同社は、創設から数世紀先立つ15世紀にオランダで起きた燃料危機による収入と融資によって誕生した。オランダはかつてブラック・ゴールドに恵まれていた。といっても石油ではない。泥炭である。泥炭は、現在でも暖房や発電に使われている。[22]化石燃料としてはもっとも新しい部類であり、重量比で石炭の3分の2の熱量を生み出す。[23]泥炭は石炭の前駆体だ。十分な時間と圧力をかけると、泥炭が石炭になる。泥炭と石炭はかつて湿地林に生育していた植物だった。北欧および中央ヨーロッパのこうした湿地林では植物が腐敗して直径1・6キロ以上の枕状の層を形成し、堆積して湿地帯となった。中世初期にはこうした層が海抜4・6メートル程度に達した。しかし11世紀初頭には、暖房や製塩に使ったり売ったりするために農民たちが泥炭を採取するようになった。表層面の泥炭を採掘したことで低湿地帯はさらに低くなり、気候変動の影響を受けやすくなった。実際13世紀末に北欧で寒冷化、多雨化、荒天化するようになると、欧州全域で洪水が増え、とりわけ北海地域では地盤が沈下した。湿地が肥沃な土地になることはなかった。これがわかったのは、農業危機が深まるに伴い、1400年までに穀物栽培税が激減したからだ。[24]アムステルダム、ロッテルダム、ユトレヒト周辺は「スイスチーズ」のような風景で「水を湛えた泥炭湿原が無数にあり、かつての農場の構造が散在する細切れに過ぎない土地で隔てられて」いた。[25] 気候変動が起き、泥炭湿地がなくなったことで災害と言っていいような状況に陥った。１５００年には「北海がオランダ社会をのみこむ恐れ」が生じたのである。[26] その時点で、沿岸地域では穀物農業がほぼ消滅していた。[27]

これはオランダ経済に影響を及ぼした。英国では、土地の囲い込みによって労働者が作り出された。[28] オランダでは、沈みゆく泥炭地によって労働者が作り出され、酪農業と畜産業を拡大させるニーズによって掘り起こされた。[29] 泥炭は安価なエネルギーとして注目もされた。17世紀は、毎年１５０万トンの泥炭が採掘され、人口が増えつつあった都市に輸送された。１６３６年だけでも、８０００隻分以上もの泥炭がアムステルダムに輸送されたほどだ。[30] １６５０年にはオランダ共和国の１人当たりのエネルギー消費量は、２０００年のインドの１人当たりの消費量を上回った。[31]

オランダの農民には徐々に厳しい時代になっていったが、オランダの資本主義は繁栄していた。実際、オランダの資本主義が繁栄したのは、農民が都市で労働者になったからだ。[32] この変化の中心にあったのは安価な食料である。長い16世紀の初め、オランダでは西洋の中でも穀物価格がもっとも高かったが、世紀末になるともっとも安くなった。[33] 第5章で指摘したように、この穀物はポーランドとの国境地帯で収穫されたものだった。ビスワ川に沿って肥沃な土地に恵まれた国ポーランドの地主たちは「国際的債務奴隷」[34]に陥る寸前だった。新たに作り出された金融制度により、アンデス山脈で採掘された銀はアムステルダムやアントワープからポーランドに送られ、小麦やライ麦と交換された。貿易赤字は、人口が増加しつつあったオランダの都市に安く食料を提供し続けるための戦略の一部だった。マデイラと同じく、ポーランドのライ麦と小麦の好況期は50~75年ほど続いた。１６６０年代になると、土壌侵食が進行して生産高が半分ほどまで減少し、資本主義の生態学が浸透し、ポーランドの疲弊した土地を越えて広がった。[35]

オランダが超大国の地位に就くことができたのは、農業革命とエネルギー革命のおかげである。大規模な泥炭採掘だけでなく、風力をさまざまな産業に先駆的に適用し、技術開発を進めた成果でもある。[36] 16世紀半ば以降は、さまざまな風車がオランダの風景の特徴となった。1730年代には、アムステルダムの北方にあるザーン川沿いに600基もの産業用風車が並ぶようになり、100メートルごとに1基が設置されていたことになる。[37]

しかし1650年以降、オランダが拡大して資本主義に至るには重大な制約が3つあった。一つ目の制約は、オランダにはこれといった森林がなかったことだ。これは金(キャッシュ)の力で解決した。オランダが豊富に持っていた資源である。オランダの商人は安い木材や、造船だけでなく織物を漂白するためにも必要な林産物を求めて北海を横断してバルト海に入り込んでいった。二つ目の制約は、それほど簡単にはいかなかった。泥炭は豊富にあったが、とりたてて安いものではなかった。泥炭価格は、1480〜1530年まででアントワープの物価指数より50パーセントも早く上昇したのである。[38] 1530年以降の技術革新によって海抜以下にある泥炭を採掘することも可能になったが、価格の上昇傾向は変わらず、オランダ北部においては1560年以降の1世紀で3倍にもなった。[39] 石炭は近くのリエージュ(現在はベルギーに属する)から輸入していたのだが、とくに英国から輸入していた石炭が増加する一方で、1650年には年間で約6万5000トンにもなっていた。[40] これがエネルギーの大半を占め、エネルギーを大量消費する主だった産業では可能であれば石炭を使うようになっていった。砂糖精製工場は5階建ての巨大な建屋を使っており、17世紀に存在した近代的な工場にもっとも近いものだったが、あまりに大量の石炭を燃やしていたことから、アムステルダム市議会は1614年に精製を禁止した。だがこの都市では製糖産業が増え、17世紀の終わり頃には100あまりにもなっていたため、安価な、少なくともより安価なエネルギーの需要が高まってもいた。石炭燃焼はアムステルダム市民に「耐え難いほどの苦痛」をもたらしたと記録された、当初の禁止にもかかわらず、1674年には年間を通した石炭燃焼が合法化された。泥炭の方が環境にやさしかったが、石炭の方が安かったからである。[41]

こうした段階を踏んでも、高い労働コストというオランダが抱える三つ目の問題は解決しなかった。オランダが成功したのは、「原始的な無産階級の労働の弾力的な供給」[42]をもたらした農業危機があったからだった。そうした弾力性は１５８０年には失われ、18世紀中頃までオランダの賃金は欧州の中でもっとも高かった。[43]１６５０年までかおそらくはそれ以前から、オランダの資本家が払う賃金総額は欧州でももっとも高くなっていた。１６８０年以降はさらに上昇した。１５９０～１７３０年にかけてオランダの賃金は英国の賃金より33パーセントほども高く、２倍ほど高いことも多かった。[44]しかし、英国の植民地主義が領土を重視したものであったことが大いに影響して、英国人の賃金はすぐに同程度に追いついた。

オランダでの泥炭採掘とイングランドでの鉱山採掘が大規模に行なわれるようになったのは、１５３０年代と40年代というほぼ同じ時期だった。[45]産業革命と聞けば、化石燃料の発明は18世紀だったと思ってしまうが、実際には他の多くのものと同様に長い16世紀の産物だった。最初の大規模な工業化が起きたのは１４５０年以降の１００年ほどの間であり、すでに見てきたように大規模な砂糖栽培と銀採掘が行なわれた開拓地で広がったものだが、造船や醸造、ガラス製造、印刷、織物、鉄や銅の精錬でも浸透した。[46]いずれにせよ、すべてにおいて膨大なエネルギーが消費されたのである。

石炭は長期にわたって採掘され燃焼されてきた。ローマ人にすれば、石炭は「英国で採れる最良の石」だった。[47]１５３０年以降の１世紀でイングランドの石炭産出量は急増し、８倍にもなった。[48]石炭がもっとも多く産出されていたニューカッスルだけでも、１５６０年代から１６６０年代にかけて産出量は20倍近くに増加し、イングランド全体の石炭採掘量の３分の１ほどを占めた。[49]石炭採掘量はニューカッスルが最多だったのかもしれないが、１人当たりの熱エネルギーでいえば17世紀には、オランダの生産量はイングランドと同程度で、力学エネルギーはそれ以上だった。[50]しかし、オランダのエネルギーは十分に**安価**ではなかった。当時の英国は低賃金経済の国ではまったくなく、囲い込みや追い立てはうまくいったにもかかわらず、実質賃金も急速に上昇していたところだった。最初はオランダより賃金が低かったが、英国人の賃金は急速に上昇し、1625年以降の1世紀でほぼ倍増した。[51] 石炭によって、イングランドの経済的優位は決定的になった。「しかし、イギリスにおける高賃金という重荷は安価なエネルギーによって相殺された」[52]

イングランドでは労働者にかかるコストが高く、安価なエネルギーが潤沢にあったために、18世紀に技術が飛躍的に進歩した。例えば、石炭から作ったコークスで鉄を作ったり、ニューコメン蒸気機関を使って炭鉱の排水をしたりした。炭鉱を深く掘れば坑水が絶えず流入するのである。[53] コークスは17世紀から知られていたが、1709～55年にかけて一連の技術革新――通常はトーマス・ダービーの功績だとされている――が重ねられ、製鉄で利益が出るようになった。[54] このおかげで英国は木炭に依存せずにすむようになった。コークス炉で生産された鉄は1750年の英国の鉄生産量の7パーセントに過ぎなかったが、1784年には90パーセントを占めた。[55] 18世紀には、鉄1トンの生産コストが60パーセントも下落した。安価なエネルギーによって安価な鉄を生産でき、安価な工具や機械ができた。[56] 十分な量のエネルギーを採掘するかぎり、労働力や資本コストは節約され、原材料価格が安価になった。

これを純粋な英国の技術的偉業として示しているわけではない。イングランドの石炭がなければ真の資本主義は存在しなかったと思わせるような説明もある。実際、石炭の重要性は誇張されがちだ。例えば、紡績業における主な技術革新としては機械式の織機やジェニー紡績機があるが、これらが使われるようになったのは蒸気機関が広まってからではなく、それよりも早かった。また、遅くとも1868年までは、英国の商船隊の92パーセントは石炭ではなく風力を使っていた。[57] 資本主義の最前線には創意工夫が必要だった。石炭がなく、もっと多くのエネルギーを輸入し発見した場合の英国史を想像することも、19世紀は実際以上に社会暴動や革命が起きやすい状況だったと想像することも可能だ。そのような社会的混乱は安価な自然という未開拓地を持たない21世紀の宿命だと指摘するとしても、食料やケア、貨幣、労働によって社会的序列がどのように作り上げられてきたかを理解するために、安価なエネルギーがいかにそうしたものと交差してきたかを理解することが重要だ。そこで、21世紀にエネルギーにまつわる国際的な対立が関わった3つの重要な局面を示すことにしよう。

20世紀の食料

今日、安価なエネルギーが問題となっているが、中でも真っ先に、そして間違いなくもっとも重要な出来事として挙げておくべきは、ハーバー・ボッシュ法だ。これはドイツ、ラインラント・プファルツ州にあったバーディシェ・アニリン・ウント・ゾーダ・ファブリーク（BASF）社の研究所で工業化され、1908年10月13日に特許が認められた手法である。カールスルーエ工科大学の研究者だったフリッツ・ハーバーは、高温高圧の化学特性を利用して水素（H_2）と大気中の窒素（N_2）を反応させてアンモニア（NH_3）を作り出す方法を実証した。BASFのエンジニアだったカール・ボッシュは、この反応を実用化するために、100気圧（1㎠センチ当たり103㎏）を超える動作環境に関わる力学的な難題を解決した。[58] 彼らの研究の裏には戦略上の要請があった。アンモニアの重要な材料であったグアノ〔グアナイムナジロヒメウという鳥の糞で、植物の成長に必須で、植物が吸収できる形態の窒素やリンが大量に含まれている。硝石はグアノから抽出された〕は採掘し尽くされていたため、アタカマ砂漠から採掘されるペルー産硝石（硝酸ナトリウム、$NaNO_3$）に取って代わられていた。[59] この「ホワイトゴールド」は火薬の生産と土壌の肥沃化に不可欠であり、英国がこの取引を掌握していた。[60] ハーバー・ボッシュ法によってその代替物が生産されたのだ。この重要な業績によりハーバーは1918年に、ボッシュは1931年にノーベル化学賞を受賞した。偶然にも、アルフレッド・ノーベルは火薬の開発で財を成しており、ハーバーとボッシュの研究によって、ドイツ帝国はノーベルが特許を取得していたトリニトロトルエンとゼリグナイトの主成分を入手できることになったわけである。彼らの知識のおかげで、火薬の製造が特定地の採掘物に頼らずにすむようになり、エネルギーと空気だけで武器製造が可能になった。多数の武力紛争で1億人以上が犠牲となったのは、ハーバー・ボッシュ法によって製造されたアンモニアが広く普及したことに結びつく[61]。

しかし、アンモニアは生物に必要なものでもある。マルクスの物質代謝の考え方に影響を与えたユストゥス・フォン・リービッヒは1840年に、農業で苦労するのは可消化窒素を安定的に作り出すことだと断言した[62]。通常、空気中のこの不活性窒素は燃焼との相互作用や微生物の働きによって土壌に固定化され、それによって生物学的に利用可能になる。これは植物が生育するための必須条件であり、適量であれば生育を促す。ハーバー・ボッシュ法によって窒素を生物学的に利用可能にするには、多大なエネルギーコストを伴う。この反応を起こすには水素が必要であり、ひいては安価な燃料が必要になる。今日では、肥料生産に必要な水素を石炭やナフサから発生させることも可能だが、主には天然ガスで発生させている。この結果、米国の工業型農業に投入される最大のエネルギーは肥料製造のために使われている[63]。

空気と化石燃料を肥料に変えることで、ハーバー・ボッシュ法により食料、労働、ケアのコストが削減された[64]。コストをかけずに生産した無機肥料のおかげで土地を所有する農場主は収穫量を増やすことができ、農場労働者の賃金は減少し、農産物と追い出された農民たちは都市へと押し寄せた[65]。これによって穀類を大量生産することが可能になり、そうして生産された穀類は家畜の胃へと収まった。次に、そうした家畜の肉が北側先進国の人びとに、まもなく世界中の人びとに食されるようになった。第二次世界大戦が終戦を迎えると、アンモニアは兵器から方向転換して、今や土壌を直撃するものになった。米国と欧州で大量に生産された穀類の3分の2は動物の飼料として使われた。トニー・ウェイスの言葉を借りれば、ハーバー・ボッシュ法によって、世界中の食習慣が肉食化したのである[66]。肉類が現代的な食事に必須の食材として売り込まれるようになり、飼料の需要が急増した。その需要を満たすために、ブラジルの農業主は土地を開墾して家畜用の大豆を育てるようになった。この過程だけで、資本が毎年排出する温暖化ガスのうちの2パーセントを占める[67]。肥料と食料とのつながりを示す別の例は、肥料価格が操作された結果、2007〜08年に起きた食料危機の際に4400万人が貧困に陥ったという事実だ[68]。このすべて、つまり農民による農業と先住民の食生活を破壊し、工業化された単式農法に置き換えるというこの計画の一部は、エネルギーが土壌改良に使われていなければ考えられなかっただろう[69]。あるいはマルクスが言ったように、「一定期間で土壌を肥沃化させるための進歩は、この肥沃さをもたらす長期的な源泉を破壊する進歩でもある。例えば北アメリカ合衆国におけるように、ある国が発展の背景として大規模産業から進化すればするほど……この破壊の過程はそれだけ早く進む。したがって資本主義的な生産とは、あらゆる富の源泉である土壌と労働者を破壊することによって、社会的な生産過程の技術と結合の程度を発展させるだけなのである[70]」。

20世紀の石炭と労働

エネルギーを安価なままにしておくには、国家が介入し続けることが必要だ。再生産労働を無償にし、賃金労働を安価にしておくためにも国家の支援が必要である。国家がしくじれば、21世紀のオキュパイ・ナイジェリア〔2012年1月1日にグッドラック政権が燃料助成金を撤廃したことを受け、翌2日に始まった抗議行動〕や英国の燃料デモのような多様な運動で目撃したような抵抗闘争を目にすることになる[71]。20世紀と安価な燃料との二つ目の関連性によって、現代的な抗議行動と１５２５年の農民戦争とが結びつく。農民は、森林への入会権の一環として燃料や建築資材に使う木材を利用する権利を求めていたことを覚えておいてほしい。20世紀の抵抗闘争も、住まいとエネルギーの二つに関係している。

労働者には住居が必要だ。そして、その住居は無料ではない。19世紀末のコロラド州の住宅は煉瓦造りだった。木材は非常に高価だったが、煉瓦は地元で採取できる粘土と石炭で作ることができたからだ。煉瓦造りのせいで、エネルギーは住宅建築に欠かせないものとなった。採掘技術が進んだおかげで石炭価格は下がったが、人件費はコスト全体の60〜80パーセントを占めたままだった。このコストを下げるには、移民労働者を安く働かせて、企業城下町に住まわせることだった。そうなれば、労働者は住宅にかかる費用や学校といったサービスにかかる費用、格安な英語レッスン代、娯楽設備などに対して賃金で支払いをするしかないからだ。自らの生活を自ら管理できないことから、労働者たちは、その企業城下町は良心的な資本主義ではなく、再封建化〔ドイツの社会哲学者ユルゲン・ハーバーマスが『公共性の構造転換』において提示した概念。本来、公共圏とは市民が議論を交わして社会的合意を形成するための場であるはずが、巨大資本が経済的、政治的に支配を強めた結果、公共圏が脱政治化し、市民が意思決定から疎外されるような状況〕と同じだと感じていた。ロックフェラーグループ傘下にあったコロラド・フューエル・アンド・アイロン・カンパニーが労働者の賃金を削減した時、鉱山労働者らは組合を組織した。[72] １９１３年春から14年冬まで続いたストライキは、米国の労働史において注目に値する節目である。１９１４年4月20日、約20人の老若男女がコロラド州ラドローにあったスト参加者のテントで殺害された。その後に起きた激しい暴動は、とりわけ鉱山所有者であったジョン・D・ロックフェラーＪｒに向けられ、議会が調査を行なう事態に発展した。また、労働組合の突き上げもあって児童労働の禁止、１日８時間の労働制が導入されるに至ったのである。[73]

ティモシー・ミッチェルは炭素が関わる労働政策が20世紀に深刻な打撃を与えたことを指摘している。

どこかの国が化石燃料や鉱石といった資源に「呪われている」かどうかについての議論はいったん脇に置いておこう。[74]代わりに、そうした資源採掘がいかにして収奪に抵抗する労働者階級を作り上げたか、また、平等を求める労働者の声がその労働によって利益をもたらすものとなったエネルギーを通してどのように満たされたのかを見てみよう。[75]国家の命運が突如としてそれまで以上に大きく思い描かれるようになった。そのような国家の夢がまさしく安価なエネルギーによって支えられていたからだ。

20世紀の石油とマネー

20世紀の安価なエネルギーに関する三つ目のテーマは、エネルギーが貨幣と「米国流の生活様式」に形を変えたことだ。[76]20世紀における突出した石油大国は米国だ。20世紀初頭はロシアが優位だったが、ペンシルバニア、テキサス、カリフォルニア各州で石油が発見されると米国はあっという間に首位に立った。1945年までは、産出される石油3バレルのうち2バレルは米国産だった。[77]ロシア、次いでサウジアラビアが世界最大の石油産出国としての地位を米国から奪い返したのは、ようやく1970年代になってからのことである。[78]第二次世界大戦後、世界の石油産出量は驚異的に増加し、尋常ではない当時の経済成長を60パーセントほども上回った。[79]

1971年8月に米国が金本位制を断念すると、[80]国際資本はこの「ニクソン・ショック」から逃れて一次産品の確保に走った。同時に、不作に見舞われたソビエト連邦は石油で小麦を買い、パンの価格を一気に押し上げた。14カ月後、石油輸出国機構（OPEC）が、イスラエルとエジプトの第四次中東戦争に対応するためという名目で石油産出税を70パーセント引き上げると発表した。[81]原油価格は世界的に1バレル当たり3ドルから12ドルにまで跳ね上がった。OPEC加盟各国が米国のドル建てによるインフレーションの輸出に反応したのである。イラン国王が表現したように、米国が「われわれに売る小麦価格を300パーセントも値上げし、砂糖とセメントも同様に値上げ」したからだった。[82] 世界各国がそれまで以上の金を払って原油を買い、OPEC加盟各国は多額の収入、すなわちオイルマネーとして知られるようになった貯蓄資金を手に入れた。こうしたオイルマネーは利益を生む必要があったため、低金利融資として石油輸入国に還流していった。これを、銀ではなく石油で担保された金だと考えてみると、「事実上の石油本位制」である。[83] 1979年のいわゆるボルカー・ショックによって、その後の2年間でこうした石油融資の実質金利は3倍になった。[84] 債務国の多くは南の発展途上国だったが債務不履行を避けるために、IMFと世界銀行という、自国のことをまともに考えてくれると思われた唯一の債権者に頼った。どちらも、独自のショック・ドクトリンによって緊縮財政政策や小さな政府、自由市場を管理している組織である。[85] オイルマネーによって、こうした新自由主義的な統治という残念な歴史が実現してしまったわけだ。

しかし、エネルギーに関わる政治経済は過去20年間で変貌した。1980年代から90年代にかけて、市場で取引される原油1バレル当たりのコストは年に1パーセントも増えなくなった。20世紀末にはそれが劇的なほど一変した。1999〜2013年にかけて、毎年11パーセント近くも上昇したのである。原油価格がもっとも高い油田(産出量の上位10%で、将来の価格動向の予測になる)では、1991〜2007年までで生産コストが10倍になり、それ以降でさらに66パーセントも上がった。[86] 2030年までには気候変動のせいで1億人もの人びとが命を奪われようかという一方で、安価な原油の時代が終わりを迎えつつある。[87] 終わりに近づいているのは今後の犠牲者だけではない。事態はすでにこれまでになく惨憺たるものになり、暴力的になっている。アルバータ州からエクアドルにかけての対立は、16世紀における先住民族と採掘権者との闘いを再現しており、再び地球規模の影響を伴っているのだ。

安価な原油がなぜ重要なのだろうか。化石燃料がなければ資本主義が成り立たないということではない。

結局のところ、小売業者も生産業者も、化石燃料から得た電力なのか、風力や太陽光パネルで得た電力なのかはどうでもよいのだ。安価な石油が重要なのは、今日の資本家が太陽光電力への移行のような大規模な投資を望まないからだ。さまざまな再生可能エネルギー戦略から利益を得る事業もあるだろうが、世界中のすべての事業が、2050年までに再生可能エネルギーへの大規模な転換をするために必要な45兆ドルもの資金を投入するとは考えにくい[88]。資本主義体制下で太陽光電力への移行が起きるとすれば、政府が資金提供する場合しかない[89]。新自由主義的な実践を行なうには、政府が取りうる政策的な処方は減税以外にない。そして、米国のような国では法人税率がすでに歴史的な低水準であり、自称「グリーン」なIT企業(アップル社やグーグル社だ)が最大の受益者なのである[90]。こうした企業の株価を高値で維持させておくためにすべての人が金を払うことになる。

安価な燃料でいうところの安価について論じて終わりにしよう。燃料に関する危機とは、必ずしも枯渇や過剰生産に関わる危機ではない。化石燃料からの脱却が安価なエネルギー体制の終焉を意味するわけではない。実際、気候危機によって、金融そのものが地球救済の仕組みとなるチャンスを手にしている。炭素クレジットやカーボンオフセットなど、大気汚染を許可制にして大気を救う仕組みがそれだ。少なくとも、われわれが聞かされているのはそういう話である[91]。公共化が最後に辿り着くのはここだ。共同体としての責任をすべて金融的に外部化することによって、共有財産の運命に対する集団として決定すべきことを世界市場における金融商品へと変えてしまうことなのである。

だが、国際エネルギー機関が2016年に再生可能エネルギーの能力が石炭を上回ったと発表したことに目を向けないまま、エネルギーに関する議論を終えることはできない[92]。この発表によって安価なエネルギーの議論は無意味になるのだろうか？　いや、そうなることはまずない。太陽光を使った画期的な設備に使われているバッテリーの中を見てほしい。コンゴ民主共和国やボリビア産の血にまみれた鉱石が使われていることがわかるだろう。[93] ボリビアにあるリチウム抽出施設はポトシの再来のようだ。[94] 気候変動への取り組みとして河川ダムを建設するのは破滅的であり、先住民族を立ち退かせるための戦略の一環である。[95] 化石燃料からダムへ移行することが種の絶滅を招くことは完全に予測可能であり、人工貯水池の生態系が腐敗する結果、温暖化ガスの排出増加になる可能性もある。[96]

何よりも、安価な燃料戦略は炭素頼みではない。これまでは炭素ありきだったが、今後その必要はない。例えば、水力発電ダムを見れば、安価なエネルギー戦略が常に国家次第であることは明らかだ。安価なエネルギー戦略には公共部門、民間部門の暴力が伴う。その暴力は、安価な自然に遡る世界－生態論によって正当化され、安価なエネルギーは**国家の**恩恵の一部だという集団的理解によってのみ可能となる。インドの助成金付き石油から、ベネズエラの石油収入、肉体労働者の賃金伸び率の代わりとして安く抑えられた米国のガソリン価格に至るまで、共同体国家という集団的概念を通して資本主義の生態学においてはエネルギーが守られている。貧しい人びとにエネルギー事業のコストを負担させるには、共同体は一心同体だという概念をその名の下に操作し、伝えていく思想と組織が必要になる。このような集団的運命や暴力という包括的な概念を理解するために、安価にされた最後のモノである生命について取り上げる。

第7章 安価な生命

新世界に到着してから3日目、コロンブスはスペイン国王夫妻に要塞化できるかもしれない島の状況を伝えた。

> 不要なこととは存じますが、これらの人びとは武器の使用についてまったく洗練されていません。陛下におかれましては、わたくしが帰国する際に連れて帰り、わが言語を学ばせて元の国に返すことになったあの7人をご覧になればお判りいただけることでしょう。陛下がカスティーリャに連れていくよう、あるいは同じ島に捕虜としてとどめておくようお命じにならなければでございますが。50人もいれば、全員を服従させることも、要求どおりにさせることも可能なのでございます。[1]

コロンブスは、植民地の形成と維持は別の問題であることを早々に理解していた。**サンタマリア**号は最初の遠征で難破したが、他の船舶にはサンタマリア号の船員を帰国させるだけのスペースがなかった。その冬のクリスマス、サンタマリア号の船員数名が船から回収できるものを回収し、コロンブスの指示によりイスパニョーラ島のラ・ナビダッドに入植した。定住した40人ほどの植民者の中には、コロンブスの愛人の従弟であったディエゴ・デ・アラーニャもいた。コロンブスが2度目の航海で再びこの島にやってきた時、全員が死亡していた。コロンブスは、彼らが現地の女たちをなぶりものにしたために殺害されたことを知った。2度目の航海では、1度目よりも、先住民らの不穏な動きに備えた。植民を行なう付託を受けて17隻の船団を組み、1200人の兵士を伴い、家畜を連れてきていた。合わせて病原菌も持ち込んだため、現地の先住民はあっという間に一掃された。植民地主義が残忍な殺害行為を伴っていたことは事実だが、武力によるものだけではなかった。コロンブスやその末裔たちには武器があったが、その武力行使を正当化する組織と言語もあった。資本主義は銃、病原菌、鉄[2]によって新世界を獲得したのかもしれないが、新世界の序列を維持したものは人種、警察、利益だった。こうした覇権と序列が本章のテーマである。

これまで、安価にされたモノを通して、組織化された抵抗の動きを確認してきた。女性や賃金労働者、先住民、加えて日が沈む地平線までの土地を所有した支配者層の人びとも含めて、すべての人びとが服従を求められたときには多かれ少なかれ抗ってきた。それに対して資本家は、新たな開拓地を切り開き、すでにある開拓地をさらに拡大するように新たな戦略を展開した。抵抗と戦略と対抗戦略というこうした追いつ追われつの争いが資本主義の生態学の歴史である。政府や商人、資本家たちは利益を求めて、新たな創造と破壊を極めていった。だが、資本主義の生態学は社会的序列の要領と技術について膨大な実験を繰り返し、拡大と強化を図ってもきた。永続的で融通無下に存在する社会統制のうち、身近でありすぎるがゆえに目新しく奇抜な存在であることが忘れられがちなものがある。国民国家だ。

本章では、植民地開拓や、初期資本家と「未開人」との交流、資本主義の誕生当初に発展した通信技術などによって、資本主義の生態学と近代国民国家が相互に形成しあってきた点を取り上げる。安価なモノを通じた社会（ソサエティ）の序列化は、常に武力と説得、強制と同意とによって繰り返されてきた。アントニオ・グラムシが指摘したように、ヘゲモニーの維持とは、常に敵の裏をかくためにブロック内の社会全域から力を募り、維持することである。[3] 序列と統制を追求していく中で、「国民」の概念は予測しなかったような方法で国家に結びつけられ、地球を構成し続けている。

　モノを安価にしておくことにはコストがかかる。資本主義の生態学の管理において、国内的にも国際的にも、法と序列の施行にはコストがかかる。本章のタイトルを「金のかかる国家」とせずに「安価な生命」としたのは、統治機関にではなく、その過程と結果に焦点を当てるためだ。厳密には、生命はその他の安価なモノのように安価ではないが、これをもっと早い段階で認めていたら、本章のタイトルはふさわしくないものになっていただろう。資本主義が「安価な生命」を安価な自然の戦略にしてきたことを理解すれば、貨幣、労働、ケア、食料、エネルギーを安価に維持しておく力だけでなく、もっとも洗練された巧妙な近代制度である国民国家が近代初期の根源と自然科学を利用して近代的な生活を維持していることも理解するはずだ。もっと重要なことは、国家がその管理下にある人びとの生活を管理し、進歩的資本主義に適した環境を整えるには能力の限界に達していることから、われわれは安価な生命という時代の終わりに近づきつつあるということだ。こう指摘する理由は、自由主義的な国民国家の後にやってくるものを歓迎しているからではなく、その後を懸念しているからだ。われわれは、歴史を学んで分別がつくようになり、次に来るものがはるかに好ましくないものであることを理解しているのである。

　安価なモノの話に出たすべてと同じように、近代的な国民国家の構成要素や安価な生命は資本主義以前から存在していた。ハインリヒ・コルネリウス・アグリッパ〔1486〜1535。ドイツの神学者、法律家、医師〕やパラケルスス〔1493〜1541。スイス出身の医師、化学者、錬金術師〕、アンドレアス・ヴェサリウス〔1514〜64。ベルギー出身の医師〕などの初期の近代生理学者たちは社会階層的に人間を位置づけた語彙目録を作成した。[4] 彼らと同じような人間は社会階級の片方に位置づけられ、もう片方に位置づけられたのは「奇形人（モンスター）」だった。奇形人（モンスター）のような身体的特徴は、必要に応じて、コミュニティ内部の差異が表出したものだと解釈され、異なる血統がどのように作られ、どのような軌跡を辿ってきたのかを把握する基礎となった。[5] **奇形人（モンスター）**は**未開人**の同類とされ、人間とその他の生物との境界を越えた存在との結びつきに警戒を促す言葉だった。奇形という言葉が純粋な血統の概念に正当性を与えたわけである。これを害する「忌まわしい交接」という脅威がなければ、純粋な血統を得ることはできなかった。[6]

社会階級と身体についての思考は古くからある。この考え方を広く知らしめ、攻撃するための道具とするには特別な制度が必要だ。国民国家は、資本主義と偶然とによって出現したまさにそうした制度である。出現した経緯を理解するために、黒死病の話に戻ろう。中世後期の欧州でさまざまな都市や国家に存在していたユダヤ人社会は、ローマ法や現地の司教らが解釈した法によってではなく、トーラーやラビが解釈した律法に従って信仰を実践する方法を協議していた。こうした一時的な合意は常に心もとないものだった。十字軍遠征の際、インノケンティウス3世（ローマ教皇）（在位1198〜1216）は**ユダヤ法規**を発布し、ユダヤ人を尊重することを君主に命じた。[7] しかし同時に、保護を受けるためにはユダヤ人であることが見分けられるようにすることという要件をつけた。ユダヤ人は身の安全を確保し、キリスト教徒との結婚を避けるために「羊毛かサフラン色の生地」で作ったバッジを身につけなければならなくなった。[8] こうした血を守る対策が大きな問題となったのは、その血を受け継ぐ人びとが虐殺をしたとして糾弾された時である。

1347年の黒死病の話に入ろう。この伝染病が[9]蔓延した地域で発見された遺体のDNAが近年解析され、ペスト菌がこの疾病の原因であることが示され、南フランス経由とノルウェーと低地帯諸国経由という少なくとも2つのルートで欧州に持ち込まれたこともわかった。本書冒頭部分と第1章で取り上げたように、中世の温暖期末期に社会生態学的な混乱が起きたせいだった。中世のヨーロッパ人には別の事実がいくつかあった。有力な説の一つは1348年にベルギーはベリンゲンのルイ・サンクトゥス（1304〜61。ベルギーのベネディクト会の修道士）が伝えたものだ。この病原体が登場するのは、インドで空から降ってくるサソリに遭遇した船舶がジェノアに到着したが、追い払われてマルセイユに停泊するという、気味の悪いジャンルが好きな人にはなじみのある場面だ。その海岸で船員たちが死亡したり、死にかけたりしているのが発見されたため、船舶ごと沖合に追い払われた。だが、ペストを止めるには遅すぎた。[10] ルイ・サンクトゥスは、この伝染病はナポリ女王ジョヴァンナ1世が夫のハンガリー王アンドラーシュを殺害したことに対する天誅だとほのめかした。[11]

　東方からの伝染病や、法律上の夫を殺害した女性に対する恐怖より、ユダヤ人という新たに登場して異彩を放っていた集団に責任を押しつけようという言い分の方が重要だった。黒死病が蔓延するとユダヤ人たちは拷問を受け、都市に毒をまいたと白状させられた。1348年にローマ教皇、クレメンス6世（在位1342〜52）が超法規的殺害や強制的な改宗、ユダヤ人の財産を冒とくすることを禁じたにもかかわらず、黒死病によって市民が犠牲になる中、欧州全域でユダヤ人が虐殺されるようになった。多数行なわれたおぞましい行為のうち、1349年1月9日に起きた事件を取り上げよう。スイスのバーゼルに住んでいたユダヤ人の子どもたちが一人残らず両親から引き離されて強制的に洗礼を受けさせられた。バーゼルにいた成人のユダヤ人600人は「ライン川の砂州で」[12] 火あぶりの刑に処せられた。国家が黙認したポグロムによって数千人が犠牲になり、ユダヤ人社会の中には近隣住人から拷問されて殺される前に自ら命を絶った人びともいた。こうした残虐行為はローマ法王が繰り返し禁じたにもかかわらず続いたのである。欧州の産業中心地に対するカトリック教会の権威が弱まりつつあった一方で、一部の人間がモノ化される先例ができあがったのだ。

科学的人種差別と植民地政策

純粋な血統、ローマ法王に対する国家権力の優越、人間には生まれながらに順位があることを容認する文献など、すべての条件が揃っていた。新たな統制のあり方を周知し、推進するためにこうしたものが利用された。社会科学的な新たな統制方法が実践されたのは、またもや植民開拓地だった。

ニュースペイン〔メキシコを指す〕では、市民や税金、労働条件や神との距離を管理統制するための方法として**身分制度**が登場した。これは、血統によって人間をランク分けし、数学の組み合わせ論の回答のように分類分けする制度だった。もともとあったアフリカ人奴隷、先住民、スペイン人という分類が細分化されていった。エスパニョーレス（スペイン人）、ペニンシュラーレス（欧州で生まれたスペイン人とヨーロッパ人）、クリオリョス（アメリカ大陸で生まれたスペイン人とヨーロッパ人）、インディオス（アメリカ先住民）、メスティソス（アメリカ先住民とヨーロッパ人の混血）、カスティソス（ヨーロッパ人の血が75パーセント、先住民の血が25パーセントの人びと）、チョリョス（アメリカ先住民とメスティソの混血）、パルドス（ヨーロッパ、アフリカ、アメリカ先住民の混血）、ムラートス（アフリカとヨーロッパの混血）、ザンボス（アメリカ先住民とアフリカの混血）、ネグロス（アフリカ人）といったところである。実際には、ジェンダー、性別、歴史が複雑に入り交じり、独自の言葉と計算が必要になった。

1. エスパニョール（男）＋ネグロ（女）＝ムラートス
2. ムラート（男）＋エスパニョーラ（女）＝テステロンまたはテルセロン
3. テステロン（男）＋エスパニョーラ（女）＝クァルテロン

4. クァルテロン（男）＋エスパニョーラ（女）＝キンテロン
5. キンテロン（男）＋エスパニョーラ（女）＝ブランコまたはエスパニョール・コムン
6. ネグロ（男）＋ムラータ（女）＝サンボ
7. サンボ（男）＋ムラータ（女）＝ザンバイゴ
8. ザンバイゴ（男）＋ムラータ（女）＝テンテネレ
9. テンテネレ（男）＋ムラータ（女）＝サルタ・アトラス
10. エスパニョール（男）＋インディア（女）＝（正真正銘の）メスティソ
11. メスティソ（男）＋インディア（女）＝チョロ
12. チョロ（男）＋インディア（女）＝テンテネレ
13. テンテネレ（男）＋インディア（女）＝サルタ・アトラス
14. インディオ（男）＋ネグロ（女）＝チノ
15. チノ（男）＋ネグロ（女）＝レチノまたはクリオリョ
16. クリオリョ（男）＋ネグロ（女）＝トルナ・アトラス▼13

文法、遺伝学、数学、目的論が入り交じって、クリオリョとアフリカ人を両親に持つ子どもは必ずアフリカに「戻る」としたり、ザンバイゴとムラータを両親に持つ子どもは「宙に浮く」としたりする分類ができあがった▼14。一旦分類されると、この分類表が押しつけられた。すなわち、女性の身体、労働者、税金、宗教、財産権が同時に管理されたのである。植民地国家では、まずは銀貨を得るための労働力、次には欧州で売って利益を上げるための農作物を生産する労働力のニーズを満たすように新たな性質の新たな分類が設けられた。こうした政府による分類の一つひとつに特別の義務、特権、純血性や税金などの事類がついてまわった。その結果、誰かの生命は別の誰かの生命よりも文字どおり安価になったのである。[15]

自然科学はこの分類を固定するために一役買った。スウェーデンのカール・リンネ（1707～78）は、種の特定に現在でも使われている体系を作り上げた。1735年の著書『自然の一般体系（*General System of Nature*）』で、リンネが示した分類では人間が哺乳類に分類され、人間は霊長目ヒト属ホモ・サピエンスになる。だがリンネは別の種類のホモ・サピエンスも加え、外観と性質の差異に注目した。

分類　**哺乳類**

Ⅰ　霊長目すなわち遺伝的な分類

門歯が上側に4本並ぶ、胸部に乳首2つ

ヒト属

サピエンス　昼行性人、教育および環境により多様性に富む

多様性としては以下のとおり

1．**野蛮人**　四足歩行、言葉を話さない、毛深い。

2．**アメリカ人**　肌は赤銅色で短気、筋肉はまっすぐ。**毛髪**は黒く直毛で多い。**鼻孔**は広い。**顔面**はきめが粗い。**顎ひげ**はまったくない。**気質**は忍耐強い。身体に細い赤い線を描く。慣習に縛られる。

3．**ヨーロッパ人**　白色、楽観的、肉づきがよい。**毛髪**は金髪か茶髪で、長い。**目**は青い。**気質**は軽快で才智があり、創意に富む。ぴったりした衣服を着る。典礼に支配される。

4．**アジア人**　うす黄色、陰鬱で、しゃちこばっている。

毛髪は黒い。**目**は黒い。**厳格**で横柄、強欲。ゆったりとした服を着る。意見に支配される。

5．**アフリカ人**　肌が黒い。気力に欠け、筋肉はしまりがない。
毛髪は黒く、縮れている。**肌**のきめが細かい。**鼻**は低い。**唇**は腫れぼったい。**ずる賢く**、怠惰で無頓着。身体に油を塗る。移り気によって支配される。

奇形人（モンスター）　土地、人為による
この種の型は以下のとおりである

1．**アルプス人**　小さくて活発だが、気が小さい。
2．**パタゴニア人**　大きく、怠け者。
3．**単睾丸人**　生殖力が衰えている。
4．**アメリカ人**　ひげが薄い。
5．**中国人**　頭が丸い。
6．**カナダ人**　頭が平たい。▼16

一部の人間、例えばヨーロッパ人は穏やかで才智、創意に富むとするその一方で、その他の人間は生理的、気質的に劣るとはっきりと特徴づけた。科学が人種に序列をつける根拠を示し、その序列によって植民地主義的な文明化という使命が合法化されたのだ。リンネの分類学によって、一部の人間の身体が資産や負債の手段とみなされるようになっただけではなかった。これがさらに高じ、人間の身体と生命が、その序列の頂点に立つ人びとによって動かされる国家統治の対象とするという科学的根拠までもが示されたのである。

これを包括的に理解するために、図6の絵について考えてみよう。これは18世紀に人気のあった風俗画、**カスタ**絵図だ。こうした絵図は、ニュースペインでの活動を絵で伝えようとした植民地の役人たちの依頼によるものが多かった。彼らは、欧州で広まっていた好ましくない（かつ正確な）おそろしい貧困と強奪についての物語ではなく、気品のある文明的な計画の活動として伝えようとしたのだった。スペインでは、こうした絵の多くは個人的に所有されていたものだったが、国立歴史書庫などで公開されていたものもある。自然博物館の先駆けであるこの民間施設ではマストドンの化石や中国の銅鑼も見ることができる。[17] こうした場で展示されている人間図は、自然やジェンダー、労働、社会、文明をわかりやすくかつ整然と結びつけていた。

国民に序列をつけるというこの科学的プロジェクトは、北の先進国でも南の発展途上国でも存続している。それは、宗主国たる英国が国民化をめぐる言説にこれを含め、浸透させたことが大いに関係している。

自然、文明化、英国の植民地国家

スペインの植民地をめぐる関係は、スペイン国家やその債権者たちの要請、とくに労働力とその管理が必要とされたことからできあがった。英国の資本家も労働力を気にしてはいたが、それ以上に土地の方が気がかりだった。[18] 安価な労働力は囲い込みやケルト人を征服したことで確保しており、英国の植民地主義にとっては安価な土地を手に入れることの方が優先だったのだ。英国は領土を確保する必要性によって拡大し、その所有権を確保する統治方法を考え出した。その土地に住む人間に順位をつけ、管理し、その権利と所有権を確保することが英国の植民地事業の中心だった。自国で開発された社会的統制の手法の多くは、イングランド初の大規模な植民地であるアイルランドで実践され、洗練されていった。1542年に

図6　ルイス・デ・メーナ作『カスタ絵図』、1750年頃。所蔵：Museo de América, Madrid. 出典：Cline 2015, 218.

ヘンリー7世がアイルランド国王であると宣言したことは、アイルランドにおけるイングランド（後に英国）の辺境が、国内政治の前哨基地と地方の植民地としてどのように機能したかを探るために役立つ瞬間だ。[19]本書の導入部で取り上げたが、イングランドはダブリン周辺の地区を杭で囲い込み、アイルランド人を領土外に追い出した。この地区から「農園」を始め、アイルランド人に農業の仕方を教えるモデルとして敢行したのである。16世紀後半にはモデルとした農園でさまざまな実験が行なわれ、自然を管理するための具体的な仕組みや政治的な仕組みが示された。[20] 1人の地主が広大な土地を所有し、借地権を設定し、職人を住まわせるといった制度もそうした実践に含まれた。[21]農園では牛や羊を飼い、小麦を育て、材木を製材し、ホソバタイセイやセイヨウアカネ（青や赤の染料の原料だ）、大麻といった特殊な植物も育てていた。[22]

当初に入植した人びとは、当時の国際法に従って土地を取得するのに苦労した。英国の最初の農園はアイルランド人地主からの借地だった。その他の場合は、正当な戦利品として敵国から接収した軍事的な略奪品だった。それにもかかわらず、すんなり進むわけではなかった。英国の大量生産型農耕と、アイルランドの小規模な牧畜による食料供給制度とが相容れなかったからだ。アイルランドでは、貴族に支配されるよりも血縁によるつながりの方が強く、相続では資産を長子が相続するのではなく相続人で分け合うのが基本だった。[23]アイルランド人は実力行使に出た。イングランド人が囲い込んだ土地で家畜を飼ったのである。イングランド人は植民地での財産を守るために軍を動員して対抗した。[24] 16世紀に起きた反乱によって、次の17世紀には新たな戦略が講じられ、それまで以上に強引で暴力的な農園制度が推進された。アルスター植民地は、イングランドによる直接統治が一層強化され、イングランドは、自然や社会を管理するための実験を行ない、そうした実験は他の場所でも行なわれた。民間企業に権利を持たせ、北方中心部に位置するデリーを植民地化したことなどがその例だ。一方、先住民による抵抗運動は一方的な武力で抑えつけられ、この暴力は植民化のためという新たな理屈で正当化された。アイルランドにイングランドが存在する法的条件が議論され、国際法が整備される一方で、その存在の必要性の根拠として次のような考えが取り入れられるようになった。「臣民が野蛮を脱して文明化するよう、あらゆる合法的かつ正当な手段を行使することは、国王が良心の下で遂行すべき義務とされてきました。……(今、アイルランドの)土地の半分は荒廃するにまかされています。居住者のいる土地は本来の価値の半分しか改良されていないからです。しかし、入植者をそこに住まわせ、土地を十分に耕し、肥料を施せば、500エーカーの土地が、現在の5000エーカーの土地よりも高い価値を持つようになるでしょう」[25]。宗主国のある弁護士がソールズベリー伯爵に送ったその主張によると、そのような肥沃な土地を効率的に生かすことのできない人びとに任せておくことは社会的な犯罪に等しかった。アイルランド人が残忍な民族であり、そのために土地を有効活用できないのは彼らが野蛮であることを裏づけるものだった。自然、容赦のない開拓事業、新たな序列と経済が一緒くたになって互いが作り出されていた。この過程がアイルランドの開拓地から新世界へと展開したのは、英国でもっとも尊敬されていた英雄の一人フランシス・ドレイク卿の武力と、自由主義の最高の聖職者ジョン・ロックの筆力のおかげである[26]。

大西洋開拓地での自由主義的管理体制

英国植民地国家は、大西洋両側の才能と技術を利用した。フランシス・ドレイクは、アイルランドの先住民を残酷なまでに弾圧する方法を学んだ。彼は1575年に北アイルランド、ラスリン島の住民虐殺に手を貸し、その後新世界でより高い爵位に就き、財貨を手に入れた[27]。それ以上に重要なのは、国が植民地開拓に乗り出せるように国家を運営し、法的な正当性を構築することだった[28]。その中で、自由主義的植民地主義の申し子としてジョン・ロックが登場したのである。ジョン・ロックの私有権と人格についての考え方は、植民地行政官としての経験に深く根づいている。ロックは、1682年に導入されたカロライナ基本憲法を書き直すと同時に、『統治二論』の第5章「所有権について」を執筆していたところだった。カロライナ基本法には、「カロライナのすべての自由人は、自らが所有するネグロ奴隷に対して絶対的な**権力**と権威を持つものとする」とある。この**権力**を追加したのがロックだ。[29]『統治二論』で「人は誰でも、自分自身の身体に対する所有権を持つ。これについては、本人以外の誰もいかなる権利も持たない」と明記した、そのロックがである。[30]

この2つの立場を一致させるために、多くの論文が書かれてきた。ロックはその一生で奴隷についての考え方を改めたという説がある。だがこれは、彼が人生終盤に就いていた通商植民委員会での仕事と矛盾する。委員としての活動において、ロックは奴隷労働によって作られた物品を容認していたように見受けられるからだ。近年の解釈では、ロックは、財産と正しい戦争によって得られた捕虜の扱いについて提案したとするものに説得力がある。この解釈は、ロックの提案が、後援者であり、カロライナの植民地所有者の一人であったシャフツベリー伯爵がカロライナで実現をもくろんでいた内容に一致しているとする。当時、植民地所有者がもっとも関心を持っていたのは先住民を捕獲して奴隷とし、移送することだった。ロックの理論によって、植民者がカロライナと呼んだ土地に侵入してきた植民者を撃退した際に捕らえたクーサ人の男たちを合法的に所有し、売買する道が開かれた。戦利品として手に入れた先住民奴隷には何の権利も与えなくてよかった。[31]ロックはその根拠として基本法を用意した。アフリカ人奴隷については、ロックは沈黙したままだった。換言すれば、近代政治思想において長く残る矛盾の一つが登場したのは、自由論を体系化する中で見落とされてきたからではなく、自由主義に関わる重要な哲学者の一人が仕事を得るために作り出したからなのだ。

これが、植民開拓地において近代的な自由主義的主体が形成された背景だ。近代的な法人が所有を許されたその財産の範囲と同程度に厳格に定義され、管理されたことは驚くにあたらない。[32] この懸念を18世紀の科学的人種主義と融合させると、自由主義的な主体というものが単に人というだけではなく白人でもあったことがわかりやすくなる。

自由主義的な主体の範囲がもっとも明確に示されたのは、奴隷が自分を所有するのは自分であると主張しようとした時だった。フランス革命中の１７８９年に公布されたフランス人権宣言は、すべての人が自由であり平等であると宣言する。この人権宣言は、世界最大の砂糖生産地であり、フランスの植民地であったサント・ドミンゴの奴隷に、自分たちは他者の所有物になるのではなく自分自身が所有者であること、自分たちも「市民」[33]になれるという現実的な可能性を示した。これは、広範囲に及ぶものではあったが、ほぼ即座に抑えつけられた革命の核心にあった概念である。１７９１～１８０４年まで続いたハイチ革命は、奴隷による反乱と抵抗という長年に及ぶ歴史に基づいて起きたものであり、現在のハイチの建国につながった。[34] だが、島の所有権とそこに住む人びとの生活は依然としてもてあそばれる状態だった。フランスは植民地を取り戻そうと20年を費やし、１８２５年に最終合意に達した。ポルトープランスに軍艦３隻を派遣し、奴隷その他の財産の損失に対する賠償として１億５０００万フランを要求したのである。[35] 賠償金が完済されたのは１９４０年代だった。[36]

ハイチ人は、自分たちの反乱が自由主義的な大西洋沿岸国の繁栄に対してどれほどの脅威になるか、自分たちがどの程度「市民」の範囲外に置かれているのかを見誤っていた。彼らは武力的にも財政的にも、そして思想的にも取り締まりを受け、自然（ネイチャー）と社会（ソサエティ）との分断においては自然（ネイチャー）の側に置かれていることを思い知らされた。しかし、ハイチ人が自分たちの運命を自分たちの手で管理したいと思ったことは責められるべきことではない。とりわけ、その運命の本質についての新しい考え方が、印刷機によって拡散できるあらゆる場所で登場した時代においてはなおさらそうだ。結局のところ、マスコミュニケーションという技術を通して功績、出自、未来性というすばらしい観念が交換されたのだ。これらの観念は、国家が未来へ進むためのまさしく旗印だった。[37] ハイチ人が闘ったのは、国家ではなく**国民**国家を求めたからなのである。

国家と国民

ナショナリズムに関する決定的な書籍である『想像の共同体――ナショナリズムの起源と流行』の中でベネディクト・アンダーソンは、ナショナリズムが繁栄するためには、聖職者と君主の権限と、その真実を知る権利が打ち砕かれねばならないとしている。これらの土台が崩れて初めて、国家における共同体の基盤が再構築されるのである。印刷機が出現したことによって、真実の源としての聖書や勅令に代わって、新たな権威を象徴するテクストや地図、記録が広まった。印刷機からは、共同体を作り出す日常的な手段である新聞だけでなく、土地独特の言葉や領土の複製が生み出された。地理学者と地図製作者が帝国の最高位に位置づけられ、地図製作は国家だけでなく（トマス・ホッブズは素人ではあったが熱心な地図製作者だった）、その国の市民を結びつける新たな物語、すなわち民族の血や国土についての物語を定義する役目も果たした。[38] 18、19世紀には、欧州で**人民**、**故国**、よき英国人の起源を説明する物語が書かれ、さまざまな娯楽的な民話を用いて国民としての純血性が明確に定められた。これらの作り話は中間層や貧困層の話し言葉で印刷され、新しい情報伝達手段によって利用できるようになり、購入できるようにもなった。印刷機によって、情報と知識がどのように伝えられるのか、共同体がどのように作り上げられるのかが変わったのである。

神権国家や貴族国家は、啓蒙的な（厳格に限定された）平等と自己所有の概念の下で選挙権を拡大した新たな国家主義的なブルジョワ民主主義国家に道を譲った。中産階級の人びとは、自らの言葉を使って紙上で語ることで、大衆を歴史に招き入れたのである。トム・ネアンが指摘するように「招待状は彼らが理解する言語で書かなくてはならなかった」[39]からだ。アンダーソンはネアンの概念を発展させ、これらの新たなテクストには独自の政治経済があることを認識した。民衆の解放という構想を流通させることで儲けることができたからである。金銭的な関心と識字率の向上は、国民的な虚構が成立するための前提条件だった。ナショナリズムという概念が一旦活字になると、それ自体が資料となり、翻訳され、複写され、印刷され、海賊版が作られ、歪められ、再配布され、利益を生んだのである。若い世代の読者にとって、国家とは、好意的に受け入れられ、共有され、捏造され、語られることで重要なものとなった。

人種、国家、印刷資本主義は密接に結びついた。安価なケアと安価な労働を必要とする戦略は、社会（ソサエティ）と自然（ネイチャー）との境界で人間の身体が読まれ、分類され、管理される人種的な序列を作り出し、作り変えた。国内における序列を固定化し、その報酬として将来の国家の偉大さを示す印刷物や物語がこうした序列を流通させ、確かなものにしたのである。アンダーソンはこう記した。

> ことの真相は、ナショナリズムが歴史的運命の言語で考えるのに対し、人種主義は、歴史の外にあって、ときの初めからかぎりなく続いてきた、忌まわしい交接によって伝染する永遠の汚染を夢見ることにある。ニガーは、目に見えぬタール刷毛のおかげで、永遠にニガーである。そしてアブラハムの子孫のユダヤ人は、どの国のパスポートを持っていようと、どの言語を話しまた読もうと、永遠にユダヤ人である（したがって、ナチにとっては、ユダヤ系ドイツ人とは常に他人の名をかたる詐欺師だった）。
>
> 人種主義の夢の起源は、国民の観念にではなく、実際には、階級イデオロギー、とりわけ、支配者の神性の主張と貴族の「青い」血、「白い」血、そして「育ち」のなかにある。とすれば、……全体として、人種主義と反ユダヤ主義は、国民的境界線を越えてではなく、その内側で現れる。別言すれば、

それは、外国との戦争を正当化するよりも、国内的抑圧と支配を正当化する。[40]

国家的な序列の維持は戦場だけでなく、家庭の台所や寝室なども含めてあらゆる所に広まった。国民神話は具体的で物質的で親密なものである。性的な習慣（文学が大量生産されたことでより頻繁に告白されるようになった）[41]は、国家主義者にふさわしいテーマとなった。例えばフランスでは、ジャコバン派がセックスワーカーは革命の敵だとして訴追した。[42]国家の具体的特徴は食べ物にも表れ、国家主義者の関心を集め続けている。アップルパイを好む米国のような、ローストビーフを好む英国のような、牛肉を食べないインドのようなといった、「『（食べ物）』を好む『（国名）』のような」という言い回しは、長く読まれている作品を通じて現れる。[43]肥満と食習慣と国民性について書かれた最初の書籍は、1733年にジョージ・シェイニーが執筆した『英国人の弊害（*The English Malady*）』だった。[44]

ナショナリズムの概念を通じて市民を監視する国家権力は、通貨や食料の純度を守るための生産労働や再生産労働から、精神衛生政策などあらゆるものに及んだ。しかしハイチの例が示すように、ナショナリズムの概念と技術を取り入れて広めたのは欧州の中産階級だけではなかった。運命共同体という考え方が、ときには入植者に反旗を翻すこともあった。

南の発展途上国では植民地支配からの解放を求める闘いが、それぞれの国家の運命を生み出した。英国人がセポイの反乱と呼んだ、1858年のインド大反乱はナショナリズムの衝突だった。課税や収奪、不正をめぐる長年の憤りが高じ、インド人兵士たちが英国側への協力を拒んだ事件である。きっかけは薬包だった。とくに、英国が1853年型のエンフィールド銃用に新たな薬包を支給したことだ。その薬包が豚脂と牛脂が塗られた紙に包まれていたのである。ムスリムとヒンズー教の兵士たちは、薬包の端を口で噛み切ることという製造側の使用説明に従ったことで天罰を受けたくはなかった。一方、英国人将校たちは従うように強く主張した。その後に起きた反乱は、インドからジャマイカへと一連の暴動が起きるきっかけとなった。

英国では、この反乱が植民地主義を原因として起きたものではなく、インドが永遠に異なる国であることを理解しなかったせいで起きたと考えられた。ヘンリー・メイン卿はインドを文明化し、キリスト教に改宗させるのではなく、新たな戦略を提案した。[45] その戦略とは巧妙かつ強力なものだった。「先住民」というカテゴリーを設けるという、今日でも続いている統治の技術である。それを通して英国政府は、異なる宗教共同体やその中の宗派を法的に作り出し、管理することに目を光らせ、臣民の生活に対する国家の統制を深化させた。この戦略は、反植民地を掲げる抵抗運動から誕生したものだ。これに対し、マフムード・マムダーニは、「進歩の脅威に対して真正性を保護すると主張することで、植民者は先住民を定義し、固定した」と論じている。[46] これは、「定義と支配(define and rule)」という3つの単語で言い表せる、安価な生命に対する戦略である。[47] この体制は、南アフリカからインド、カナダからペルーに至るまで多数の植民地独立後の国家で確認できる遺産である。しかし、「先住民」という政治的な技術を用いるだけでは英国東インド会社によるインド支配の終わりを防ぐことはできず、インドではその蜂起が注目に値する瞬間になった。[48] 19世紀から20世紀にかけて、南の発展途上国のあちこちで国家独立を求める闘いが勝利した。しかし、これらの新たな国民国家は資本主義の生態学の中に存在したままであり、その結末は21世紀にますます明確になっている。

代替的なナショナリズム

自らが国家の中心であると自認する団体が、与党の自由主義的で国際主義的な野心によって自分たちの運命が妨げられていると感じて、その代わりに、テクノクラート的統治の権威を体現した人物に投票した国を思い浮かべてみよう。イスラムやその他のテロリストが国家の命運を挫折させようとするたくらみから国を守ると約束した人物だ。この国では、国民概念や宗教観、国際主義者による失敗と受け止められた歴史認識、国威に対する裏切りという発想によってある指導者が大衆受けする有利な立場へと押し上げられた。その人物は、ソーシャルメディアにおいては誰が見ても透明性があるのだが、裏取引においてはまったく不透明だ。この人物が統治者となったことで、すでに裕福であった階級はさらに裕福になったのだが、富の移転がなされたのはテロとの戦いや民族的な反対勢力との戦いが注目を集めるほど騒々しく遂行された時だった[49]。念頭にあるのはインドのナレンドラ・モディだが、彼の出世は、自由国際主義を掲げた特定の覇権主義的な体制にとって数多くある混乱の一つだ。

本章の冒頭で取り上げた覇権という概念は、決して確実なものでも保証されたものでもない。常に武力と説得によって維持されるものである。どのような国であれ、国民国家における労働者の役割は、覇権主義的な勢力圏においては従属者たる存在でいることだ。国家とは永遠に流動するフィクションであり、その運命を解釈して秩序あるものとするために書き直されるものであり、現在もそうである。しかし、国民とその経済的運命という概念は、特定の覇権主義勢力だけのものではない。実際、われわれが今日経験しているような資本主義の危機的状況において、国家の運命に関する別の解釈が浮上してくるのはこのためである。資本主義の生態学の論理、すなわち安価にされたモノの仕組みは、運命の**共有**というナショナリズムの文言と対立してきた。資本主義の富があからさまに集中し、62人が地球上の最貧困層35億人と同じだけの富を所有している中、自由主義圏の覇権が崩壊し始めていることは驚きではないだろう[50]。これは「グローバル・ファシズム」と呼ばれる現象で、ずっと進行しているものである[51]。

21世紀においても、集団的アイデンティティという不安は16世紀と同じくらい不透明な瞬間に現れ、貿易に対する懸念や経済的な不安定に対する懸念がこれに拍車をかけている。国民国家がこれからどこに向かうのかという疑問は未だ解決していないが、今世紀において目撃したことのないような恐怖政治から、より解放された世界までいくつかの可能性がある。

しかし、国家概念、すなわち多数の人びとによって伝えられ、議論され、生活の場となっている共同体や将来への展望が自動的に有害で権威主義的なものになるわけではない。[52] とりわけ、多くの国がそうであるように、それが資本主義の生態学に対立しているのなら尚更そうである。アメリカが500以上の民族からなる国であり、米国先住民事務局は566の先住民を認めている。オーストラリアは同じくらいの数のアボリジニ先住民を登録し、カナダは600以上だ。インドには255の先住民がおり、人口の7パーセントを占めている。近年の研究や活動を通して、先住民族団体は家父長的でない先住民族国家とはどのようなものかを模索してきた。主には、ケア、自然、労働をめぐる関係について再協議することと、国民・国家という二項から国家を排除した統治体制の下で領土を管理することを含むのだろう。こうした関係性がどこに行きつくのかはまったく不透明だ。

Kino-nda-niimi Collective〔先住民のルーツを持つ作家、アーティスト、編集者、学芸員などで構成する団体〕は活動家の集まりで、カナダのアイドル・ノー・モア運動〔森林や河川の保護の廃止を含む包括的な法案が提出されたことを受け、2012年12月に女性4人が結成した団体。そのうちの3人は先住民のルーツを持つ〕に関わり、資本主義の生態学の外側に置かれた国家で生きるとはどういうことであるかを連続するいくつもの視点で示している。[53] グレン・ショーン・クルサードは著書『レッド・スキン、ホワイト・マスク（*Red Skin, White Masks*）』において、この新たな国家的事業で国と関わることのリスクについての教訓とともに別の視点を提示している。[54] 彼の言うとおりだ。現在ボリビア多民族国と呼ばれている国では、先住民出身のリーダーたちが鉱山採掘で得た資金で福祉制度の拡充を図っている。この新しい国民国家が資本主義の生態学との決別になるのかどうかはわからない。アンデスの大地の女神であり崇拝の対象でもあるパチャママを守るためとしながら、政府はこの女神の破壊を許可しているくらいなのだからだ。[55]先住民や、生命の網について別の視点を持つ他の民族が選挙で当選しても、これまでにないような変化が保証されると楽観的に考えているわけではない。しかし、北米の採掘現場周辺にある居住地をはじめとして、他の入植居住地で軍事化が進み、ボリビアでは一層大胆な変革を求める声が続く中で、そうした試行錯誤が目標を達成し、代替的なナショナリズムにおいて生命が再評価されるかもしれないことは希望の源である。

結論に向かうにあたり、なぜ生命を取り上げた章が安価にされるモノを主題とする本書に含まれるのかを繰り返しておく価値はある。「はじめに」では、資本主義の生態学における戦略として自然（ネイチャー）が社会（ソサエティ）に一体化させられる過程に触れた。本章では、国家に認識され、序列化されたものとしての人間の生命という概念が、人種差別的で家父長的な序列の中でどのように展開してきたのかを示した。国家はその序列において人間の生命を管理する。その序列はわれわれの前におのずと現れ、われわれはそれを通して国民として生きている。国家を再定義すれば白人至上主義を終わらせることができると想像してしまうと、資本主義の生態学における国家の近代的なあり方を作り上げた一連の権力作用を見誤り、国民国家の持つ歴史的な慣性を過小評価することになる。革命的な政治を実現するには、開放的で脱資本主義的な統治と思考が必要だ。終章でわれわれの分析がめざすのは、そうした政治学の地平線である。

終章

安価なモノは魔法のようにできあがったわけではない。近代世界において、アイデアと征服と交易とが力ずくで練り合わされて登場したのだ。その中心には、当初から、結びつけられた一連の二項が存在していた。社会(ソサエティ)と自然(ネイチャー)、支配者と被支配者、男と女、西半球とそれ以外、白人と非白人、資本家と労働者、という具合である。これらの二値は世界について解説し、分類するように機能しただけでなく、ほぼすべての人間とその他の自然の生命を**実質的に**支配し、安価にした。資本主義を権力と資本と自然から成る世界─生態論だと理解すると、これらの一方が他方にいかに深く埋め込まれているか、権力者がこれら二項の間にある明確な境界をいかに取り締まってきたか、これらの境界がどれほど激しく対立させられてきたかがわかる。

奴隷、先住民、女性、労働者は、すでに見てきたように排他的な分類ではないが、当初から常にこれらの結びつけられた二値を味わわされ、それに**抵抗**してきた。資本主義の黎明期においてさえ、マデイラでは自由労働者と奴隷労働者が交流し抵抗した一方で、開拓地では問題が起きていた。労働者の命が軽く扱われ、主人や雇い主からは侮辱を受け、彼らが反撃していたことだ。当時も今も、先住民や労働者の多くは資本主義の生態学に織り込まれることに抗っているため、政府はそれに対応せざるを得なくなり、投資家は新たな作付けをする土地、新たな命じ方、新たな利益獲得方法、新たな採取方法のモデルを求めざるを得なくなった。

人間は資本主義的戦略を経験し、それに対応するが、それが成功するための卓越した指南などはない。存在していないからだ。政治は、自分たちが生きている時代の思想でできている。われわれは資本主義の生態学の産物だ。それゆえ、「はじめに」で論じたとおり、この生態学が産物たるわれわれを使って作り出した状態変化に対する備えができていないのである。例えば、安価な自然という問題に対処しようとする現代的な取り組みについて考えてみよう。デカルト的思考と資本主義的思考とを融合させた現代的思考を理解したいのであれば、まずはインターネットでエコロジカル・フットプリント計算を検索して、その質問に答えて欲しい。すべての人があなたと同じように生活している場合、あといくつの惑星が必要になるかがわかる（平均すれば、地球4つだ。自慢できるものではない）。先進的な環境活動家は、このエコロジカル・フットプリント計算を使って地球の環境収容力が人間によって限界を超えていることを強調する。[1] 1960年代以降、彼ら環境活動家は**人口過剰**を「人口密度ではなく、人間の活動を維持するための環境資源と環境収容力に対する、ある区域における人口数[2]」で測っている。言い換えれば、過剰人口は環境収容力の計算によって決まる。こうした環境収容力を当然の前提とすることは、将来起きるであろう環境破壊を北の先進国と南の発展途上国の貧困者層と労働者層の責任として押しつけることになる。なぜかと言えば、貧困者や労働者は、フットプリント計算を作成した人びととある程度同じ恩恵を求めようとするからだ。そのようなマルサス的な考え方をする以上、悲劇は不可避であり、必然的に人種差別的なものになる。

生産、商品、再生産の限界を定めるのは、われわれが身を置く制度だけだ。その限界は内部的でも外部的でもない、両方の側面があり、権力、生産、自然という資本主義の生態学によって結びつけられている。

一人ひとりのフットプリントを確認すれば、消費とは、社会的に強制される論理ではなく「生活様式の選択」[3]によって決定されるものと考えるべきだということになる。住み慣れた土地が高級住宅地となったために転居し、1時間の電車通勤を強いられた人のエコロジカル・フットプリントは生活様式の選択とは関係がない。土地から追い出された英国の農民が賃金労働に就くか、餓死するかの「自由」を得たのと同じ選択なのである。さらに悪いことに、フットプリントの考え方では、地球危機を促すのは資本主義と帝国という制度的力学ではなく、「人間」と「消費」という集合体だと考えるべきだということになる。13世紀、飢餓、伝染病、封建主義的な危機に瀕する直前、ノルマンディー地方の領主たちが農民の自由に任せていたら、はるかに多くを収穫していた可能性があったことを思い出してほしい。今日、農民たちは同様の主張をしている。農業生態学に適した農業を行なえば工業化農業よりも収穫量が増え、より多くの炭素を封じ込めることを示す証拠を持っているのだ[4]。女性が自らの身体の主権を求めて闘う女性運動は数多くあった（多くの成果を上げているが、その一つは出生率の低下だ）。しかし農民の自治もフェミニズムも、炭素計算という個別の作業の選択肢ではない。エコロジカル・フットプリントは、昨今の環境活動的な多くの概念と同様に、資本主義の進歩に伴って自然（ネイチャー）を社会（ソサエティ）から切り離すものなのだ。われわれが最初に示したものを思い出してほしい。人新世だ。

フットプリント計算を擁護するために問いかけてもいいだろうか。フットプリント計算は惑星の危機、新たな時代の気候変動、大量絶滅といった現代的な現実を認識していないのだろうか？　答えは、認識している。だが、これらの思考のあり方は、今の破滅的な現状を説明するにあたって、現在とは長い過去の産物であり、生命の網に織り込まれた権力、資本、階級という血にまみれた歴史の産物であることを一貫して相当に過小評価している。問題は、われわれが人口、自然、限界を**どう**理解するかだ。カリフォルニア大学バークレー校の地理学部教授ネイサン・セイヤーはこう説明する。

環境収容力に限界があるという考え方は、それによって明示しようとする限界が存在しないとか意味がないということではまったくない。そうではなく、要はそうした限界は予測や制御はおろか、静的で定量化できるものでもないということなのだ。世界を船に喩えることはできるが、それによって世界が船**のように**なるわけではない。時間と歴史を抽象化して――どことなく理想化された自然に本質的なものであるかのように――環境の限界を考えることは、実際には現実の見本でしかないものをまさに本物の現実だと思い違いすることだ。環境収容力の概念が、その歴史の中でずっとつきまとってきた理想主義、均衡状態、数値を用いいずしして何らかの内容を持つかどうかは不明だ。明らかなのは、理解するためのツールとしてはこれが非常に冴えないものであるということだ。[5]

運よく、生命の網の中でわれわれの関係性がいかに異なるかを理解するための鋭い手段を持つ運動がある。ポスト資本主義的な反覇権主義を発展させるにふさわしい運動だ。[6]

例えば国際的な農民運動ビア・カンペシーナは、気候変動の重大性と、自然と人間の生命に対する新たな形の尊重が重要であることを理解している。[7]メンバーの多くは農業生態学の実践と「女性に対するあらゆる形態の暴力の撲滅」[8]だけでなく、安定性の実現――信用取引、穀物貯蔵、エネルギー、農業改良普及事業など都市部と地方との格差是正策の利用――が必要であることも理解している。

入植植民地である米国では、ムーブメント・フォー・ブラック・ライブズが化石燃料、地域金融機関、軍事化から絶対的な補償についてまで、あらゆる政策概要を作成している。[9]障害者の権利運動は既存の公共空間についてだけでなく、人種、ジェンダー、階級についても批判してきた。[10]南北アメリカ大陸の先住民の女性たちは過去6世紀の大半にわたって資本主義の生態学の最前線で身体を張り、その暴力に目を向けるよう声を上げ、可視化してきた。[11]アイドル・ノーモアがカナダで行なった抗議行動や、ノースダコタ州スタンディング・ロックでの抗議行動は、脱植民地化と、権力の植民地性に向き合うことに特化している。アルゼンチンの社会主義フェミニスト運動であるブレッド・アンド・ローゼズは、夫による妻の殺害に抗議する活動を組織している。気候変動の出口戦略についての提案は、資本主義を超越する運動体が必要とする資源の大胆な再分配を検討するさまざまな思想家と活動家の間で、組織化し結集する重要な論点を示している。[12]

資本主義の最前線で、地域社会は幾重もの前線を経験するだけではなく、抵抗しつつ、複雑で体系的な対応を発展させつつある。[13] 英国のリクレーム・ザ・ストリーツの活動家で共同創設者でもあるジョン・ジョーダンは、抵抗と代替提案は「社会変革というDNAの二本鎖」だと主張する。[14] この変革の発展には資金と空間が必要だ。生命の網と人間との関係性、生命の網における人間の関係性を同時に作り変える階級闘争にロードマップなどない。資本主義の生態学がわれわれを創造したのだとしたら、われわれが生まれ変わるには、お互いを作り出し、助け合う新たな方法を実践するしかない。すなわち、人間のもっとも基本的な関係性を作り変え、考え直し、生き直すことを実践するしかないということだ。

その取り組みへの寄与として、現在進行中の重要な組織化を補完するためのアイデアを示したい。生命を認識した上で、資本新世に収まらない規模と時間枠で過去と現在をこれまでとは異なるように認識するために役に立つアイデアだ。全体的な変化は起きないと絶望している人がいるかもしれないが、革命の歴史とは予期せぬことと予想不可能なことが起きる歴史である。資本新世以降、人間、そして人間が形を変えた生物が地球上の他の生命とともに生き残っていくことは大いに期待できる。これを**修復的生態学**と呼ぶことにしよう。このアイデアをうまく翻訳することは難しいが、例えばフランス語では réparation du préjudice écologique（生態学的損害の修復）であり、人間が破壊した環境を修復するという意味だ。だがこれには欠陥がある。修復可能な自然という概念が時代遅れであること、虐殺と征服によって開発された手つかずの自然という幻想に基づいていることだ。

ここでは、もっと大胆に、これまでとは違う考え方をしてみよう。修復を、資本主義の生態学がどのようにして世界、および人間が考えて行動する力を作り上げたのかを知り、これまでとは異なる生命との関わり方を学ぶ一手段として用いてみるのだ。修復を金銭的な条件でのみ捉えることは断じてしない。これは、損害を探すためでも、資本主義の生態学の結果としてもっとも大きな犠牲を被った人を探すためでもないからだ。気候変動と環境汚染の影響を受けた女性や先住民、被害を受けた人びとのように今の世に生を受けたことだけが間違いであり、本書の読者のような人間の行動のせいで明らかに生活が悪化した人びとがいることを理解した上で、われわれはどのように自分たちの生活を変えることができるだろうか?

そうしたプログラムには大きく言って、認識、補償、再分配、再考、再生が必須だ。

認識

世界－生態論を理解するとは、過去と未来に向き合うことだ。人間と自然界とを分け隔てる生き方と考え方は永遠に続く現実ではなく、歴史的な現実だと認識することである。さらに資本主義のバイナリコードは、単なる記述ではなく、人間とその他の自然に序列をつけ、その価値を貶める規範的なプログラムでもある。われわれが求める認識とは、個人的な回復を意図するものではなく、制度的かつ全体的な回復を意図するものだ。政府や企業から、社会問題に取り組む団体まで、人間と人間が作り上げてきたものとの関係性を社会制度のレベルで認識することは必要であると同時に危険でもある。第4章で用いた比喩を使うと、これらの制度は往々にして毛色の変わったものであるかのように研究されており、環境と「環境形成」との根本的なつながりは多々その枠組みから抜け落ちてきた。国家はこの認識の過程において、認識の対象としていたまさにその集団を裏切ってきた。未だにそうであることは、場所を問わず国家と先住民との現在の関係を見ればわかる。グレン・ショーン・クルサードはカナダの先住民の闘いから教訓を得て、国家を超越して生きようとするのなら国家との関わりを制限しなければならないと示唆している。[15]しかし資本主義の生態学を眺めているだけでは十分ではない。これを変える必要がある。ゆえに補償が必要なのだ。

補償

苦痛と補償を簡単に求める計算方法はない。そうした方法を求めることは、古代エジプトの『死者の書』が貸方と借方を使う複式簿記会計の一分野だというようなものだ。補償とは、それほど簡単なことでも最終的なことでもない。グアテマラを例に挙げよう。ダイアン・ネルソンの著書『請求書――グアテマラの終戦（*Reckoning: the ends of war in Guatemala*）』は書名のとおり、米国のユナイテッド・フルーツ社がグアテマラの安価なバナナを独占したことに端を発した長期戦争と、米国中央情報局（ＣＩＡ）の介入を招くことになった土地改革危機への同社の対応を網羅的に説明し、分析したものだ。ネルソンは説明と補償を粘り強く求める闘いに目を向けている。この闘いは、最終的に戦争犯罪に対する補償の支払いに結びつき、その一部は植樹のための基金となった。ネルソンは情報源の一人について、「グアテマラ中部ジョヤバジに住むミゲラ夫人の夫は補償金を受け取ったが、バナナを植え直すためには使わなかった。夫は末の息子を米国に送る費用にせず、別の女のために使ってしまったため、夫人は激怒した」[16]と書いている。別の見方をすれば、これは補償の虚しさ、つまりあらゆることを変えねばならないのに一つのことを変えることすら絶望的であることを示しているのかもしれない。むしろネルソンは、グアテマラが何十年間もかけて潰そうとしてきた政治的努力の勝利として示したのだ。補償が当初の目的に反して使われてしまった問題は、補償をまったく得られないことよりはるかにましなのである。

国だけが損害とその後の補償について咎められるべきではないことを忘れてはいけない。企業もその責を負うべき主体だ。1984年にインドのボパールで化学工場事故を起こした加害企業ユニオン・カーバイド社の親会社であるダウ・ケミカル社や、ムーブメント・フォー・ブラック・ライブズのいう「環境による人種差別、奴隷制、食料による隔離政策、住宅差別、人種差別的な資本主義によってコミュニティから抽出した財貨」[17]を資金源とする企業について考えてみよう。釣り合いの取れた補償になることは決してない。これは、生命と苦痛を求める方程式が難解だからではなく、補償のプロセスには歴史的視点に基づいた活発な議論を伴うからだ。奴隷制や征服、階級闘争の犠牲者を代替的な指標としての「ゼロ年」を使って示すことはできない。最後に、資本主義の生態学が引き起こしたすべての損害について、誰が被害を受け、何が損なわれたのかを理解するには、金銭だけではなく、金銭以外の再分配を想定することも必要になる。

修復的生態学に費用がかかることはわかっている。前途多難である。今日、資本主義に代わるものを提示すれば、第1章で取り上げたトラスカラ州の名前不詳の魔女が4世紀以上も前に処刑された時と同様に受け止められる。1950年代に代替案を示した米国の共産主義者らは迫害を受けた。[18]今日、環境保護主義者がそれを実行すれば、彼らもまた安全保障国家の注目を集めることになる。[19]脱植民地化を実践することは、単なる連帯よりもうまくいく可能性があることから、より危険を伴う。最終的にこれは、「何を手に入れるのか?」「どうやって手に入れるのか?」と問いかけることなのである。そしておそらく挑発的な問いかけとしては、「何を手に入れたいのか?」であるだろう。これに対する回答は、市場資本主義とはまったく相容れない資源配分に関わるものだ。市場はもちろん資源を分配するのだが、われわれが考えているのは別の形の再分配である。

再分配

ネルソンが分析したグアテマラでの補償が性別によって異なる結果になった点から、犯罪に対する補償の支払い自体が正義をもたらすとは考えにくいことがわかる。それとは対照的に修復的生態学が問うのは「誰が何を得るか」ではなく、「誰が何を得て、誰が**その**代償を払うべきなのか」である。家父長制の場合、家事労働の再分配が修復的生態学の確たる部分だと思われる。同様に、そうした配分には住宅の冷暖房エネルギーと資本主義的原則に当てはまらない食料も含まれることを期待したい。どちらも共有制度に管理されることが望ましい。そうなるためには、土地、人間が人間以外の生命とつながりを持てる場所、人間が生命の網との関係性を日々更新するための区域が必要だ。これを実現するためには、想像という作業を永遠に続けていく必要がある。

再考

人間中心主義をやめ、自然（ネイチャー）と社会（ソサエティ）の抽象化をやめるには、具体的に取り組むしかない。こうした抽象化を強制する制度に抗うスタンディング・ロック・キャンペーンのような取り組みは勝利を収めることもあるが、長期的な取り組みになることは避けられない[20]。メティ族のアーティスト、ビデウェアニクウェトック（Biidewe'anikwetok）が言うように、「一度に一つの名前」、一度に一つの地図を脱植民地化していくのは、物理的な作業であり心理的な作業でもある[21]。カウンセラーに長時間話を聞いてもらわねばならなくなるような取り組みになってしまう恐れがある。気候変動を受けて登場した、環境問題を心理学的に分析するという研究の重要性を過小評価するわけではないが[22]、それらはオーク材でしつらえられたオフィスではなく、工場や野外、事務所や教室で取り組む問題であると認識することが重要なのだ。再考するということの行為が、解放するという集団行為なのである。資本主義においては、大多数の人がどのような世界に住みたいかと問われたことは一度たりともない。多くの人間が想像、しかも思いきった想像をする必要がある。なぜなら、もう何世紀もの間、それを阻まれてきたからだ。こうした夢が共有される工場や地域センター、教室、食卓こそが再考の対象なのである。修復的生態学は仕事を苦役とするものではなく、喜びを提供し、職場と生活の場が新たなものを作り出す公正なチャンスに満ちたものになることを期待しているのだ。

再生

現在、仕事の終わりを宣言することがちょっとしたブームになっているが、その前提は、単純作業はロボットが行ない、そのおかげで人間はほぼ無限の余暇にいそしむことができるという考えだ[23]。その分析には、資本主義的組織と安価な自然との密接でありながらも暴力をはらんだ関係が忘れられてしまうというリスクはあるが、人間は、植民地的遺産そのものであるプロテスタント的な労働倫理とは別に意義と尊厳を見いだすかもしれないという希望が示されたことは何よりだ[24]。これは、勤労に異議を唱えるものではない。意義があって楽しみも感じられる仕事と、労働者の闘いを通じて現れる、労働・生活・娯楽という関係を解放的に解体することの要求なのである。ここで、貢献的正義というアイデアが有益であることがわかる。米国の司法制度においては、投獄に代わり、修復的司法が一定程度浸透している[25]。修復的司法とは、事態を原状回復させるという論理である。だが、現状が十分によいものでないとか、どうしようもなくひどいものだとしたらどうなるのだろうか。クリスティアン・ティマーマンとジョルジュ・フェリックスは過酷な農業生態学について執筆する中で、土地、自己決定、生命の網のつながりに対する深い知識の応用は、賃金労働に従事するだけでなく、正義がより果たされるように貢献し、自分自身、コミュニティ、世界をよりよくする機会を得ることだと指摘する。[26] われわれは、怠ける楽しみと真面目に働く喜びを「修復的生態学」という名で歓迎するのである。[27]

これらの考え方は、安価なモノに溢れた世界を超えて、自然（ネイチャー）と社会（ソサエティ）といった抽象的なものや、資本主義の生態学が生み出した戦略に頼らずして、人間はどう生きることができるのかを想像する方法を示している。もしこれが画期的だと思っていただけるのなら、なおのこと喜ばしい。

参考文献

Abel, Wilhelm. 1980. *Agricultural Fluctuations in Europe: From the Thirteenth to the Twentieth Centuries.* London: Methuen.

Aberth, John. 2005. *The Black Death, 1348–1350: The Great Mortality of 1348–1350; a Brief History with Documents.* New York: Palgrave Macmillan.

Abramsky, Kolya. 2010. *Sparking a Worldwide Energy Revolution: Social Struggles in the Transition to a Post-petrol World.* Edinburgh: AK Press.

Abulafia, David. 2008. *The Discovery of Mankind: Atlantic Encounters in the Age of Columbus.* New Haven, CT: Yale University Press.

Abu-Lughod, Janet L. 1989. *Before European Hegemony: The World System a.d. 1250–1350.* New York: Oxford University Press. 〔ジャネット・L・アブー＝ルゴド『ヨーロッパ覇権以前――もうひとつの世界システム』、佐藤次高・斯波信・高山博・三浦徹訳、岩波書店、2011年〕

Advisory Committee for Agricultural Activities. 1951. "The World Food Problem, Agriculture, and the Rockefeller Foundation." June 21. Rockefeller Foundation Records, Administration, Program and Policy, RG 3.1, series 908, box 14, folder 144. Rockefeller Archive Center, New York. Available at http://rockefeller100.org/items/show/3780.

Agricola, Georgius. (1556) 1950. *De re metallica.* Translated by Herbert Hoover and Lou Henry Hoover. New York: Dover. 〔アグリコラ『デ・レ・メタリカ――全訳とその研究　近世技術の集大成』、三枝博音訳、岩崎学術出版社、19668年〕

Alatas, Syed Hussein. 1977. *The Myth of the Lazy Native: A Study of the Image of the Malays, Filipinos and Javanese from the 16th to the 20th Century and Its Function in the Ideology of Colonial Capitalism.* Abingdon, Oxford: Frank Cass.

Alcantara, Cynthia Hewitt de. 1973. "The 'Green Revolution' as History: The Mexican Experience." *Development and Change* 4, no. 2: 25–44.

Aldrete, Gregory S. 2013. "Riots." In *The Cambridge Companion to Ancient Rome,* edited by Paul Erdkamp, 425–40. Cambridge: Cambridge University Press.

Alesina, Alberto, Paola Giuliano, and Nathan Nunn. 2013. "On the Origins of Gender Roles: Women and the Plough." *Quarterly Journal of Economics* 128, no. 2: 469–530.

Al Jazeera. 2016. "Heatwave Continues to Bake Parts of the Middle East." August 28. www.aljazeera.com/news/2016/08/heatwave-continues-bake-parts-middle-east-160828091709175.html.

Allen, Martin. 2001. "The Volume of the English Currency, 1158–470." *Economic History Review* 54, no. 4: 595–611.

Allen, Robert C. 2000. "Economic Structure and Agricultural Productivity in Europe, 1300–1800." *European Review of Economic History* 4, no. 1: 1–25.

――. 2009. *The British Industrial Revolution in Global Perspective.* Cambridge: Cambridge University Press. 〔R・C・アレン『世界史のなかの産業革命――資源・人的資本・グローバル経済』、眞嶋史叙・中野忠・安元稔・湯沢威訳、名古屋大学出版会、2017年〕

――. 2013. "Anthropocenic Poetics: Ethics and Aesthetics in a New Geological Age." In "Energy

Transitions in History: Global Cases of Continuity and Change," edited by Richard W. Unger. Special issue of *Rachel Carson Center Perspectives* 2013, no. 2: 11–15.

Altieri, Miguel. 1999. "Applying Agroecology to Enhance the Productivity of Peasant Farming Systems in Latin America." *Environment, Development and Sustainability* 1: 197–217.

Altvater, Elmar. 2007. "The Social and Natural Environment of Fossil Capitalism." *Socialist Register* 2007: 37.

Amrine, Frederick. 2010. "The Unconscious of Nature: Analyzing Disenchantment in *Faust I*." *Goethe Yearbook* 17, no. 1: 117–32.

Amussen, Susan Dwyer. 1988. *An Ordered Society: Gender and Class in Early Modern England*. Oxford: Basil Blackwell.

Anderson, Benedict. 2006. *Imagined Communities: Reflections on the Origin and Spread of Nationalism*. Rev. ed. London: Verso.〔ベネディクト・アンダーソン『想像の共同体——ナショナリズムの起源と流行』、白石隆・白石さや訳、リブロポート、1987年〕

Anderson, Perry. 1975. *Lineages of the Absolutist State*. London: New Left Books.

Andrews, Thomas G. 2008. *Killing for Coal: America's Deadliest Labor War*. Cambridge, MA: Harvard University Press.

Andriesse, J. P. 1988. *Nature and Management of Tropical Peat Soils*. Rome: Food and Agricultural Organization of the United Nations.

Anonymous. 1893. "Israel." *Quarterly Review*, vol. 176, 106–39. London: John Murray.

Apostolopoulou, Evangelia, and William M. Adams. 2015. "Neoliberal Capitalism and Conservation in the Post-crisis Era: The Dialectics of 'Green' and 'Un-green' Grabbing in Greece and the UK." *Antipode* 47, no. 1: 15–35.

Appadurai, Arjun. 1988. "How to Make a National Cuisine: Cookbooks in Contemporary India." *Comparative Studies in Society and History* 30, no. 1: 3–24.

Applebaum, Herbert A. 1992. *The Concept of Work: Ancient, Medieval, and Modern*. Albany: State University of New York Press.

Aptheker, Herbert. 1943. *American Negro Slave Revolts*. New York: Columbia University Press.

Araghi, Farshad. 2013. "The End of Cheap Ecology and the Future of 'Cheap Capital.'" Paper presented at the Annual Meeting of the Political Economy of World-Systems Section of the American Sociological Association, University of California, Riverside, April 11–13.

Armitage, David. 2004. "John Locke, Carolina, and the *Two Treatises of Government*." *Political Theory* 32, no. 5: 602–27.

Arnold, David. 1996. *The Problem of Nature: Environment, Culture and European Expansion*. Oxford: Blackwell.〔デイヴィッド・アーノルド『環境と人間の歴史——自然、文化、ヨーロッパの世界的拡張』、飯島昇藏・川島耕司訳、新評論、1999年〕

Arnold, Fred, Sulabha Parasuraman, P. Arokiasamy, and Monica Kothari. 2009. *Nutrition in India*. National Family Health Survey (NFHS-3), India, 2005–6. Mumbai: International Institute for Population Sciences. http://rchiips.org/nfhs/nutrition_report_for_website_18sep09.pdf.

Arrighi, Giovanni. 1994. *The Long Twentieth Century: Money, Power and the Origins of Our Times*. London: Verso.〔ジョヴァンニ・アリギ『長い20世紀——資本、権力、そして現代の系譜』、柄谷利恵子・境井孝行・永田尚見訳、作品社、2009年〕

Arrighi, Giovanni, and Jason W. Moore. 2001. "Capitalist Development in World Historical Perspective." In *Phases of Capitalist Development: Booms, Crises and Globalizations,* edited by Robert Albritton, Makoto Itoh, Richard Westra, and Alan Zuege, 56–75. London: Palgrave Macmillan.

Arrighi, Giovanni, and Beverly J. Silver. 1999. *Chaos and Governance in the Modern World System.* Minneapolis: University of Minnesota Press.

Arroyo Abad, Leticia, Elwyn Davies, and Jan Luiten van Zanden. 2012. "Between Conquest and Independence: Real Wages and Demographic Change in Spanish America, 1530–1820." *Explorations in Economic History* 49, no. 2: 149–66.

Atkin, M. 1992. *The International Grain Trade.* Cambridge: Woodhead.

Atkins, John. (1735) 1970. *A Voyage to Guinea, Brazil, and the West Indies in His Majesty's Ships, the Swallow and Weymouth.* London: Cass.

Atwell, William S. 2002. "Time, Money, and the Weather: Ming China and the 'Great Depression' of the Mid-Fifteenth Century." *Journal of Asian Studies* 61, no. 1: 83–113.

Bacon, Francis. 1861. *The Philosophical Works of Francis Bacon.* Edited by James Spedding, Robert Leslie Ellis, and Douglas Denon Heath. Vol. 4. London: Longman.

Baffes, John, Donald Mitchell, Elliot Riordan, Shane Streifel, Hans Timmer, and William Shaw. 2008. *Global Economic Prospects 2009: Commodities at the Crossroads.* Global Economic Prospects and the Developing Countries. Washington DC: World Bank. http://documents.worldbank.org/curated/en/586421468176682557/Global-economic-prospects-2009-commodities-at-the-crossroads.

Bagnall, Nigel. 1999. *The Punic Wars: Rome, Carthage, and the Struggle for the Mediterranean.* London: Pimlico.

Bailes, Kendall E. 1977. "Alexei Gastev and the Soviet Controversy over Taylorism, 1918–24." *Soviet Studies* 29, no. 3: 373–94.

Bakewell, Peter J. 1987. "Mining." In *Colonial Spanish America,* edited by Leslie Bethell, 203–49. Cambridge: Cambridge University Press.

Balée, William. 2006. "The Research Program of Historical Ecology." *Annual Review of Anthropology* 35, no. 1: 75–98.

Bales, Kevin, Zoe Trodd, and Alex Kent Williamson. 2009. *Modern Slavery: The Secret World of 27 Million People.* Oxford: Oneworld.

Barbin, Herculine. 1980. *Herculine Barbin: Being the Recently Discovered Memoirs of a Nineteenth-Century French Hermaphrodite.* Translated by Richard McDougall. New York: Pantheon.

Barker, Joanne. 2006. "Gender, Sovereignty, and the Discourse of Rights in Native Women's Activism." *Meridians: Feminism, Race, Transnationalism* 7, no. 1: 127–61.

Barkin, David, and Blanca Lemus. 2016. "Third World Alternatives for Building Post-capitalist Worlds." *Review of Radical Political Economics* 48, no. 4: 569–76.

Barnhill, David Landis. 2005. "Buddhism." In *The Encyclopedia of Religion and Nature,* edited by Bron Raymond Taylor, 236–39. London: Thoemmes Continuum.

Barnosky, Anthony D., Elizabeth A. Hadly, Jordi Bascompte, Eric L. Berlow, James H. Brown, Mikael Fortelius, Wayne M. Getz, et al. 2012. "Approaching a State Shift in Earth's Biosphere." *Nature* 486, no. 7401: 52–58.

Barnosky, A. D., P. L. Koch, R. S. Feranec, S. L. Wing, and A. B. Shabel. 2004. "Assessing the Causes of Late Pleistocene Extinctions on the Continents." *Science* 306, no. 5693: 70–75.

Barrera-Osorio, Antonio. 2010. *Experiencing Nature: The Spanish American Empire and the Early Scientific Revolution.* Austin: University of Texas Press.

Barreto, Mascarenhas. 1992. *The Portuguese Columbus, Secret Agent of King John II.* New York: St. Martin's.

Bayly, C. A. 2004. *The Birth of the Modern World, 1780–1914: Global Connections and Comparisons.* Malden, MA: Blackwell.〔C・A・ベイリ『近代世界の誕生――グローバルな連関と比較1780-1914』、平田雅博・吉田正広・細川道久訳、名古屋大学出版会、2018年〕

Beckert, Sven. 2014. *Empire of Cotton: A Global History.* New York: Knopf.〔スヴェン・ベッカート『綿の帝国――グローバル資本主義はいかに生まれたか』、鬼澤忍・佐藤絵里訳、紀伊國屋書店、2022年〕

Beckman, Jayson, Allison Borchers, and Carol A. Jones. 2013. *Agriculture's Supply and Demand for Energy and Energy Products.* Washington DC: United States Department of Agriculture Economic Research Service.

Behar, Ruth. 1987. "The Visions of a Guachichil Witch in 1599: A Window on the Subjugation of Mexico's Hunter-Gatherers." *Ethnohistory* 34, no. 2: 115–38.

Bello, Walden F. 2009. *The Food Wars.* London: Verso.

Belser, Patrick. 2005. *Forced Labour and Human Trafficking: Estimating the Profits.* Geneva: International Labor Organization. http://digitalcommons.ilr.cornell.edu/forcedlabor/17/.

Belsey, Hugh. 2013. "Andrews, Robert (1725–1806)." In *Oxford Dictionary of National Biography,* edited by Lawrence Goldman. Oxford: Oxford University Press. www.oxforddnb.com/view/article/95074.

Benchimol, Maíra, and Carlos A. Peres. 2015. "Predicting Local Extinctions of Amazonian Vertebrates in Forest Islands Created by a Mega Dam." *Biological Conservation* 187: 61–72.

Bennett, Nathan James, Hugh Govan, and Terre Satterfield. 2015. "Ocean Grabbing." *Marine Policy* 57: 61–68.

Berger, John. 2008. *Ways of Seeing.* London: Penguin.〔ジョン・バージャー『イメージ――視覚とメディア』、伊藤俊治訳、PARCO出版局、1986年〕

Berna, Francesco, Paul Goldberg, Liora Kolska Horwitz, James Brink, Sharon Holt, Marion Bamford, and Michael Chazan. 2012. "Microstratigraphic Evidence of In Situ Fire in the Acheulean Strata of Wonderwerk Cave, Northern Cape Province, South Africa." *Proceedings of the National Academy of Sciences* 109, no. 20: E1215–E1220.

Bhattacharya, Prabir C. 2006. "Economic Development, Gender Inequality, and Demographic Outcomes: Evidence from India." *Population and Development Review* 32, no. 2: 263–92.

Bianchi, Suzanne M., Liana C. Sayer, Melissa A. Milkie, and John P. Robinson. 2012. "Housework: Who Did, Does or Will Do It, and How Much Does It Matter?" *Social Forces* 91, no. 1: 55–63.

Biidewe'anikwetok. 2014. "Reclaiming Ourselves One Name at a Time." In *The Winter We Danced: Voices from the Past, the Future, and the Idle No More Movement,* edited by the Kino-nda-niimi Collective, 163–66. Winnipeg: ARP.

Billig, Michael. 1995. *Banal Nationalism.* London: Sage.

Bina, Cyrus. 1990. "Limits of OPEC Pricing: OPEC Profits and the Nature of Global Oil Accumulation." *OPEC Review* 14, no. 1: 55–73.

Biro, Andrew. 2005. *Denaturalizing Ecological Politics: Alienation from Nature from Rousseau to the Frankfurt School and Beyond.* Toronto: University of Toronto Press.

Birrell, Jean. 1987. "Common Rights in the Medieval Forest: Disputes and Conflicts in the Thirteenth Century." *Past and Present* 117: 22–49.

Bittman, Michael, James Mahmud Rice, and Judy Wajcman. 2004. "Appliances and Their Impact: The Ownership of Domestic Technology and Time Spent on Household Work." *British Journal of Sociology* 55, no. 3: 401–23.

Black, Jeremy. 1991. *A Military Revolution? Military Change and European Society, 1550–1800.* London: Macmillan.

Blanchard, Ian. 2001. "International Capital Markets and Their Users, 1450–1750." In *Early Modern Capitalism: Economic and Social Change in Europe, 1400–1800,* edited by Maarten Prak, 107–24. London: Routledge.

Bleichmar, Daniela. 2009. "A Visible and Useful Empire: Visual Culture and Colonial Natural History in the Eighteenth-Century Spanish World." In *Science in the Spanish and Portuguese Empires, 1500–1800,* edited by Bleichmar, Paula De Vos, Kristin Huffine, and Kevin Sheehan, 290–310. Stanford, CA: Stanford University Press.

Blickle, Peter. 1981. *The Revolution of 1525: The German Peasants' War from a New Perspective.* Translated by Thomas A. Brady and H. C. Erik Midelfort. Baltimore: Johns Hopkins University Press.

Bloch, Ruth H. 1978. "Untangling the Roots of Modern Sex Roles: A Survey of Four Centuries of Change." *Signs* 4, no. 2: 237–52.

Bohstedt, John. 2016. "Food Riots and the Politics of Provisions from Early Modern Europe and China to the Food Crisis of 2008." *Journal of Peasant Studies* 43, no. 5: 1035–67.

Bois, Guy. 1984. *The Crisis of Feudalism: Economy and Society in Eastern Normandy, c. 1300–1550.* Cambridge: Cambridge University Press.

Boissonnade, Prosper, and Eileen Power. 2011. *Life and Work in Medieval Europe.* Abingdon, Oxford: Routledge.

Boland, Vincent. 2009. "The World's First Modern, Public Bank." *Financial Times,* April 17. www.ft.com/content/6851f286–288d-11de-8dbf-00144feabdc0.

Bonneuil, Christophe, and Jean-Baptiste Fressoz. 2016. *The Shock of the Anthropocene: The Earth, History and Us.* London: Verso.〔クリストフ・ボヌイユ／ジャン＝バティスト・フレソズ『人新世とは何か――「地球と人類の時代」の思想史』、野坂しおり訳、青土社、2018年〕

Borras, Saturnino M., Jr., Jennifer C. Franco, Ryan Isakson, Les Levidow, and Pietje Vervest. 2014. "Towards Understanding the Politics of Flex Crops and Commodities: Implications for Research and Policy Advocacy." Amsterdam: Transnational Institute.

Boserup, Ester. 1970. *Woman's Role in Economic Development.* London: Allen and Unwin.

Bowman, D. M., J. K. Balch, P. Artaxo, W. J. Bond, J. M. Carlson, M. A. Cochrane, C. M. D'Antonio, et al. 2009. "Fire in the Earth System." *Science* 324, no. 5926: 481–84.

Boxer, C. R. 1975. *Women in Iberian Expansion Overseas, 1415–1815: Some Facts, Fancies and Personalities.* New York: Oxford University Press.

Boyle, David. 2008. *Toward the Setting Sun: Columbus, Cabot, Vespucci, and the Race for America.* New York: Walker.

Braconier, Henrik, Giuseppe Nicoletti, and Ben Westmore. 2014. "Policy Challenges for the Next 50 Years." OECD Economic Policy Paper No. 9, Organization for Economic Cooperation and Development, Paris. www.oecd-ilibrary.org/economics/policy-challenges-for-the-next-50-years_5jz18gs5fckf-en.

Brass, Tom. 1995. *New Farmers' Movements in India.* Ilford, London: Frank Cass.

Braudel, Fernand. 1953. "Qu'est-ce que le XVIe siècle?" *Annales: Économies, Sociétés, Civilisations* 8, no. 1: 69–73.

——. 1972. *The Mediterranean and the Mediterranean World in the Age of Philip II.* Translated by Siân Reynolds. Vol. 1. London: Collins.

——. 1977. *Afterthoughts on Material Civilization and Capitalism.* Translated by Patricia Ranum. Baltimore: Johns Hopkins University Press.

——. 1981. *The Structures of Everyday Life: The Limits of the Possible.* Translated and revised by Siân Reynolds. London: Collins.

——. 1984. *The Perspective of the World.* Translated by by Siân Reynolds. Vol. 3 of *Civilization and Capitalism, 15th–18th Century.* New York: Harper and Row.

Breasted, James Henry. 1919. "The Origins of Civilization." *Scientific Monthly,* October, 289–578.

Brenner, Robert. 1976. "Agrarian Class Structure and Economic Development in Pre-industrial Europe." *Past and Present* 70: 30–75.

——. 1993. *Merchants and Revolution: Commercial Change, Political Conflict, and London's Overseas Traders, 1550–1653.* Princeton, NJ: Princeton University Press.

——. 2001. "The Low Countries in the Transition to Capitalism." *Journal of Agrarian Change* 1, no. 2: 169–241.

Brinkmann, Mankel. 2009. "Fighting World Hunger on a Global Scale: The Rockefeller Foundation and the Green Revolution in Mexico." www.rockarch.org/publications/resrep/brinkmann.pdf.

Broadberry, S. N., B. M. S. Campbell, Alexander Klein, Mark Overton, and Bas van Leeuwen. 2010. "English Economic Growth, 1270–1700." CAGE Online Working Paper Series 2010, no. 21, Department of Economics, University of Warwick, Coventry, UK.

Broadberry, Stephen, Bruce Campbell, and Bas van Leeuwen. 2011. "English Medieval Population: Reconciling Time Series and Cross Sectional Evidence." www.basvanleeuwen.net/bestanden/medievalpopulation7.pdf.

Broadberry, Stephen, and Bishnupriya Gupta. 2006. "The Early Modern Great Divergence: Wages, Prices and Economic Development in Europe and Asia, 1500–1800." *Economic History Review* 59, no. 1: 2–31.

Brockway, Lucile H. 1979a. *Science and Colonial Expansion: The Role of the British Royal Botanic Gardens.* New York: Academic.〔L・H・ブロックウェイ『グリーンウェポン——植物資源による世界制覇』、小出五郎訳、社会思想社、1983年〕

——. 1979b. "Science and Colonial Expansion: The Role of the British Royal Botanic Gardens." *American Ethnologist* 6, no. 3: 449–65.

Bromwich, Jonah Engel. 2016. "Flooding in the South Looks a Lot like Climate Change." *New York Times,* August 16. www.nytimes.com/2016/08/17/us/climate-change-louisiana.html.

Brotton, Jerry. 1997. *Trading Territories: Mapping the Early Modern World.* Ithaca, NY: Cornell University Press.

Brown, E. H. Phelps, and Sheila V. Hopkins. 1956. "Seven Centuries of the Prices of Consumables, Compared with Builders' Wage-Rates." *Economica* 23, no. 92: 296–314.

Bruins, Hendrik J., and Fengxian Bu. 2006. "Food Security in China and Contingency Planning: The Significance of Grain Reserves." *Journal of Contingencies and Crisis Management* 14, no. 3: 114–24.

Bulbeck, David, Anthony Reid, Tan Lay Cheng, and Wu Yiqi. 1998. *Southeast Asian Exports since the 14th Century: Cloves, Pepper, Coffee, and Sugar.* Singapore: Institute of Southeast Asian Studies.

Bull, J. W., and M. Maron. 2016. "How Humans Drive Speciation as Well as Extinction." *Proceedings of the Royal Society B: Biological Sciences* 283, no. 1833.

Bunge, Jacob. 2015. "How to Satisfy the World's Surging Appetite for Meat." *Wall Street Journal,* December 4. www.wsj.com/articles/how-to-satisfy-the-worlds-surging-appetite-for-meat-1449238059.

Bunker, Stephen G. 1985. *Underdeveloping the Amazon: Extraction, Unequal Exchange, and the Failure of the Modern State.* Chicago: University of Chicago Press.

Büntgen, Ulf, Willy Tegel, Kurt Nicolussi, Michael McCormick, David Frank, Valerie Trouet, Jed O. Kaplan, et al. 2011. "2500 Years of European Climate Variability and Human Susceptibility." *Science* 331, no. 6017: 578–82.

Burawoy, Michael. 1983. "Between the Labor Process and the State: The Changing Face of Factory Regimes under Advanced Capitalism." *American Sociological Review* 48, no. 5: 587–605.

Burbach, Roger, and Patricia Flynn. 1980. *Agribusiness in the Americas.* New York: Monthly Review Press.〔R・バーバック／P・フリン『アグリビジネス——アメリカの食糧戦略と多国籍企業』、中野一新訳、村田武監訳、大月書店、1987年〕

Burkett, Paul, and John Bellamy Foster. 2006. "Metabolism, Energy, and Entropy in Marx's Critique of Political Economy: Beyond the Podolinsky Myth." *Theory and Society* 35, no. 1: 109–56.

Butollo, Florian, and Tobias ten Brink. 2012. "Challenging the Atomization of Discontent." *Critical Asian Studies* 44, no. 3: 419–40.

Buzan, Barry, Ole Wæver, and Jaap de Wilde. 1998. *Security: A New Framework for Analysis.* Boulder, CO: Lynne Rienner.

Cadamosto [Alvise da Ca' da Mosto]. (1455) 1937. *The Voyages of Cadamosto and Other Documents on Western Africa in the Second Half of the Fifteenth Century.* Translated and edited by G. R. Crone. London: Hakluyt Society.

Cahan, Bruce B., Irmgard Marboe, and Henning Roedel. 2016. "Outer Frontiers of Banking: Financing Space Explorers and Safeguarding Terrestrial Finance." *New Space* 4, no. 4: 253–68.

Cahill, David. 1994. "Colour by Numbers: Racial and Ethnic Categories in the Viceroyalty of Peru, 1532–1824." *Journal of Latin American Studies* 26, no. 2: 325–46.

Campbell, Bruce. 2010. "Nature as Historical Protagonist: Environment and Society in Pre-industrial England." *Economic History Review* 63, no. 2: 281–314.

Campbell, Chris, and Michael Niblett, eds. 2016. *The Caribbean: Aesthetics, World-Ecology, Politics.* Liverpool: Liverpool University Press.

Canny, Nicholas P. 2001. *Making Ireland British, 1580–1650.* Oxford: Oxford University Press.

Cantor, Norman F. 2002. *In the Wake of the Plague: The Black Death and the World It Made.* New

York: HarperCollins.

Carlos, Ann M., Karen Maguire, and Larry Neal. 2006. "Financial Acumen, Women Speculators, and the Royal African Company during the South Sea Bubble." *Accounting, Business and Financial History* 16, no. 2: 219–43.

Carney, Judith Ann. 2001. *Black Rice: The African Origins of Rice Cultivation in the Americas.* Cambridge, MA: Harvard University Press.

Carrington, Damian. 2016. "The Anthropocene Epoch: Scientists Declare Dawn of Human-Influenced Age." *Guardian,* August 29. www.theguardian.com/environment/2016/aug/29/declare-anthropocene-epoch-experts-urge-geological-congress-human-impact-earth.

Catz, Rebecca. 1993. *Christopher Columbus and the Portuguese, 1476–1498.* Westport, CT: Greenwood.

Cavanagh, Edward. 2013. "Kingdom or Colony? English or British? Early Modern Ireland and the Colonialism Question." *Journal of Colonialism and Colonial History* 14, no. 2.

Ceballos, Gerardo, Paul R. Ehrlich, Anthony D. Barnosky, Andrés García, Robert M. Pringle, and Todd M. Palmer. 2015. "Accelerated Modern Human–Induced Species Losses: Entering the Sixth Mass Extinction." *Science Advances* 1, no. 5.

Cerri, Carlos Eduardo P., Gerd Sparovek, Martial Bernoux, William E. Easterling, Jerry M. Melillo, and Carlos Clemente Cerri. 2007. "Tropical Agriculture and Global Warming: Impacts and Mitigation Options." *Scientia Agricola* 64: 83–99.

Challinor, A. J., J. Watson, D. B. Lobell, S. M. Howden, D. R. Smith, and N. Chhetri. 2014. "A Meta-analysis of Crop Yield under Climate Change and Adaptation." *Nature Climate Change* 4, no. 4: 287–91.

Channell, Rob, and Mark V. Lomolino. 2000. "Trajectories to Extinction: Spatial Dynamics of the Contraction of Geographical Ranges." *Journal of Biogeography* 27, no. 1: 169–79.

Chapman, Ian. 2014. "The End of Peak Oil? Why This Topic Is Still Relevant despite Recent Denials." *Energy Policy* 64: 93–101.

Charlesworth, Andrew. 1983. *An Atlas of Rural Protest in Britain, 1548–1900.* London: Croom Helm.

Chaudhuri, K. N. 1985. *Trade and Civilisation in the Indian Ocean: An Economic History from the Rise of Islam to 1750.* Cambridge: Cambridge University Press.

Chew, Sing C. 2001. *World Ecological Degradation: Accumulation, Urbanization, and Deforestation, 3000 b.c.–a.d. 2000.* Walnut Creek, CA: AltaMira.

Cheyne, George. 1733. *The English Malady; or, A Treatise of Nervous Diseases of All Kinds. . . .* London: G. Strahan.

Chhatre, Ashwini, and Arun Agrawal. 2009. "Trade-Offs and Synergies between Carbon Storage and Livelihood Benefits from Forest Commons." *Proceedings of the National Academy of Sciences* 106, no. 42: 17667–70.

Chiluwa, Innocent. 2015. " 'Occupy Nigeria 2012': A Critical Analysis of Facebook Posts in the Fuel Subsidy Removal Protests." *Clina* 1, no. 1: 47–69.

Cicero, Marcus Tullius. (45 bce) 1933. *De natura deorum; Academica.* Translated by H. Rackham. Vol. 19 of *Cicero in Twenty-Eight Volumes.* London: William Heinemann.〔「神々の本性について」、『キケロー選集(11)』、山下太郎・五之治昌比呂訳、岩波書店、2000年〕

City of London. 2016. *Total Tax Contribution of UK Financial Services.* 9th ed. London: City of

London Corporation.
Clark, Alice Shaw. 1919. *Working Life of Women in the Seventeenth Century.* London: G. Routledge and Sons.
Clark, Gregory. 2002. "The Agricultural Revolution and the Industrial Revolution: England, 1500–1912." Unpublished manuscript. Department of Economics, University of California, Davis. http://faculty.econ.ucdavis.edu/faculty/gclark/papers/prod2002.pdf.
——. 2007. *A Farewell to Alms: A Brief Economic History of the World.* Princeton, NJ: Princeton University Press. 〔グレゴリー・クラーク『10万年の世界経済史(上下)』、久保恵美子訳、日経BP、2009年〕
Clark, Gregory, Michael Huberman, and Peter H. Lindert. 1995. "A British Food Puzzle, 1770–1850." *Economic History Review* 48, no. 2: 215–37.
Cline, Sarah. 2015. "Guadalupe and the Castas: The Power of a Singular Colonial Mexican Painting." *Mexican Studies/Estudios Mexicanos* 31, no. 2: 218–47.
Cobarrubias, Sebastián, and John Pickles. 2009. "Spacing Movements: The Turn to Cartographies and Mapping Practices in Contemporary Social Movements." In *The Spatial Turn: Interdisciplinary Perspectives,* edited by Barney Warf and Santa Arias, 36–58. London: Routledge.
Cochrane, Willard W. 1979. *The Development of American Agriculture: A Historical Analysis.* Minneapolis: University of Minnesota Press.
Cohn, Samuel K., Jr. 2002. "The Black Death: End of a Paradigm." *American Historical Review* 107, no. 3: 703–38.
——. 2006. *Lust for Liberty: The Politics of Social Revolt in Medieval Europe, 1200–1425—Italy, France, and Flanders.* Cambridge, MA: Harvard University Press.
——. 2007a. "The Black Death and the Burning of Jews." *Past and Present* 196: 3–36.
——. 2007b. "Popular Insurrection and the Black Death: A Comparative View." *Past and Present* 195, suppl. 2: 188–204.
Coles, Paul. 1957. "The Crisis of Renaissance Society Genoa, 1488–1507." *Past and Present* 11: 17–47.
Columbus, Christopher. 2003. "Journal of the First Voyage of Columbus." In *The Northmen, Columbus and Cabot, 985–1503,* edited by Julius E. Olson and Edward Gaylord Bourne, 85–258. Original Narratives of Early American History. New York: Charles Scribner's Sons, 1906. Available at www.gutenberg.org/files/18571/18571-h/18571-h.htm.
Colwill, Elizabeth. 1989. "Just Another *Citoyenne?* Marie-Antoinette on Trial, 1790–1793." *History Workshop* 28, no. 1: 63–87.
Connell, R. W. 1990. "The State, Gender, and Sexual Politics." *Theory and Society* 19, no. 5: 507–44.
——. 1995. *Masculinities.* Berkeley: University of California Press.
Coontz, Stephanie, and Peta Henderson, eds. 2016. *Women's Work, Men's Property: The Origins of Gender and Class.* London: Verso.
Corri, Adrienne. 1983. "Gainsborough's Early Career: New Documents and Two Portraits." *Burlington Magazine* 125, no. 961: 210–16.
Coulthard, Glen Sean. 2014. *Red Skin, White Masks: Rejecting the Colonial Politics of Recognition.* Minneapolis: Minnesota University Press.
Cowan, Ruth Schwartz. 1983. *More Work for Mother: The Ironies of Household Technology from the*

Open Hearth to the Microwave. New York: Basic.〔ルース・シュウォーツ・コーワン『お母さんは忙しくなるばかり――家事労働とテクノロジーの社会史』、高橋雄造訳、法政大学出版局、2010年〕
Cronon, William. 1983. *Changes in the Land: Indians, Colonists, and the Ecology of New England*. New York: W. W. Norton.〔ウィリアム・クロノン『変貌する大地――インディアンと植民者の環境史』、佐野敏行・藤田真理子訳、勁草書房、1995年〕
——. 1991. *Nature's Metropolis: Chicago and the Great West*. New York: W. W. Norton.
——. 1995. *Uncommon Ground: Toward Reinventing Nature*. New York: W. W. Norton.
Crumley, Carole. 1994. "The Ecology of Conquest." In *Historical Ecology: Cultural Knowledge and Changing Landscape*, edited by Crumley, 183–201. Santa Fe: School of American Research Press.
Dalla Costa, Mariarosa, and Selma James. 1973. *Power of Women and the Subversion of the Community*. 2nd ed. Bristol: Falling Wall.
Daly, Mary. 1990. *Gyn/ecology: The Metaethics of Radical Feminism*. Boston: Beacon.
Dann, Graham M. S., and A. V. Seaton. 2001. "Slavery, Contested Heritage and Thanatourism." *International Journal of Hospitality and Tourism Administration* 2, nos. 3–4: 1–29.
DARA and the Climate Vulnerable Forum. 2012. *Climate Vulnerability Monitor: A Guide to the Cold Calculus of a Hot Planet*. 2nd ed. Madrid: Estudios Gráficos Europeos.
Dauverd, Céline. 2014. *Imperial Ambition in the Early Modern Mediterranean: Genoese Merchants and the Spanish Crown*. Cambridge: Cambridge University Press.
David, Saul. 2002. *The Indian Mutiny: 1857*. London: Viking.
Davids, Karel. 2008. *The Rise and Decline of Dutch Technological Leadership: Technology, Economy and Culture in the Netherlands, 1350–1800*. Vol. 1. Leiden: Brill.
Davis, Angela Y. 1983. *Women, Race and Class*. New York: Vintage.
Davis, Lennard J. 2016. *The Disability Studies Reader*. 5th ed. New York: Routledge.
Davis, Mike. 1986. *Prisoners of the American Dream: Politics and Economy in the History of the US Working Class*. London: Verso.
——. 2001. *Late Victorian Holocausts: El Niño Famines and the Making of the Third World*. London: Verso.
——. 2004. "The Urbanization of Empire: Megacities and the Laws of Chaos." *Social Text* 22, no. 4: 9–15.
——. 2015. "Marx's Lost Theory: The Politics of Nationalism in 1848." *New Left Review* 93: 45–66.
Davis, Ralph. 1954. "English Foreign Trade, 1660–1700." *Economic History Review* 7, no. 2: 150–66.
Day, John. 1978. "The Great Bullion Famine of the Fifteenth Century." *Past and Present* 79: 3–54.
Deans-Smith, Susan. 2005. "Creating the Colonial Subject: Casta Paintings, Collectors, and Critics in Eighteenth-Century Mexico and Spain." *Colonial Latin American Review* 14, no. 2: 169–204.
Decker, Ethan H., Scott Elliott, Felisa A. Smith, Donald R. Blake, and F. Sherwood Rowland. 2000. "Energy and Material Flow through the Urban Ecosystem." *Annual Review of Energy and the Environment* 25, no. 1: 685–740.
Delle, James A., Stephen A. Mrozowski, and Robert Paynter. 2000. *Lines That Divide: Historical Archaeologies of Race, Class, and Gender*. Knoxville: University of Tennessee Press.
Descartes, René. 1985. *Philosophical Writings of Descartes*. Translated by John Cottingham, Robert Stroothoff, and Dugald Murdoch. Vol. 1. Cambridge: Cambridge University Press.

De Schutter, Olivier. 2010. "Agro-ecology and the Right to Food: Report Submitted by the Special Rapporteur on the Right to Food, Olivier De Schutter, to the Sixteenth Session of the Human Rights Council." Edited by the General Assembly. New York: United Nations. http://www2.ohchr.org/english/issues/food/docs/A-HRC-16-49.pdf.

De Ste. Croix, G. E. M. 1981. *The Class Struggle in the Ancient Greek World: From the Archaic Age to the Arab Conquests.* London: Duckworth.

De Vries, Jan. 1993. "Between Purchasing Power and the World of Goods: Understanding the Household Economy in Early Modern Europe." In *Consumption and the World of Goods,* edited by John Brewer and Roy Porter, 85–132. London: Routledge.

De Vries, Jan, and Ad van der Woude. 1997. *The First Modern Economy: Success, Failure, and Perseverance of the Dutch Economy, 1500–1815.* Cambridge: Cambridge University Press. 〔J・ド・フリース／A・ファン・デァ・ワウデ『最初の近代経済――オランダ経済の成功・失敗と持続力1500-1815』、大西吉之・杉浦未樹訳、名古屋大学出版会、2009年〕

DeWitte, Sharon N. 2015. "Setting the Stage for Medieval Plague: Pre–Black Death Trends in Survival and Mortality." *American Journal of Physical Anthropology* 158, no. 3: 441–51.

Diamond, Jared M. 2005. *Guns, Germs, and Steel: The Fates of Human Societies.* New York: W. W. Norton. 〔ジャレド・ダイアモンド『銃、病原菌、鉄――一万三〇〇〇年にわたる人類史の謎』、倉骨彰訳、草思社、2000年〕

Dirección General de Estadística, ed. 1955. *Tercer censo agrícola ganadero y ejidal, 1950.* Mexico City: Dirección General de Estadística.

Disney, Anthony R. 2009. *A History of Portugal and the Portuguese Empire.* Vol 2. Cambridge: Cambridge University Press.

Dodds, Joseph. 2011. *Psychoanalysis and Ecology at the Edge of Chaos: Complexity Theory, Deleuze/Guattari and Psychoanalysis for a Climate in Crisis.* London: Routledge.

Doherty, Brian, Matthew Paterson, Alexandra Plows, and Derek Wall. 2003. "Explaining the Fuel Protests." *British Journal of Politics and International Relations* 5, no. 1: 1–23.

Dohrn-van Rossum, Gerhard. 1996. *History of the Hour: Clocks and Modern Temporal Orders.* Chicago: University of Chicago Press.

Donkin, R. A., and Wenner-Gren Foundation for Anthropological Research. 1979. *Agricultural Terracing in the Aboriginal New World.* Tucson: University of Arizona Press.

Dotson, John, and Aldo Agosto. 1998. Introduction to *Christopher Columbus and His Family: The Genoese and Ligurian Documents,* edited by Dotson and Agosto, translated by Dotson, 5–26. Los Angeles: UCLA Center for Medieval and Renaissance Studies/Repertorium Columbianum.

Drayton, Richard Harry. 2000. *Nature's Government: Science, Imperial Britain, and the "Improvement" of the World.* New Haven, CT: Yale University Press.

Dredge, James. 1839–43. "Diary: 1 Sept. 1839–8 Oct. 1843." State Library of Victoria, Australia.

Dribe, Martin, Mats Olsson, and Patrick Svensson. 2015. "Famines in the Nordic Countries, ad 536–1875." Lund Papers in Economic History: General Issues 138. Department of Economic History, Lund University.

Dubin, H. J., and John P. Brennan. 2009. "Fighting a 'Shifty Enemy': The International Collaboration to Contain Wheat Rusts." In *Millions Fed: Proven Successes in Agricultural Development,* edited by

David J. Spielman and Rajul Pandya-Lorch, 19–24. Washington DC: International Food Policy Research Institute.

Duffy, Michael. 1980. *The Military Revolution and the State, 1500–1800*. Exeter: University of Exeter Press.

Duffy, Mignon. 2005. “Reproducing Labor Inequalities: Challenges for Feminists Conceptualizing Care at the Intersections of Gender, Race, and Class.” *Gender and Society* 19, no. 1: 66–82.

Dull, Robert A., Richard J. Nevle, William I. Woods, Dennis K. Bird, Shiri Avnery, and William M. Denevan. 2010. “The Columbian Encounter and the Little Ice Age: Abrupt Land Use Change, Fire, and Greenhouse Forcing.” *Annals of the Association of American Geographers* 100, no. 4: 755–71.

Dunbar-Ortiz, Roxanne. 2014. *An Indigenous Peoples’ History of the United States, ReVisioning American History*. Boston: Beacon Press.

Dunaway, Wilma A. 2015. “The Double Register of History: Situating the Forgotten Woman and Her Household in Capitalist Commodity Chains.” *Journal of World-Systems Research* 7, no. 1: 2–29.

Dunkley, Claudia S. 2014. *Global Warming: How Does It Relate to Poultry?* Athens: University of Georgia Extension Service. http://extension.uga.edu/publications/detail.cfm?number=B1382.

Dunn, Rob. 2017. *Never Out of Season*. New York: Little, Brown.〔ロブ・ダン『世界からバナナがなくなるまえに――食糧危機に立ち向かう科学者たち』、高橋洋訳、青土社、2017年〕

Dussel, Enrique. 2014. “Anti-Cartesian Meditations: On the Origin of the Philosophical Anti-discourse of Modernity.” *Journal for Cultural and Religious Theory* 13, no. 1: 11–53. www.jcrt.org/archives/13.1/dussel.pdf. Translation by George Ciccariello-Maher of “Meditaciones anti-cartesianas: Sobre el origen del anti-discurso filosófico de la Modernidad.” *Tabula Rasa* 9 (2008): 153–98. www.revistatabularasa.org/numero-9/09dussel.pdf.

Dwyer, Rachel E. 2013. “The Care Economy? Gender, Economic Restructuring, and Job Polarization in the U.S. Labor Market.” *American Sociological Review* 78, no. 3: 390–416.

Edwards, Mark A. 2009. “Nationalization, De-nationalization, Re-nationalization: Some Historical and Comparative Perspective.” *Pace Law Review* 30: 124–53.

Ehrenberg, Richard. 1985. *Capital and Finance in the Age of the Renaissance: A Study of the Fuggers and Their Connections*. Fairfield, NJ: A. M. Kelley.

Ehrlich, Paul R., and Anne H. Ehrlich. 1990. *The Population Explosion*. New York: Simon and Schuster.〔ポール・エーリック／アン・エーリック『人口が爆発する！――環境・資源・経済の視点から』、水谷美穂訳、新曜社、1994年〕

Eisenstein, Zillah R. 1979. *Capitalist Patriarchy and the Case for Socialist Feminism*. New York: Monthly Review Press.

Elliott, John Huxtable. 1963. *Imperial Spain, 1469–1716*. New York: St. Martin’s.〔ジョン・H・エリオット『スペイン帝国の興亡――1469–1716』、藤田一成訳、岩波書店、1982年〕

——. 1984. “Spain and America in the Sixteenth and Seventeenth Centuries.” In *Colonial Latin America*, 287–340. Vol. 1 of *The Cambridge History of Latin America*, edited by Leslie Bethell. Cambridge: Cambridge University Press.

——. 1992. *The Old World and the New: 1492–1650*. Cambridge: Cambridge University Press.〔ジョン・H・エリオット『旧世界と新世界――1492–1650』、越智武臣・川北稔訳、岩波書店、2005年〕

Ellis, Peter Berresford. 1988. *Hell or Connaught! The Cromwellian Colonisation of Ireland, 1652–*

1660. Belfast: Blackstaff.
Eltis, David. 1998. *The Military Revolution in Sixteenth-Century Europe.* Vol. 3. London: I. B. Tauris.
Elvin, Mark. 2004. *The Retreat of the Elephants: An Environmental History of China.* New Haven, CT: Yale University Press.
Engel, Barbara Alpern. 1997. "Not by Bread Alone: Subsistence Riots in Russia during World War I." *Journal of Modern History* 69, no. 4: 696–721.
EPA (United States Environmental Protection Agency). 2012. "Poultry Production Phases." http://infohouse.p2ric.org/ref/02/01244/www.epa.gov/agriculture/ag101/poultryphases.html.
EPI (Earth Policy Institute). 2010. "World on the Edge—Energy Data—Oil." www.earth-policy.org/datacenter/pdf/book_wote_energy_oil.pdf.
——. 2012. "Wheat Production, Area, and Yield in India, 1960–2011." September 27. Excel file. Available at www.earth-policy.org/data_center/C24.
——. 2013. "World Average Corn, Wheat, and Rice Yields, 1960–2012." January 17. Excel file. Available at www.earth-policy.org/data_center/C24.
——. 2014. "Fertilizer Consumption and Grain Production for the World, 1950–2013." January 8. Excel file. Available at www.earth-policy.org/data_center/C24.
Epstein, Steven. 1996. *Genoa and the Genoese, 958–1528.* Chapel Hill: University of North Carolina Press.
——. 2001. *Speaking of Slavery: Color, Ethnicity, and Human Bondage in Italy.* Ithaca, NY: Cornell University Press.
Erdkamp, Paul, ed. 2013. *The Cambridge Companion to Ancient Rome.* Cambridge: Cambridge University Press.
Erickson, Amy Louise. 2005. "Coverture and Capitalism." *History Workshop Journal* 59, no. 1: 1–16.
Erisman, Jan Willem, Mark A. Sutton, James Galloway, Zbigniew Klimont, and Wilfried Winiwarter. 2008. "How a Century of Ammonia Synthesis Changed the World." *Nature Geoscience* 1, no. 10: 636–39.
Ervin, R. Bethene, and Cynthia L. Ogden. 2013. *Consumption of Added Sugars among U.S. Adults, 2005–2010.* NCHS Data Brief 122. Hyattsville, MD: National Center for Health Statistics.
EU (European Union). 2017. *Labour Market and Labour Force Survey (LFS) Statistics.* Brussels: European Union.
Evans, Terry. 2014. "Global Poultry Trends 2014: Poultry Set to Become No. 1 Meat in Asia." *Poultry Site,* last modified September 2. www.thepoultrysite.com/articles/3230/global-poultry-trends-2014-poultry-set-to-become-no1-meat-in-asia/.
Fagan, Brian. 2008. *The Great Warming: Climate Change and the Rise and Fall of Civilizations.* New York: Bloomsbury.〔ブライアン・フェイガン『千年前の人類を襲った大温暖化——文明を崩壊させた気候大変動』、東郷えりか訳、河出書房新社、2008年〕
Falls, Cyril. 1950. *Elizabeth's Irish Wars.* London: n.p.
Falquet, Jules. 2006. "Hommes en armes et femmes 'de service': Tendences néolibérales dans l'évolution de la division sexuelle et internationale du travail." *Cahiers du genre* 40: 15–37.
Fanon, Frantz. 2016. "The Fact of Blackness." In *Postcolonial Studies: An Anthology,* edited by Pramod K. Nayar, 15–32. Malden, MA: John Wiley and Sons.

Fantone, Laura. 2007. "Precarious Changes: Gender and Generational Politics in Contemporary Italy." *Feminist Review* 87: 5–20.

Federici, Silvia. 2004. *Caliban and the Witch*. New York: Autonomedia.〔シルヴィア・フェデリーチ『キャリバンと魔女――資本主義に抗する女性の身体』、小田原琳・後藤あゆみ訳、以文社、2017年〕

——. 2008. " Witch-Hunting, Globalization, and Feminist Solidarity in Africa Today." *Journal of International Women's Studies* 10, no. 1: 21–35.

Felloni, Giuseppe, and Guido Laura. 2014. *Genova e la storia della finanza: Dodici primati?/Genoa and the History of Finance: Twelve Firsts?* Translated by Marina Felloni and Authumn Wiltshire. www.giuseppefelloni.it/rassegnastampa/GenovaFinanza12primati.pdf.

Ferguson, Niall. 2009. *The Ascent of Money: A Financial History of the World*. London: Penguin.〔ニーアル・ファーガソン『マネーの進化史』、仙名紀訳、早川書房、2009年〕

Fernández-Armesto, Felipe. 1982. *The Canary Islands after the Conquest: The Making of a Colonial Society in the Early Sixteenth Century*. Oxford: Oxford University Press.

Fernow, Brian E. 1911. *A Brief History of Forestry in Europe, the United States and Other Countries: A Course of Lectures Delivered before the Yale Forest School*. 3rd ed. Toronto: University of Toronto Press.

Fine, Ben. 2001. *Social Capital versus Social Theory: Political Economy and Social Science at the Turn of the Millennium*. London: Routledge.

Finlay, Mark R. 2002. Review of *Enriching the Earth: Fritz Haber, Carl Bosch, and the Transformation of World Food Production*, by Vaclav Smil. *British Journal for the History of Science* 35, no. 1: 97–123.

Fischer-Kowalski, Marina, Simron J. Singh, Lisa Ringhofer, Clemens M. Grünbühel, Christian Lauk, and Alexander Remesch. 2010. "Sociometabolic Regimes in Indigenous Communities and the Crucial Role of Working Time: A Comparison of Case Studies." Social Ecology Working Paper 121, Institute of Social Ecology, IFF—Faculty for Interdisciplinary Studies, Klagenfurt University, Vienna. https://is.muni.cz/el/1423/jaro2013/HEN633/um/Fischer-Kowalski_et_al_Sociometabolic_regimes.pdf.

Fitzgerald, Deborah Kay. 2003. *Every Farm a Factory: The Industrial Ideal in American Agriculture*. New Haven, CT: Yale University Press.

Flynn, Dennis O. 1984. "Use and Misuse of the Quantity Theory of Money in Early Modern Historiography." In *Münzprägung, Geldumlauf und Wechselkurse/Minting, Monetary Circulation and Exchange Rates: Akten der C7-Section des 8th International Economic History Congress Budapest 1982*, edited by Eddy van Cauwenberghe and Franz Irsigler, 383–419. Trier: Trierer Historische Forchungen.

Flynn, Dennis O., and Arturo Giráldez. 1995. "Born with a 'Silver Spoon': The Origin of World Trade in 1571." *Journal of World History* 6, no. 2: 201–21.

——. 2002. "Cycles of Silver: Global Economic Unity through the Mid-Eighteenth Century." *Journal of World History* 13, no. 2: 391–427.

Folbre, Nancy. 2006. "Measuring Care: Gender, Empowerment, and the Care Economy." *Journal of Human Development* 7, no. 2: 183–99.

Fortune, Robert. 1852. *A Journey to the Tea Countries of China*. London: John Murray.

Foster, John Bellamy. 1999. "Marx's Theory of Metabolic Rift: Classical Foundations for Environmental Sociology." *American Journal of Sociology* 105, no. 2: 366–405.

——. 2013. "James Hansen and the Climate-Change Exit Strategy." *Monthly Review* 64, no. 9: 1–19.

Foucault, Michel. 1973. *The Order of Things: An Archaeology of the Human Sciences.* New York: Vintage.〔ミシェル・フーコー『言葉と物——人文科学の考古学』、渡辺一民・佐々木明訳、新潮社、2020年〕

——. 1979. *Discipline and Punish: The Birth of the Prison.* Translated by Alan Sheridan. New York: Vintage.〔ミシェル・フーコー『監獄の誕生——監視と処罰』、田村俶訳、新潮社、2020年〕

——. 1980. *The History of Sexuality.* Translated by Robert Hurley. Vol. 1, *An Introduction.* New York: Vintage.〔ミシェル・フーコー『性の歴史I　知への意志』、渡辺守章訳、新潮社、1986年〕

——. 2003. *Society Must Be Defended: Lectures at the Collège de France, 1975–1976.* Edited by Mauro Bertani and Alessandro Fontana. Translated by David Macey. London: Macmillan.〔ミシェル・フーコー『社会は防衛しなければならない——コレージュ・ド・フランス講義1975–1976年度』、石田英敬・小野正嗣訳、筑摩書房、2007年〕

——. 2008. *The Birth of Biopolitics: Lectures at the Collège de France, 1978–1979.* Edited by Michel Senellart. Translated by Graham Burchell. Basingstoke: Palgrave Macmillan.〔ミシェル・フーコー『生政治の誕生——コレージュ・ド・フランス講義1978–1979年度』、慎改康之訳、筑摩書房、2008年〕

Frader, Laura Levine. 2004. "Gender and Labor in World History." In *A Companion to Gender History,* edited by Teresa A. Meade and Merry E. Wiesner, 26–50. Malden, MA: Wiley-Blackwell.

Franklin, Benjamin. 1950. Letter to Jean-Baptiste Leroy, November 13, 1789. In *The Writings of Benjamin Franklin.* Edited by Albert Henry Smyth. Vol. 10, *1789–1790.* New York: Macmillan.

Fraser, Nancy. 2012. "Feminism, Capitalism, and the Cunning of History: An Introduction." Working paper FMSHWP-2012-17. Paris: Fondation Maison des sciences de l'homme. https://halshs.archives-ouvertes.fr/halshs-00725055/document.

Freese, Barbara. 2003. *Coal: A Human History.* New York: Basic.

Fremdling, Rainer. 2005. "Industrialization and Scientific and Technological Progress." In *History of Humanity: Scientific and Cultural Development.* Vol. 4, *The Nineteenth Century,* edited by Peter Mathias and Nikolaï Todorov, 80–94. London: UNESCO/Routledge.

Friedmann, Harriet. 1978. "World Market, State, and Family Farm: Social Bases of Household Production in the Era of Wage Labor." *Comparative Studies in Society and History* 20, no. 4: 545–86.

——. 1993. "The Political Economy of Food: A Global Crisis." *New Left Review* I/197: 29–57.

Fry, Matthew. 2013. "Cement, Carbon Dioxide, and the 'Necessity' Narrative: A Case Study of Mexico." *Geoforum* 49: 127–38.

FTI Consulting. 2016. *Oil Price Drivers: Bottom of the Barrel?* www.fticonsulting.com/~/media/Files/emea--files/insights/reports/fti-oil-price-drivers-report.pdf.

Fuglie, Keith O., James M. MacDonald, and Eldon Ball. 2007. "Productivity Growth in US Agriculture." Washington DC: US Department of Agriculture. www.ers.usda.gov/webdocs/publications/42924/11854_eb9_1_.pdf.

Fuglie, K. O., and S. L. Wang. 2012. "New Evidence Points to Robust but Uneven Productivity Growth in Global Agriculture." *Amber Waves* 10, no. 3: 1–6.

Galbraith, James K., and J. Travis Hale. 2014. "The Evolution of Economic Inequality in the United States, 1969–2012: Evidence from Data on Inter-industrial Earnings and Inter-regional Incomes." *World Economic Review* 3: 1–19.

Gale, Fred, Bryan Lohmar, and Francis Tuan. 2005. *China's New Farm Subsidies.* United States Department of Agriculture WRS-05-01. www.ers.usda.gov/webdocs/publications/wrs0501/30113_wrs0501_002.pdf.

Galloway, J. N., F. J. Dentener, D. G. Capone, E. W. Boyer, R. W. Howarth, S. P. Seitzinger, G. P. Asner, et al. 2004. "Nitrogen Cycles: Past, Present, and Future." *Biogeochemistry* 70, no. 2: 153–226.

Gannon, Clodagh O'Malley. 2015. "Exploring the Links between Communality, the Metabolic Relationship, and Ecological Sustainability: A Case Study of a North-west of Ireland Community (c. 1930s–50s)." PhD thesis, Department of Sociology, National University of Ireland Maynooth. http://eprints.maynoothuniversity.ie/6324/.

Garrett, Rebecca, and Liza Kim Jackson. 2015. "Art, Labour and Precarity in the Age of Veneer Politics." *Alternate Routes: A Journal of Critical Social Research* 27: 279.

Gaud, W. S. 1968. "The Green Revolution: Accomplishments and Apprehensions." Address to the Society of International Development, Washington DC, March 8. www.agbioworld.org/biotech-info/topics/borlaug/borlaug-green.html.

Genovese, Eugene D. 1992. *From Rebellion to Revolution: Afro-American Slave Revolts in the Making of the Modern World.* Baton Rouge: Louisiana State University Press.

Gerber, P. J., H. Steinfeld, B. Henderson, A. Mottet, C. Opio, J. Dijkman, A. Falcucci, and G. Tempio. 2013. *Tackling Climate Change through Livestock: A Global Assessment of Emissions and Mitigation Opportunities.* Rome: Food and Agriculture Organization of the United Nations.

Gerretson, F. C. 1953. *History of the Royal Dutch.* Vol. 1. Leiden: Brill. 〔F・C・ヘレットソン『ロイヤル・ダッチ・シエルの歴史』、近藤一郎・奥田英雄訳、石油評論社、1959年〕

Giles, Chris. 2017. "Why Davos 2017 Matters: 10 Things to Watch For." *Financial Times,* January 16. www.ft.com/content/576fb394-dbcd-11e6-86ac-f253db7791c6.

Glacken, Clarence J. 1967. *Traces on the Rhodian Shore: Nature and Culture in Western Thought from Ancient Times to the End of the Eighteenth Century.* Berkeley: University of California Press.

Gleeson-White, Jane. 2012. *Double Entry: How the Merchants of Venice Created Modern Finance.* London: Allen and Unwin. 〔ジェーン・グリーソン・ホワイト『バランスシートで読みとく世界経済史』、川添節子訳、日経BP、2014年〕

Glenn, Evelyn Nakano. 1992. "From Servitude to Service Work: Historical Continuities in the Racial Division of Paid Reproductive Labor." *Signs* 18, no. 1: 1–43.

——. 2010. *Forced to Care: Coercion and Caregiving in America.* Cambridge, MA: Harvard University Press.

Gnutzmann, Hinnerk, and Piotr Śpiewanowski. 2016. "Fertilizer Fuels Food Prices: Identification through the Oil-Gas Spread." Last revised September 1. Social Science Research Network.

Gold, Mick. 1984. "A History of Nature." In *Geography Matters,* edited by Doreen Massey and John Allen, 12–33. Cambridge: Cambridge University Press.

Goldberg, Harmony. 2014. "Our Day Has Finally Come: Domestic Worker Organizing in New York City." PhD dissertation, Graduate Faculty in Anthropology, City University of New York. http://academicworks.cuny.edu/gc_etds/422/.

Goldstone, Nancy Bazelon. 2011. *Joanna: The Notorious Queen of Naples, Jerusalem and Sicily.* London: Phoenix.

Goodfriend, Glenn A., R. A. D. Cameron, and L. M. Cook. 1994. "Fossil Evidence of Recent Human Impact on the Land Snail Fauna of Madeira." *Journal of Biogeography* 21, no. 3: 309–20.

Gotzek, D., H. J. Axen, A. V. Suarez, S. Helms Cahan, and D. Shoemaker. 2015. "Global Invasion History of the Tropical Fire Ant: A Stowaway on the First Global Trade Routes." *Molecular Ecology* 24, no. 2: 374–88.

Gouge, William. 1622. *Of Domesticall Duties, Eight Treatises, Etc.* London: John Haviland, for William Bladen.

Graetz, Heinrich. (1894) 1967. *History of the Jews.* Edited and in part translated by Bella Löwy. Vol. 3. Philadelphia: Jewish Publication Society of America.

Gramsci, Antonio. 1978. *Selections from Political Writings (1921–1926).* Edited and translated by Quintin Hoare. New York: International.

Grantham, J. 2011. "Days of Abundant Resources and Falling Prices Are Over Forever." *GMO Quarterly Newsletter,* April, 1–18.

Grey, Sam, and Raj Patel. 2014. "Food Sovereignty as Decolonization: Some Contributions from Indigenous Movements to Food System and Development Politics." *Agriculture and Human Values* 32, no. 3: 431–44.

Grosfoguel, Ramón, and Eric Mielants. 2006. "The Long-Durée Entanglement between Islamophobia and Racism in the Modern/Colonial Capitalist/Patriarchal World-System: An Introduction." *Human Architecture: Journal of the Sociology of Self-Knowledge* 5, no. 1: article 2. http://scholarworks.umb.edu/humanarchitecture/vol5/iss1/2.

Grove, Richard. 1995. *Green Imperialism: Colonial Expansion, Tropical Island Edens, and the Origins of Environmentalism, 1600–1860.* Cambridge: Cambridge University Press.

Gunaratne, Shelton A. 2001. "Paper, Printing and the Printing Press: A Horizontally Integrative Macrohistory Analysis." *International Communication Gazette* 63, no. 6: 459–79.

Gurian-Sherman, Doug. 2009. "Failure to Yield: Evaluating the Performance of Genetically Engineered Crops." Cambridge, MA: Union of Concerned Scientists. www.ucsusa.org/sites/default/files/legacy/assets/documents/food_and_agriculture/failure-to-yield.pdf.

Gylfason, Thorvaldur, and Gylfi Zoega. 2002. *Inequality and Economic Growth: Do Natural Resources Matter?* Munich: Center for Economic Studies and Ifo Institute for Economic Research.

Häberlein, Mark. 2012. *The Fuggers of Augsburg: Pursuing Wealth and Honor in Renaissance Germany.* Charlottesville: University of Virginia Press.

Habermann, Friederike. 2016. *Ecommony: UmCARE zum Miteinander.* Sulzbach: Ulrike Helmer.

Haensch, S., R. Bianucci, M. Signoli, M. Rajerison, M. Schultz, S. Kacki, M. Vermunt, D. A. Weston, D. Hurst, M. Achtman, E. Carniel, and B. Bramanti. 2010. "Distinct Clones of *Yersinia pestis* Caused the Black Death." *PLOS Pathogens* 6, no. 10: e1001134.

Hall, Kim F. 1996. "Culinary Spaces, Colonial Spaces: The Gendering of Sugar in the Seventeenth Century." In *Feminist Readings of Early Modern Culture: Emerging Subjects,* edited by Valerie Traub, M. Lindsay Kaplan, and Dympna Callaghan, 168–90. Cambridge: Cambridge University Press.

Hall, Robert G. 1989. "Tyranny, Work and Politics: The 1818 Strike Wave in the English Cotton District." *International Review of Social History* 34, no. 3: 433–70.

Hall, Ruth, Marc Edelman, Saturnino M. Borras, Ian Scoones, Ben White, and Wendy Wolford. 2015.

"Resistance, Acquiescence or Incorporation? An Introduction to Land Grabbing and Political Reactions 'From Below.' " *Journal of Peasant Studies* 42, nos. 3–4: 467–88.

Hall, Stuart. 1996. "Race, Articulation and Societies Structured in Dominance." In *Black British Cultural Studies,* edited by Houston A. Baker, Manthia Diawara, and Ruth H. Lindeborg, 16–60. Chicago: University of Chicago Press.

Halperin, Sandra. 2013. *Re-envisioning Global Development: A Horizontal Perspective.* London: Routledge.

Handy, Jim. 2009. " 'Almost Idiotic Wretchedness': A Long History of Blaming Peasants." *Journal of Peasant Studies* 36, no. 2: 325–44.

Hannaford, Ivan. 1996. *Race: The History of an Idea in the West.* Washington DC: Woodrow Wilson Center Press; Baltimore: John Hopkins University Press.

Hansen, James E., and Makiko Sato. 2012. "Paleoclimate Implications for Human-Made Climate Change." In *Climate Change: Inferences from Paleoclimate and Regional Aspects,* edited by André Berger, Fedor Mesinger, and Djordje Šijački, 21–47. New York: Springer.

Harding, Sandra G. 1991. *Whose Science? Whose Knowledge? Thinking from Women's Lives.* Ithaca, NY: Cornell University Press.

Hardoon, Deborah, Sophia Ayele, and Ricardo Fuentes-Nieva. 2016. "An Economy for the 1%." Oxford: Oxfam GB. Available at www.oxfam.org/en/research/economy-1.

Harris, David R. 1978. "Adaptation to a Tropical Rain-Forest Environment: Aboriginal Subsistence in Northeastern Queensland." In *Human Behavior and Adaptation,* edited by N. Blurton Jones and V. Reynolds, 113–34. London: Taylor and Francis.

Harrison, Peter. 1992. "Descartes on Animals." *Philosophical Quarterly* 42, no. 167: 219–27.

Harrisse, Henry. 1888. *Christopher Columbus and the Bank of Saint George (Ufficio di San Giorgio in Genoa): Two Letters Addressed to Samuel L. M. Barlow, Esquire.* New York: privately printed.

Hart, Gillian. 1991. "Engendering Everyday Resistance: Gender, Patronage and Production Politics in Rural Malaysia." *Journal of Peasant Studies* 19, no. 1: 93–121.

Harvey, David. 1993. "From Space to Place and Back Again: Reflections on the Condition of Postmodernity." In *Mapping the Futures: Local Cultures, Global Change,* edited by John Bird, Barry Curtis, Tim Putnam, and Lisa Tickner, 3–29. London: Routledge.

——. 2005. *A Brief History of Neoliberalism.* Oxford: Oxford University Press.〔デヴィッド・ハーヴェイ『新自由主義——その歴史的展開と現在』、森田成也・木下ちがや・大屋定晴・中村好孝訳、渡辺治監訳、作品社、2007年〕

Headrick, Daniel R. 1988. *The Tentacles of Progress: Technology Transfer in the Age of Imperialism, 1850–1940.* New York: Oxford University Press.

Heers, Jacques. 1961. *Gênes au XVe siècle: Activité économique et problèmes sociaux.* Paris: SEVPEN.

Heizer, Robert F. 1963. "Domestic Fuel in Primitive Society." *Journal of the Royal Anthropological Institute of Great Britain and Ireland* 93, no. 2: 186–94.

Helgerson, Richard. 1992. *Forms of Nationhood: The Elizabethan Writing of England.* Chicago: University of Chicago Press.

Herdt, Gilbert. 1994. *Third Sex, Third Gender: Beyond Sexual Dimorphism in Culture and History.* New York: Zone.

Herlihy, David, and Christiane Klapisch-Zuber. 1985. *Tuscans and Their Families: A Study of the Florentine Catasto of 1427.* New Haven, CT: Yale University Press.

Herodotus. 1945. *The History of Herodotus.* Translated by G. Rawlinson. Vol. 1. Everymans Library. London: Dent.〔ヘロドトス『歴史(上中下)』、松平千秋訳、岩波文庫、1971–1972年〕

Herrero, Mario, Philip K. Thornton, Brendan Power, Jessica R. Bogard, Roseline Remans, Steffen Fritz, James S. Gerber, et al. 2017. "Farming and the Geography of Nutrient Production for Human Use: A Transdisciplinary Analysis." *Lancet Planetary Health* 1, no. 1: e33–e42.

Hewitt de Alcántara, Cynthia. 1973. "The 'Green Revolution' as History: The Mexican Experience." *Development and Change* 4, no. 2: 25–44.

Hildyard, Nicholas. 2016. *Licensed Larceny: Infrastructure, Financial Extraction and the Global South.* Manchester: Manchester University Press.

Hill, Bridget. 1989. *Women, Work and Sexual Politics in Eighteenth-Century England.* Oxford: Basil Blackwell.

Hills, Sally, Ryland Thomas, and Nicholas Dimsdale. 2010. "The UK Recession in Context—What Do Three Centuries of Data Tell Us?" *Bank of England Quarterly Bulletin,* Q4, 277–91.

Hilton, R. H. 1951. "Y eut-il une crise générale de la féodalité?" *Annales: Histoire, Sciences Sociales* 6, no. 1: 23–30.

——. 2003. *Bond Men Made Free: Medieval Peasant Movements and the English Rising of 1381.* London: Routledge.

Hinshelwood, Brad. 2013. "The Carolinian Context of John Locke's Theory of Slavery." *Political Theory* 41, no. 4: 562–90.

Hirway, Indira, and Sunny Jose. 2011. "Understanding Women's Work Using Time-Use Statistics: The Case of India." *Feminist Economics* 17, no. 4: 67–92.

Hobsbawm, E. J., and G. Rude. 1969. *Captain Swing.* London: Lawrence and Wishart.

Hoffmann, Richard. 2014. *An Environmental History of Medieval Europe.* Cambridge: Cambridge University Press.

Holborn, Hajo. 1982. *A History of Modern Germany.* Vol. 1, *The Reformation.* Princeton, NJ: Princeton University Press.

Holt-Giménez, Eric, and Raj Patel. 2009. *Food Rebellions! Crisis and the Hunger for Justice.* Oxford: Fahamu.

Homer, Sidney, and Richard Eugene Sylla. 1996. *A History of Interest Rates.* New Brunswick, NJ: Rutgers University Press.

Honeyman, Katrina, and Jordan Goodman. 1991. "Women's Work, Gender Conflict, and Labour Markets in Europe, 1500–1900." *Economic History Review* 44, no. 4: 608–28.

Hornborg, Alf. 2006. "Footprints in the Cotton Fields: The Industrial Revolution as Time-Space Appropriation and Environmental Load Displacement." *Ecological Economics* 59, no. 1: 74–81.

Hörning, Karl H., Anette Gerhard, and Matthias Michailow. 1995. *Time Pioneers: Flexible Working Time and New Lifestyles.* Translated by Anthony Williams. Cambridge: Polity.

Howell, Martha C. 2010. *Commerce before Capitalism in Europe, 1300–1600.* Cambridge: Cambridge University Press.

Huber, Matthew T. 2009. "Energizing Historical Materialism: Fossil Fuels, Space and the Capitalist

Mode of Production." *Geoforum* 40, no. 1: 105–15.
——. 2013. *Lifeblood: Oil, Freedom, and the Forces of Capital.* Minneapolis: University of Minnesota Press.
Hudson, Kenneth, and Andrea Coukos. 2005. "The Dark Side of the Protestant Ethic: A Comparative Analysis of Welfare Reform." *Sociological Theory* 23, no. 1: 1–24.
Hufton, Olwen. 1971. "Women in Revolution, 1789–1796." *Past and Present* 53: 90–108.
——. 1983. "Social Conflict and the Grain Supply in Eighteenth-Century France." *Journal of Interdisciplinary History* 14, no. 2: 303–31.
Hurtado, Albert L. 1988. *Indian Survival on the California Frontier.* New Haven, CT: Yale University Press.
IEA (International Energy Agency). 2008. *Energy Technology Perspectives.* Paris: International Energy Agency.
——. 2016. *Medium-Term Renewable Energy Market Report 2016: Market Analysis and Forecasts to 2021.* Paris: International Energy Agency.
ILO (International Labour Office). 2014. *Profits and Poverty: The Economics of Forced Labour.* Geneva: International Labour Office. www.ilo.org/wcmsp5/groups/public/---ed_norm/---declaration/documents/publication/wcms_243391.pdf.
——. 2015. *World Employment and Social Outlook: Trends 2015.* Geneva: International Labour Office. www.ilo.org/wcmsp5/groups/public/---dgreports/---dcomm/---publ/documents/publication/wcms_337069.pdf.
IMF (International Monetary Fund). 2008. *World Economic Outlook, October 2008: Financial Stress, Downturns, and Recoveries.* Washington DC: International Monetary Fund.
——. 2014. *Global Financial Stability Report, April 2014: Moving from Liquidity- to Growth-Driven Markets.* Washington DC: International Monetary Fund.
——. 2015. *Greece: An Update of IMF Staff's Preliminary Public Debt Sustainability Analysis.* Washington DC: International Monetary Fund.
Inani, Rohit. 2015. "More Than 2,300 People Have Now Died in India's Heat Wave." *Time,* June 2. http://time.com/3904590/india-heatwave-monsoon-delayed-weather-climate-change/.
Inglehart, Ronald, and Pippa Norris. 2003. *Rising Tide: Gender Equality and Cultural Change around the World.* Cambridge: Cambridge University Press.
Ingold, Tim. 1993. "The Temporality of the Landscape." *World Archaeology* 25, no. 2: 152–74.
International Rivers Network. 2011. "Wrong Climate for Big Dams: Fact Sheet—Destroying Rivers Will Worsen Climate Crisis." www.internationalrivers.org/resources/wrong-climate-for-big-dams-fact-sheet-3373.
IPCC (Intergovernmental Panel on Climate Change). 2007. *Climate Change 2007: Synthesis Report.* Geneva: Intergovernmental Panel on Climate Change. www.ipcc.ch/pdf/assessment-report/ar4/syr/ar4_syr_full_report.pdf.
——. 2014. *Climate Change 2014: Mitigation of Climate Change.* Geneva: Intergovernmental Panel on Climate Change. www.ipcc.ch/report/ar5/wg3/.
Jackson, J. B. C. 1997. "Reefs since Columbus." *Coral Reefs* 16, no. 1: S23–S32.
Jackson, R. V. 1985. "Growth and Deceleration in English Agriculture, 1660–1790." *Economic History*

Review 38, no. 3: 333–51.
Jameson, Fredric. 1998. *The Cultural Turn: Selected Writings on the Postmodern, 1983–1998.* London: Verso. 〔フレドリック・ジェイムスン『カルチュラル・ターン』、合庭惇・河野真太郎・秦邦生訳、作品社、2006年〕
Johnson, Walter. 2013. *River of Dark Dreams.* Cambridge, MA: Harvard University Press.
Jones, Grant D. 1989. *Maya Resistance to Spanish Rule: Time and History on a Colonial Frontier.* Albuquerque: University of New Mexico Press.
Jones, W. R. 1971. "The Image of the Barbarian in Medieval Europe." *Comparative Studies in Society and History* 13, no. 4: 376–407.
Jordan, William Chester. 1997. *The Great Famine: Northern Europe in the Early Fourteenth Century.* Princeton, NJ: Princeton University Press.
Josephson, Paul R. 2013. *An Environmental History of Russia.* Cambridge: Cambridge University Press.
Jowett, Benjamin. 1914. *The Dialogues of Plato.* Vol. 4. New York: Hearst's International Libary.
Kagarlitsky, Boris. 2008. *Empire of the Periphery: Russia and the World System.* London: Pluto.
Kaimowitz, David, and Joyotee Smith. 2001. "Soybean Technology and the Loss of Natural Vegetation in Brazil and Bolivia." In *Agricultural Technologies and Tropical Deforestation,* edited by Arild Angelsen and David Kaimowitz, 195–212. Wallingford, Oxford: CABI.
Kain, Roger J. P., and Elizabeth Baigent. 1992. *The Cadastral Map in the Service of the State: A History of Property Mapping.* Chicago: University of Chicago Press.
Kander, Astrid, Paolo Malanima, and Paul Warde. 2013. *Power to the People: Energy in Europe over the Last Five Centuries.* Princeton, NJ: Princeton University Press.
Kaplan, Mitchell. 2010. "Columbus' Forgotten Patron." *Daily Beast,* October 11. www.thedailybeast.com/articles/2010/10/11/columbus-forgotten-patron.html.
Katzew, Ilona. 2004. *Casta Painting: Images of Race in Eighteenth-Century Mexico.* New Haven, CT: Yale University Press.
Keating, Christine, Claire Rasmussen, and Pooja Rishi. 2010. "The Rationality of Empowerment: Microcredit, Accumulation by Dispossession, and the Gendered Economy." *Signs* 36, no. 1: 153–76.
Keller, Catherine. 1994. "The Breast, the Apocalypse, and the Colonial Journey." *Journal of Feminist Studies in Religion* 10, no. 1: 53–72.
Kenyon, Susan. 2010. "What Do We Mean by Multitasking? Exploring the Need for Methodological Clarification in Time Use Research." *Electronic International Journal of Time Use Research* 7, no. 1: 42–60.
Kicza, John E. 1992. "Patterns in Early Spanish Overseas Expansion." *William and Mary Quarterly* 49, no. 2: 229–53.
Kino-nda-niimi Collective, ed. 2014. *The Winter We Danced: Voices from the Past, the Future, and the Idle No More Movement.* Winnipeg: ARP.
Kinsbruner, Jay. 2005. *The Colonial Spanish-American City: Urban Life in the Age of Atlantic Capitalism.* Austin: University of Texas Press.
Klein, Herbert. 2004. "The Atlantic Slave Trade to 1650." In *Tropical Babylons: Sugar and the Making of the Atlantic World, 1450–1680,* edited by Stuart B. Schwartz, 201–36. Chapel Hill: University of North Carolina.

Klein, Naomi. 2007. *The Shock Doctrine: The Rise of Disaster Capitalism.* New York: Metropolitan Books/Henry Holt.〔ナオミ・クライン『ショック・ドクトリン――惨事便乗型資本主義の正体を暴く』、幾島幸子・村上由見子訳、岩波書店、2011年〕

——. 2014. *This Changes Everything: Capitalism vs. the Climate.* New York: Simon and Schuster.〔ナオミ・クライン『これがすべてを変える――資本主義vs.気候変動』、幾島幸子・荒井雅子訳、岩波書店、2017年〕

Knox, James C. 1993. "Large Increases in Flood Magnitude in Response to Modest Changes in Climate." *Nature* 361, no. 6411: 430–32.

Koenigsberger, H. G., and George L. Mosse. 1968. *Europe in the Sixteenth Century.* New York: Holt, Rinehart and Winston.

Koning, Hans. 1976. *Columbus: His Enterprise.* New York: Monthly Review Press.

Kucharik, Christopher J., and Shawn P. Serbin. 2008. "Impacts of Recent Climate Change on Wisconsin Corn and Soybean Yield Trends." *Environmental Research Letters* 3, no. 3: 1–10.

Kumar, Avneesh, and Anuj Kumar. 2016. "Black Face of Green Revolution in Malwa Region of Punjab." *Biological Insights* 1: 3–4.

La Berge, Leigh Claire. 2014. "The Rules of Abstraction Methods and Discourses of Finance." *Radical History Review* 118: 93–112.

LaDuke, Winona. 1994. "Traditional Ecological Knowledge and Enviromental Futures." *Colorado Journal of International Environmental Law and Policy* 5: 127–48.

Lamb, Hubert H. 2002. *Climate, History and the Modern World.* London: Routledge.〔H・H・ラム『気候、その歴史と現在』、小泉格・小泉嶺子訳、ネクパブ・オーサーズプレス、2019年〕

Langley, Paul. 2002. *World Financial Orders: An Historical International Political Economy.* New York: Routledge.

Lappé, Frances Moore, Jennifer Clapp, Molly Anderson, Robin Broad, Ellen Messer, Thomas Pogge, and Timothy Wise. 2013. "How We Count Hunger Matters." *Ethics and International Affairs* 27, no. 3: 251–59.

Latimer, Jeff, Craig Dowden, and Danielle Muise. 2005. "The Effectiveness of Restorative Justice Practices: A Meta-analysis." *Prison Journal* 85, no. 2: 127–44.

La Vega, Garcilasso de. 1688. *The Royal Commentaries of Peru, in Two Parts. . . .* Translated by Paul Rycaut. London: Miles Flesher.

La Via Campesina. 2009. "Via Campesina Campaign to End Violence against Women." https://viacampesina.org/en/index.php/main-issues-mainmenu-27/women-mainmenu-39/643-via-campesina-campaign-to-end-violence-against-women.

Leach, Gerald. 1987. *Household Energy in South Asia.* London: Elsevier Applied Science.

Le Grange, Lesley. 2012. "*Ubuntu, Ukama* and the Healing of Nature, Self and Society." *Educational Philosophy and Theory* 44: 56–67.

Lenin, Vladimir I. 1965. "The Taylor System—Man's Enslavement by the Machine." In *Collected Works.* Vol. 20, *December 1913–August 1914,* 152–54. London: Lawrence and Wishart.〔レーニン「テイラー・システムは機械による人間の奴隷化である」、『レーニン全集20』、レーニン全集刊行委員会訳、大月書店、1957年〕

——. 1987. *Essential Works of Lenin: "What Is to Be Done?" and Other Writings.* Edited by Henry M.

Christman. New York: Dover.〔レーニン『帝国主義——資本主義の最高の段階としての』、宇高基輔訳、岩波文庫、1956年〕
Levine, David. 2001. *At the Dawn of Modernity: Biology, Culture, and Material Life in Europe after the Year 1000.* Berkeley: University of California Press.
Levins, Richard, and Richard C. Lewontin. 1985. *The Dialectical Biologist.* Cambridge, MA: Harvard University Press.
Lewis, Percival. 1811. *Historical Inquiries concerning Forests and Forest Laws with Topological Remarks upon the Ancient and Modern State of New Forest.* London: T. Payne.
Lewis, Simon L., and Mark A. Maslin. 2015. "Defining the Anthropocene." *Nature* 519, no. 7542: 171–80.
Li, Xia, Weihua Li, Hong Wang, Jie Cao, Kenji Maehashi, Liquan Huang, Alexander A. Bachmanov, Danielle R. Reed, Véronique Legrand-Defretin, and Gary K. Beauchamp. 2005. "Pseudogenization of a Sweet-Receptor Gene Accounts for Cats' Indifference toward Sugar." *PLoS Genetics* 1, no. 1: e3.
Lichtenstein, Nelson. 2002. *State of the Union: A Century of American Labor.* Princeton, NJ: Princeton University Press.
Lieberman, Victor. 2009. *Mainland Mirrors: Europe, Japan, China, South Asia, and the Islands.* Vol. 2 of *Strange Parallels: Southeast Asia in Global Context, c. 800–1830.* Cambridge: Cambridge University Press.
Linebaugh, Peter. 2008. *The Magna Carta Manifesto: Liberties and Commons for All.* Berkeley: University of California Press.
Linebaugh, Peter, and Marcus Rediker. 2000. *The Many-Headed Hydra: Sailors, Slaves, Commoners, and the Hidden History of the Revolutionary Atlantic.* Boston: Beacon.
Linné, Carl von [Linnaeus]. 1806. *A General System of Nature. . . .* Translated and edited by William Turton. Vol. 1. London: Lackington, Allen.
Lipsett-Rivera, Sonya. 1990. "Puebla's Eighteenth-Century Agrarian Decline: A New Perspective." *Hispanic American Historical Review* 70, no. 3: 463–81.
Liu, Yi-Ping, Gui-Sheng Wu, Yong-Gang Yao, Yong-Wang Miao, Gordon Luikart, Mumtaz Baig, Albano Beja-Pereira, Zhao-Li Ding, Malliya
Gounder Palanichamy, and Ya-Ping Zhang. 2006. "Multiple Maternal Origins of Chickens: Out of the Asian Jungles." *Molecular Phylogenetics and Evolution* 38, no. 1: 12–19.
Livingston, James. 2016. *No More Work: Why Full Employment Is a Bad Idea.* Chapel Hill: University of North Carolina Press.
Lo, Jung-Pang. 1955. "The Emergence of China as a Sea Power during the Late Sung and Early Yüan Periods." *Far Eastern Quarterly* 14, no. 4: 489–503.
Lobell, David, and Christopher B. Field. 2007. "Global Scale Climate-Crop Yield Relationships and the Impacts of Recent Warming." *Environmental Research Letters* 2, no. 1: 014002.
Lobell, David B., Wolfram Schlenker, and Justin Costa-Roberts. 2011. "Climate Trends and Global Crop Production since 1980." *Science* 333, no. 6042: 616–20.
Locke, John. 1997. *Political Essays.* Edited by Mark Goldie. Cambridge: Cambridge University Press.〔ジョン・ロック『ロック政治論集』、山田園子・吉村伸夫訳、法政大学出版局、2007年〕
——. 2003. *Two Treatises of Government and A Letter concerning Toleration.* Edited by Ian Shapiro. New

Haven, CT: Yale University Press.〔ジョン・ロック『統治二論』、加藤節訳、岩波文庫、2007年〕
Lohmann, Larry. 2008. "Carbon Trading, Climate Justice and the Production of Ignorance: Ten Examples." *Development* 51, no. 3: 359–65.
Lopez, Robert Sabatino. 1964. "Market Expansion: The Case of Genoa." *Journal of Economic History* 24, no. 4: 445–64.
Louys, Julien, Darren Curnoe, and Haowen Tong. 2007. "Characteristics of Pleistocene Megafauna Extinctions in Southeast Asia." *Palaeogeography, Palaeoclimatology, Palaeoecology* 243, no. 1: 152–73.
Lovell, Julia. 2012. *The Opium War: Drugs, Dreams and the Making of China.* London: Picador.
Lucashenko, Melissa. 1996. "Violence against Indigenous Women: Public and Private Dimensions." *Violence against Women* 2, no. 4: 378–90.
Lugones, Maria. 2007. "Heterosexualism and the Colonial/Modern Gender System." *Hypatia* 22, no. 1: 186–209.
Lustick, Ian. 1985. *State-Building Failure in British Ireland and French Algeria.* Berkeley: Institute of International Studies, University of California, Berkeley.
Lutz, Helma. 2002. "At Your Service Madam! The Globalization of Domestic Service." *Feminist Review* 70: 89–104.
Luxemburg, Rosa. (1913) 2003. *The Accumulation of Capital.* Translated by Agnes Schwarzschild. London: Routledge.
Lynch, John. 1964. *Spain under the Habsburgs.* Vol. 2. Oxford: Blackwell.
Macdonald, Isabel. 2010. "France's Debt of Dishonour to Haiti." *Guardian,* August 16. www.theguardian.com/commentisfree/cifamerica/2010/aug/16/haiti-france.
Maddison, Angus. 2007. *Contours of the World Economy, 1–2030 ad: Essays in Macro-economic History.* Oxford: Oxford University Press.〔アンガス・マディソン『世界経済史概観——紀元1年–2030年』、政治経済研究所監訳、岩波書店、2015年〕
Majid, Anouar. 2009. *We Are All Moors: Ending Centuries of Crusades against Muslims and Other Minorities.* Minneapolis: University of Minnesota Press.
Malanima, Paolo. 2009. *Pre-modern European Economy: One Thousand Years (10th–19th Centuries).* Leiden: Brill.
Malthus, Thomas Robert. 1798. *An Essay on the Principle of Population, as It Affects the Future Improvement of Society, with Remarks on the Speculations of Mr. Godwin, M. Condorcet, and Other Writers.* London: J. Johnson.〔マルサス『人口論』、永井義雄訳、中公文庫、2019年〕
Mamdani, Mahmood. 1996. *Citizen and Subject: Contemporary Africa and the Legacy of Late Colonialism.* Princeton, NJ: Princeton University Press.
——. 2012. *Define and Rule: Native as Political Identity.* Cambridge, MA: Harvard University Press.
Manning, Richard. 2004. "The Oil We Eat: Following the Food Chain Back to Iraq." *Harpers,* February.
Mantena, Karuna. 2010. *Alibis of Empire: Henry Maine and the Ends of Liberal Imperialism.* Princeton, NJ: Princeton University Press.
Mantoux, Paul. 1961. *The Industrial Revolution in the Eighteenth Century: An Outline of the Beginnings of the Modern Factory System in England.* Rev. ed. New York: Macmillan.〔ポール・マントゥ『産業革命』、徳増栄太郎・井上幸治・遠藤輝明訳、東洋経済新報社、1964年〕

Marçal, Katrine. 2015. *Who Cooked Adam Smith's Dinner? A Story about Women and Economics.* Translated by Saskia Vogel. London: Portobello. 〔カトリーン・マルサル『アダム・スミスの夕食を作ったのは誰か?——これからの経済と女性の話』、高橋璃子訳、河出書房新社、2021年〕

Mariana-Costantini, Alda, and Giancarlo Ligabue. 1992. "Did Columbus Also Open the Exploration of the Modern Diet?" *Nutrition Reviews* 50, no. 11: 313–19.

Martínez, María Elena. 2011. *Genealogical Fictions: Limpieza de sangre, Religion, and Gender in Colonial Mexico.* Stanford, CA: Stanford University Press.

Martinez-Alier, Joan. 2014. "The Environmentalism of the Poor." *Geoforum* 54: 239–41.

Marx, Karl. 1967a. *Capital: A Critique of Political Economy.* Edited by F. Engels. Vol. 3, *Process of Capitalist Production as a Whole.* New York: International. 〔カール・マルクス『資本論(6~9)』、向坂逸郎訳、岩波文庫、1970年ほか〕

——. 1967b. *Capital: A Critique of Political Economy*. Edited by F. Engels. Vol. 2, *Process of Circulation of Capital.* New York: International. 〔カール・マルクス『資本論(4~5)』、向坂逸郎訳、岩波文庫、1969年ほか〕

——. 1973a. "Critique of the Gotha Programme." In *Marx/Engels Selected Works,* vol. 3, 13–30. Moscow: International. 〔カール・マルクス『ゴータ綱領批判』、西雅雄訳、岩波文庫、1949年〕

——. 1973b. *Grundrisse.* Translated by Martin Nicolaus. London: Penguin/New Left. 〔カール・マルクス「経済学批判要綱」、『マルクス・コレクション(3)』、横張誠・木前利秋・今村仁司訳、筑摩書房、2005年ほか〕

——. 1976. *Capital: A Critique of Political Economy.* Translated by Ben Fowkes. London: Pelican. 〔カール・マルクス「資本論　第一巻(上下)」、『マルクス・コレクション(4~5)』、三島憲一・鈴木直訳、筑摩書房、2005年ほか〕

——. 2000. "On the Jewish Question." In *Karl Marx: Selected Writings,* edited by David McLellan, 46–74. New York: Oxford University Press. 〔カール・マルクス「ユダヤ人問題によせて」、『マルクス・コレクション(1)』、中山元・三島憲一訳、筑摩書房、2005年ほか〕

Matuschke, Ira, Ritesh R. Mishra, and Matin Qaim. 2007. "Adoption and Impact of Hybrid Wheat in India." *World Development* 35, no. 8: 1422–35.

Maxwell, John Francis. 1975. *Slavery and the Catholic Church: The History of Catholic Teaching concerning the Moral Legitimacy of the Institution of Slavery.* Chichester: Barry Rose.

Maybud, Susan. 2015. "Women and the Future of Work—Taking Care of the Caregivers." ILO's Work in Progress. Geneva: International Labour Office. www.ilo.org/wcmsp5/groups/public/---ed_protect/---protrav/---travail/documents/publication/wcms_351297.pdf.

Mayhew, N. J. 2013. "Prices in England, 1170–1750." *Past and Present* 219, no. 1: 3–39.

McCarthy, Charles H. 1915. "Columbus and the Santa Hermandad in 1492." *Catholic Historical Review* 1, no. 1: 38–50.

McClintock, Anne. 1995. *Imperial Leather: Race, Gender and Sexuality in the Colonial Context.* London: Routledge.

Mcglone, Matt S., and Janet M. Wilmshurst. 1999. "A Holocene Record of Climate, Vegetation Change and Peat Bog Development, East Otago, South Island, New Zealand." *Journal of Quaternary Science* 14, no. 3: 239–54.

McKeon, Michael. 1995. "Historicizing Patriarchy: The Emergence of Gender Difference in England,

1660–1760." *Eighteenth-Century Studies* 28, no. 3: 295–322.
McMichael, Philip. 1998. "Global Food Politics." *Monthly Review* 50, no. 3: 97.
——. 2000. "World-Systems Analysis, Globalization, and Incorporated Comparison." *Journal of World-Systems Research* 6, no. 3: 668–90.
——. 2009. "A Food Regime Analysis of the 'World Food Crisis.' " *Agriculture and Human Values* 26, no. 4: 281–95.
——. 2017. *Development and Social Change: A Global Perspective.* 6th ed. Los Angeles: Sage.
McNally, David. 2014. "The Blood of the Commonwealth." *Historical Materialism* 22, no. 2: 3–32.
McNeill, William Hardy. 1976. *Plagues and Peoples.* Garden City, NY: Anchor.〔W・H・マクニール『疫病と世界史』、佐々木昭夫訳、新潮社、1985年〕
McRuer, Robert. 2006. *Crip Theory: Cultural Signs of Queerness and Disability.* New York: New York University Press; London: Eurospan.
McWhorter, L. 2005. "Where Do White People Come From? A Foucaultian Critique of Whiteness Studies." *Philosophy and Social Criticism* 31, nos. 5–6: 533–56.
Meade, J. E. 1952. "External Economies and Diseconomies in a Competitive Situation." *Economic Journal* 62, no. 245: 54–67.
Meade, Teresa A., and Merry E. Wiesner. 2004. *A Companion to Gender History.* Malden, MA: Wiley-Blackwell.
Melillo, Edward Dallam. 2015. *Strangers on Familiar Soil: Rediscovering the Chile-California Connection.* New Haven, CT: Yale University Press.
Merchant, Carolyn. 1980. *The Death of Nature: Women, Ecology, and the Scientific Revolution.* San Francisco: Harper and Row.〔キャロリン・マーチャント『自然の死——科学革命と女・エコロジー』、団まりな・垂水雄二・樋口祐子訳、工作舎、1985年〕
——. 1987. "The Theoretical Structure of Ecological Revolutions." *Environmental Review* 11, no. 4: 265–74.
——. 2006. "The Scientific Revolution and the Death of Nature." *Isis* 97, no. 3: 513–33.
——. 2008. "Secrets of Nature: The Bacon Debates Revisited." *Journal of the History of Ideas* 69, no. 1: 147–62.
——. 2013. "Francis Bacon and the 'Vexations of Art': Experimentation as Intervention." *British Journal for the History of Science* 46, no. 4: 551–99.
Mielants, Eric. 2002. "Europe and China Compared." *Review (Fernand Braudel Center)* 25, no. 4: 401–49.
——. 2008. *The Origins of Capitalism and the "Rise of the West."* Philadelphia: Temple University Press.〔エリック・ミラン『資本主義の起源と「西洋の勃興」』、山下範久訳、藤原書店、2011年〕
Mies, Maria. 1986. *Patriarchy and Accumulation on a World Scale: Women in the International Division of Labour.* London: Zed.〔マリア・ミース『国際分業と女性——進行する主婦化』、奥田暁子訳、日本経済評論社、1997年〕
Miller, Owen. 2007. "The Myonjujon Documents: Accounting Methods and Merchants' Organisations in Nineteenth Century Korea." *Sungkyun Journal of East Asian Studies* 7, no. 1: 87–114.
Miller, Victoria, Salim Yusuf, Clara K. Chow, Mahshid Dehghan, Daniel J. Corsi, Karen Lock, Barry Popkin, et al. 2016. "Availability, Affordability, and Consumption of Fruits and Vegetables in 18

Countries across Income Levels: Findings from the Prospective Urban Rural Epidemiology (PURE) Study." *Lancet Global Health* 4, no. 10: e695–e703.

Minge-Klevana, Wanda, Kwame Arhin, P. T. W. Baxter, T. Carlstein, Charles J. Erasmus, Michael P. Freedman, Allen Johnson, et al. 1980. "Does Labor Time Decrease with Industrialization? A Survey of Time-Allocation Studies [and Comments and Reply]." *Current Anthropology* 21, no. 3: 279–98.

Mink, Gwendolyn. 1990. "The Lady and the Tramp: Gender, Race, and the Origins of the American Welfare State." In *Women, the State, and Welfare,* edited by Linda Gordon, 92–111. Madison: University of Wisconsin.

Mintz, Sidney Wilfred. 1985. *Sweetness and Power: The Place of Sugar in Modern History.* New York: Penguin.〔シドニー・W・ミンツ『甘さと権力――砂糖が語る近代史』、川北稔・和田光弘訳、平凡社、1988年〕

Mitchell, Timothy. 2011. *Carbon Democracy: Political Power in the Age of Oil.* London: Verso.

Modest, Wayne. 2012. "We Have Always Been Modern: Museums, Collections, and Modernity in the Caribbean." *Museum Anthropology* 35, no. 1: 85–96.

Mohawk, John. 1992. "Discovering Columbus: The Way Here." In *Confronting Columbus: An Anthology,* edited by John Yewell, Chris Dodge, and Jan DeSirey, 15–29. Jefferson, NC: McFarland.

Moloney, Pat. 2011. "Hobbes, Savagery, and International Anarchy." *American Political Science Review* 105, no. 1: 189–204.

Monbiot, George. 2012. "We Were Wrong on Peak Oil: There's Enough to Fry Us All." *Guardian,* July 2. www.theguardian.com/commentisfree/2012/jul/02/peak-oil-we-we-wrong.

Montaño, John Patrick. 2011. *The Roots of English Colonialism in Ireland.* Cambridge: Cambridge University Press.

Moody, Kim. 1988. *An Injury to All: The Decline of American Unionism.* London: Verso.

Moore, Jason W. 2003a. "*The Modern World-System* as Environmental History? Ecology and the Rise of Capitalism." *Theory and Society* 32, no. 3: 307–77.

——. 2003b. "Nature and the Transition from Feudalism to Capitalism." *Review (Fernand Braudel Center)* 26, no. 2: 97–172.

——. 2007. "Ecology and the Rise of Capitalism." PhD dissertation, Department of Geography, University of California, Berkeley.

——. 2009. "Madeira, Sugar, and the Conquest of Nature in the 'First' Sixteenth Century, Part I: From 'Island of Timber' to Sugar Revolution, 1420–1506." *Review (Fernand Braudel Center)* 32, no. 4: 345–90.

——. 2010a. " 'Amsterdam Is Standing on Norway,' Part I: The Alchemy of Capital, Empire and Nature in the Diaspora of Silver, 1545–1648." *Journal of Agrarian Change* 10, no. 1: 33–68.

——. 2010b. " 'Amsterdam Is Standing on Norway,' Part II: The Global North Atlantic in the Ecological Revolution of the Long Seventeenth Century." *Journal of Agrarian Change* 10, no. 2: 188–227.

——. 2010c. "The End of the Road? Agricultural Revolutions in the Capitalist World-Ecology, 1450–2010." *Journal of Agrarian Change* 10, no. 3: 389–413.

——. 2010d. " 'This Lofty Mountain of Silver Could Conquer the Whole World': Potosí and the Political Ecology of Underdevelopment, 1545–1800." *Journal of Philosophical Economics* 4, no. 1: 58–103.

——. 2010e. "Madeira, Sugar, and the Conquest of Nature in the 'First' Sixteenth Century, Part II: From Local Crisis to Commodity Frontier, 1506–1530." *Review (Fernand Braudel Center)* 33, no. 1: 1–24.

——. 2011. "Transcending the Metabolic Rift: A Theory of Crises in the Capitalist World-Ecology." *Journal of Peasant Studies* 38, no. 1: 1–46.

——. 2014. "The End of Cheap Nature, or How I Learned to Stop Worrying about 'the' Environment and Love the Crisis of Capitalism." In *Structures of the World Political Economy and the Future of Global Conflict and Cooperation,* edited by Christopher Chase-Dunn and Christian Suter, 285–314. Berlin: Lit.

——. 2015. *Capitalism in the Web of Life: Ecology and the Accumulation of Capital.* London: Verso.〔ジェイソン・W・ムーア『生命の網のなかの資本主義』、山下範久・滝口良訳、東洋経済新報社、2021年〕

——, ed. 2016. *Anthropocene or Capitalocene? Nature, History, and the Crisis of Capitalism.* Oakland, CA: PM Press.

——. 2017a. "The Capitalocene, Part I: On the Nature and Origins of Our Ecological Crisis." *Journal of Peasant Studies* 44, no. 3: 594–630.

——. 2017b. "The Capitalocene, Part II: Accumulation by Appropriation and the Centrality of Unpaid Work/Energy." *Journal of Peasant Studies* (in press).

Moore, Jason, Sharae Deckard, Michael Niblett, and Diana C. Gildea, eds. 2017. *Capitalism's Ecologies: Culture, Power, and Crisis in the 21st Century.* Oakland, CA: PM Press.

Morgan, Jennifer L. 1997. " 'Some Could Suckle over Their Shoulder': Male Travelers, Female Bodies, and the Gendering of Racial Ideology, 1500–1770." *William and Mary Quarterly* 54, no. 1: 167–92.

——. 2004. *Laboring Women: Reproduction and Gender in New World Slavery.* Philadelphia: University of Pennsylvania Press.

Morison, Samuel Eliot, ed. and trans. 1963. *Journals and Other Documents on the Life and Voyages of Christopher Columbus.* New York: Heritage.

Moshenberg, Daniel. 2015. Interview by Rebecca McInroy, Tom Philpott, Raj Patel. "Prison Food," episode of *The Secret Ingredient* (podcast). August 14. http://thesecretingredient.org/prison-food-daniel-moshenberg/.

Mosse, George L. 1988. *Nationalism and Sexuality: Middle-Class Morality and Sexual Norms in Modern Europe.* Madison: University of Wisconsin Press.〔ジョージ・L・モッセ『ナショナリズムとセクシュアリティ――市民道徳とナチズム』、佐藤卓己・佐藤八寿子訳、柏書房、1996年〕

Movement for Black Lives. n.d. "Reparations." https://policy.m4bl.org/reparations/.

Mumford, Lewis. 1934. *The Golden Day: A Study in American Literature and Culture.* New York: W. W. Norton.

——. (1934) 2010. *Technics and Civilization.* Chicago: University of Chicago Press.

Munro, John H. 2003. "The Monetary Origins of the 'Price Revolution': South German Silver Mining, Merchant-Banking, and Venetian Commerce, 1470–1540." Working paper no. 8, Department of Economics, University of Toronto.

Münzer, Thomas. 1524. *Hochverursachte Schutzrede und Antwort wider das geistlose, sanftlebende Fleisch zu Wittenberg, welches mit verkehrter Weise durch den Diebstahl der heiligen Schrift die*

erbärmliche Christenheit also ganz jämmerlich besudelt hat. Nuremburg: Hieronymus Höltzel.

Murali, Atluri. 1995. "Whose Trees? Forest Practices and Local Communities in Andhra, 1600–1922." In *Nature, Culture, Imperialism: Essays on Environmental History of South Asia,* edited by David Arnold and Ramachandra Guha, 50–86. New Delhi: Oxford University Press.

Nader, Helen. 2002. "Desperate Men, Questionable Acts: The Moral Dilemma of Italian Merchants in the Spanish Slave Trade." *Sixteenth Century Journal* 33, no. 2: 401–22.

Nairn, I. A., P. R. Shane, J. W. Cole, G. J. Leonard, S. Self, and N. Pearson. 2004. "Rhyolite Magma Processes of the ~ad 1315 Kaharoa Eruption Episode, Tarawera Volcano, New Zealand." *Journal of Volcanology and Geothermal Research* 131, nos. 3–4: 265–94.

Nairn, Tom. 1977. *The Break-up of Britain: Crisis and Neo-nationalism.* London: New Left.

Nanni, Giordano. 2011. "Time, Empire and Resistance in Settler-Colonial Victoria." *Time and Society* 20, no. 1: 5–33.

Nathan, Dev, and Govind Kelkar. 1997. "Wood Energy: The Role of Women's Unvalued Labor." *Gender, Technology and Development* 1, no. 2: 205–24.

National Nutrition Monitoring Bureau. 2012. *Diet and Nutritional Status of Rural Population, Prevalence of Hypertension and Diabetes among Adults and Infant and Young Child Feeding Practices—Report of Third Repeat Survey.* Hyderabad: National Institute of Nutrition, Indian Council of Medical Research.

National Research Council. 2011. "Warming World: Impacts by Degree." New York: National Research Council. http://dels.nas.edu/resources/static-assets/materials-based-on-reports/booklets/warming_world_final.pdf.

Naylor, Hugh. 2016. "An Epic Middle East Heat Wave Could Be Global Warming's Hellish Curtain-Raiser." *Washington Post,* August 10. www.washingtonpost.com/world/middle_east/an-epic-middle-east-heat-wave-could-be-global-warmings-hellish-curtain-raiser/2016/08/09/c8c717d4-5992-11e6-8b48-0cb344221131_story.html.

Neal, Larry. 2015. *A Concise History of International Finance: From Babylon to Bernanke.* Cambridge: Cambridge University Press.

Nef, John U. 1934. "The Progress of Technology and the Growth of Large Scale Industry in Great Britain, 1540–1640." *Economic History Review* 5, no. 1: 3–24.

——. 1941. "Silver Production in Central Europe, 1450–1618." *Journal of Political Economy* 49, no. 4: 575–91.

——. 1964. *The Conquest of the Material World: Essays on the Coming of Industrialism.* New York: Meridian.

Nelson, Diane M. 2009. *Reckoning: The Ends of War in Guatemala.* Durham, NC: Duke University Press.

Neocleous, Mark. 2014. *War Power, Police Power.* Edinburgh: Edinburgh University Press.

Nguyen, Dan Thu. 1992. "The Spatialization of Metric Time: The Conquest of Land and Labour in Europe and the United States." *Time and Society* 1, no. 1: 29–50.

Nietzsche, Friedrich. 2001. *The Gay Science: With a Prelude in German Rhymes and an Appendix of Songs.* Edited by Bernard Williams. Translated by Josefine Nauckhoff and Adrian Del Caro. Cambridge: Cambridge University Press. 〔ニーチェ「悦ばしき知識」、『ニーチェ全集(8)』、信

太正三訳、理想社、1980年など〕
Nove, Alec. 1992. *An Economic History of the USSR, 1917–1991.* 3rd ed. London: Penguin.
O'Connell, Sanjida. 2004. *Sugar: The Grass That Changed the World.* London: Virgin.
O'Connor, James. 1988. "Capitalism, Nature, Socialism: A Theoretical Introduction." *Capitalism Nature Socialism* 1, no. 1: 11–38.
Offer, Avner. 1991. *The First World War: An Agrarian Interpretation.* Oxford: Clarendon.
Offer, Shira, and Barbara Schneider. 2011. "Revisiting the Gender Gap in Time-Use Patterns." *American Sociological Review* 76, no. 6: 809–33.
Ohlmeyer, Jane. 2016. "Conquest, Civilization, Colonization." In *The Princeton History of Modern Ireland,* edited by Richard Bourke and Ian McBride, 21–47. Princeton, NJ: Princeton University Press.
Olson-Sawyer, Kai. 2013. "Meat's Large Water Footprint: Why Raising Livestock and Poultry for Meat Is So Resource-Intensive." Food Tank, December 16. http://foodtank.com/news/2013/12/why-meat-eats-resources.
Oram, Richard. 2013. "Arrested Development? Energy Crises, Fuel Supplies, and the Slow March to Modernity in Scotland, 1450–1850." In *Energy Transitions in History: Global Cases of Continuity and Change,* edited by Richard W. Unger, 17–24. Munich: Rachel Carson Centre.
Ormrod, David. 2003. *The Rise of Commercial Empires: England and the Netherlands in the Age of Mercantilism, 1650–1770.* Cambridge: Cambridge University Press.
Orren, Karen. 1991. *Belated Feudalism: Labor, the Law, and Liberal Development in the United States.* Cambridge: Cambridge University Press.
Overton, Mark. 1996. *The Agricultural Revolution.* Cambridge: Cambridge University Press.
Oxfam America. 2015. *Lives on the Line: The Human Cost of Cheap Chicken.* Washington DC: Oxfam America. www.oxfamamerica.org/static/media/files/Lives_on_the_Line_Full_Report_Final.pdf.
Oyěwùmí, Oyèrónké. 1997. *The Invention of Women: Making an African Sense of Western Gender Discourses.* Minneapolis: University of Minnesota Press.
Page, Brian, and Richard Walker. 1991. "From Settlement to Fordism: The Agro-industrial Revolution in the American Midwest." *Economic Geography* 67, no. 4: 281–315.
Painter, David S. 2014. "Oil and Geopolitics: The Oil Crises of the 1970s and the Cold War." *Historical Social Research* 39, no. 4: 186–208.
Pal, Jeremy S., and Elfatih A. B. Eltahir. 2016. "Future Temperature in Southwest Asia Projected to Exceed a Threshold for Human Adaptability." *Nature Climate Change* 6, no. 2: 197–200.
Palmer, G. 1974. "The Emergence of Modern Finance in Europe, 1500–1750." In *The Fontana Economic History of Europe,* edited by Carlo M. Cipolla. Vol. 2, *The Sixteenth and Seventeenth Centuries,* 527–94. London: Collins/Fontana.
Panitch, Leo, and Sam Gindin. 2012. *The Making of Global Capitalism.* London: Verso. 〔レオ・パニッチ／サム・ギンディン『グローバル資本主義の形成と現在――いかにアメリカは、世界的覇権を構築してきたか』、芳賀健一・沖公祐訳、長原豊監訳、作品社、2018年〕
Parenti, Christian. 2016. "Environment-Making in the Capitalocene." In *Anthropocene or Capitalocene? Nature, History, and the Crisis of Capitalism,* edited by Jason W. Moore, 166–84. Oakland, CA: PM Press.

Parise, Agustín. 2008. "The Valladolid Controversy Revisited: Looking Back at the Sixteenth-Century Debate on Native Americans While Facing the Current Status of Human Embryos." *Journal of Civil Law Studies* 1, no. 1: article 7.

Parker, Geoffrey. 1976. "The 'Military Revolution,' 1560–1660—a Myth?" *Journal of Modern History* 48, no. 2: 196–214.

——. 1996. *The Military Revolution: Military Innovation and the Rise of the West, 1500–1800.* Cambridge: Cambridge University Press.〔ジェフリ・パーカー『長篠合戦の世界史——ヨーロッパ軍事革命の衝撃1500〜1800年』、大久保桂子訳、同文館出版、1995年〕

——. 2014. *Global Crisis: War, Climate Change and Catastrophe in the Seventeenth Century.* New Haven, CT: Yale University Press.

Patel, Raj. 2007. *Stuffed and Starved: Markets, Power and the Hidden Battle for the World Food System.* London: Portobello.〔ラジ・パテル『肥満と飢餓——世界フード・ビジネスの不幸のシステム』、佐久間智子訳、作品社、2010年〕

——. 2013. "The Long Green Revolution." *Journal of Peasant Studies* 40, no. 1: 1–63.

Patel, Raj, Rachel Bezner Kerr, Lizzie Shumba, and Laifolo Dakishoni. 2014. "Cook, Eat, Man, Woman: Understanding the New Alliance for Food Security and Nutrition, Nutritionism, and Its Alternatives from Malawi." *Journal of Peasant Studies* 42, no. 1: 21–44.

Patel, Raj, and Philip McMichael. 2004. "Third Worldism and the Lineages of Global Fascism: The Regrouping of the Global South in the Neo-liberal Era." *Third World Quarterly* 25, no. 1: 231–54.

——. 2009. "A Political Economy of the Food Riot." *Review (Fernand Braudel Center)* 32, no. 1: 9–35.

Patterson, Clair C. 1972. "Silver Stocks and Losses in Ancient and Medieval Times." *Economic History Review* 25, no. 2: 205–33.

Patterson, Orlando. 1982. *Slavery and Social Death: A Comparative Study.* Cambridge, MA: Harvard University Press.〔オルランド・パターソン『世界の奴隷制の歴史』、奥田暁子訳、明石書店、2001年〕

Paul, Diane. 1981. " 'In the Interests of Civilization': Marxist Views of Race and Culture in the Nineteenth Century." *Journal of the History of Ideas* 42, no. 1: 115–38.

Paul-Majumder, Pratima, and Anwara Begum. 2000. "The Gender Imbalances in the Export Oriented Garment Industry in Bangladesh." Policy Research Report on Gender and Development Working Paper Series No. 12, Development Research Group/Poverty Reduction and Economic Management Network, World Bank, Washington DC. Available at www.atria.nl/epublications/2000/Gender_Imbalances.pdf.

Payne, Chris S. 2016. "Changes in the Value and Division of Unpaid Care Work in the UK: 2000 to 2015." November 10. London: Office for National Statistics. www.ons.gov.uk/economy/nationalaccounts/satelliteaccounts/articles/changesinthevalueanddivisionofunpaidcareworkintheuk/2000to2015.

Pearson, M. N. 1987. *The Portuguese in India.* Cambridge: Cambridge University Press.

Peet, Richard, and Michael Watts. 2004. *Liberation Ecologies: Environment, Development, Social Movements.* 2nd ed. London: Routledge.

Peng, Shaobing, Jianliang Huang, John E. Sheehy, Rebecca C. Laza, Romeo M. Visperas, Xuhua Zhong, Grace S. Centeno, Gurdev S. Khush, and Kenneth G. Cassman. 2004. "Rice Yields Decline with

Higher Night Temperature from Global Warming." *Proceedings of the National Academy of Sciences of the United States of America* 101, no. 27: 9971–75.
PennState Extension. 2015. "Modern Meat Chicken Industry." http://extension.psu.edu/animals/poultry/topics/general-educational-material/the-chicken/modern-meat-chicken-industry.
Pew Research Center. 2010. "Global Indicators Database." www.pewglobal.org/database/.
Phillips, Kevin. 2009. *Bad Money: Reckless Finance, Failed Politics, and the Global Crisis of American Capitalism.* New York: Penguin.
Phillips, Ulrich Bonnell. 1929. *Life and Labor in the Old South.* New York: Little, Brown.
Phillips, William D., Jr. 2004. "Sugar in Iberia." In *Tropical Babylons: Sugar and the Making of the Atlantic World, 1450–1680,* edited by Stuart B. Schwartz, 27–41. Chapel Hill: University of North Carolina Press.
——. 2013. *Slavery in Medieval and Early Modern Iberia.* Philadelphia: University of Pennsylvania Press.
Pigou, A. C. 1920. *The Economics of Welfare.* London: Macmillan.
Piketty, Thomas. 2014. *Capital in the Twenty-First Century.* Translated by Arthur Goldhammer. Cambridge, MA: Belknap Press of Harvard University Press.〔トマ・ピケティ『21世紀の資本』、山形浩生・守岡桜・森本正史訳、みすず書房、2014年〕
Pitts, Jennifer. 2010. "Political Theory of Empire and Imperialism." *Annual Review of Political Science* 13: 211–35.
Piven, Frances Fox. 1990. "Ideology and the State: Women, Power, and the Welfare State." In *Women, the State, and Welfare,* edited by Linda Gordon, 250–64. Madison: University of Wisconsin Press.
Planning Commission. 2012. *India Human Development Report 2011: Towards Social Inclusion.* Oxford: Oxford University Press for the Government of India.
Platter, Thomas. 1937. *Thomas Platter's Travels in England, 1599.* Translated by Clare Williams. London: Cape.
Plumwood, Val. 1993. *Feminism and the Mastery of Nature.* London: Routledge.
Pollin, Robert. 1996. "Contemporary Economic Stagnation in World Historical Perspective." *New Left Review* I/219: 109–18.
Pomeranz, Kenneth. 2000. *The Great Divergence: China, Europe, and the Making of the Modern World Economy.* Princeton, NJ: Princeton University Press.〔K・ポメランツ『大分岐——中国、ヨーロッパ、そして近代世界経済の形成』、川北稔監訳、名古屋大学出版会、2015年〕
——. 2002. "Political Economy and Ecology on the Eve of Industrialization: Europe, China, and the Global Conjuncture." *American Historical Review* 107, no. 2: 425–46.
Postle, Martin. 2002. *Thomas Gainsborough.* Princeton, NJ: Princeton University Press.
Potter, Will. 2013. *Green Is the New Red: An Insider's Account of a Social Movement under Siege.* San Francisco: City Lights.
Prashad, Vijay. 2012. *The Poorer Nations: A Possible History of the Global South.* London: Verso.
Price, Brian. 1992. "Frank and Lillian Gilbreth and the Motion Study Controversy, 1907–1930." In *A Mental Revolution: Scientific Management since Taylor,* edited by Daniel Nelson, 58–76. Columbus: Ohio State University Press.
Prince, Hugh C. 1988. "Art and Agrarian Change, 1710–1815." In *The Iconography of Landscape,*

edited by D. Cosgrove and S. J. Daniels, 98–118. Cambridge: Cambridge University Press.

Quaglia, Lucia, and Sebastián Royo. 2015. "Banks and the Political Economy of the Sovereign Debt Crisis in Italy and Spain." *Review of International Political Economy* 22, no. 3: 485–507.

Quijano, Aníbal. 2000. "Coloniality of Power and Eurocentrism in Latin America." *International Sociology* 15, no. 2: 215–32.

Quirk, Robert E. 1954. "Some Notes on a Controversial Controversy: Juan Ginés de Supúlveda [*sic*] and Natural Servitude." *Hispanic American Historical Review* 34, no. 3: 357–64.

Rachleff, Peter J. 1993. *Hard-Pressed in the Heartland: The Hormel Strike and the Future of the Labor Movement.* Boston: South End.

Rae, John M. A. 1895. *Life of Adam Smith.* London: Macmillan. 〔ジョン・レー『アダム・スミス伝』、大内兵衛・大内節子訳、岩波書店、1972年〕

Rai, Milan. 1993. "Columbus in Ireland." *Race and Class* 34, no. 4: 25–34.

Ramsey, L. F. 1920. "Levada-Walking in Madeira." *Living Age,* 8th ser., vol. 20: 656–63.

Ranelagh, John O'Beirne. 1999. *A Short History of Ireland.* 2nd ed. Cambridge: Cambridge University Press.

Ratekin, Mervyn. 1954. "The Early Sugar Industry in Española." *Hispanic American Historical Review* 34, no. 1: 1–19.

Raworth, Kate. 2014. "Must the Anthropocene Be a Manthropocene?" *Guardian,* October 20. www.theguardian.com/commentisfree/2014/oct/20/anthropocene-working-group-science-gender-bias.

Registered Nurse Response Network. 2016. "Registered Nurse Response Network Sends Nurse Volunteers on Second Deployment to Standing Rock." Press release, November 7. www.nationalnursesunited.org/press/entry/registered-nurse-response-network-sends-nurse-volunteers-on-2nd-deployment/.

Reis, João José. 1993. *Slave Rebellion in Brazil: The Muslim Uprising of 1835 in Bahia.* Translated by Arthur Brakel. Baltimore: Johns Hopkins University Press.

Renda, Mary A. 2001. *Taking Haiti: Military Occupation and the Culture of U.S. Imperialism, 1915–1940.* Chapel Hill: University of North Carolina Press.

Reséndez, Andrés. 2016. *The Other Slavery: The Uncovered Story of Indian Enslavement in America.* Boston: Houghton Mifflin Harcourt.

Resnick, David. 1992. "John Locke and Liberal Nationalism." *History of European Ideas* 15, nos. 4–6: 511–17.

Revette, Anna C. 2016. "This Time It's Different: Lithium Extraction, Cultural Politics and Development in Bolivia." *Third World Quarterly* 38, no. 1: 149–68.

Rivera-Batiz, L. Francisco. 1999. "Undocumented Workers in the Labor Market: An Analysis of the Earnings of Legal and Illegal Mexican Immigrants in the United States." *Journal of Population Economics* 12, no. 1: 91–116.

Roberts, Neil. 1989. *The Holocene: An Environmental History.* Oxford: Basil Blackwell.

Robinson, Jo. 2013. "Breeding the Nutrition Out of Our Food." *New York Times,* May 26. www.nytimes.com/2013/05/26/opinion/sunday/breeding-the-nutrition-out-of-our-food.html.

Rolf, David. 2016. "Life on the Homecare Front." *Generations* 40, no. 1: 82–87.

Roper, John Herbert, and Lolita G. Brockington. 1984. "Slave Revolt, Slave Debate: A Comparison."

Phylon 45, no. 2: 98–110.
Rose, Gillian. 1993. *Feminism and Geography: The Limits of Geographical Knowledge.* Cambridge: Polity.〔ジリアン・ローズ『フェミニズムと地理学——地理学的知の限界』、吉田容子ほか訳、地人書房、2001年〕
Rosen, Ruth. 2000. *The World Split Open: How the Modern Women's Movement Changed America.* New York: Viking.
Ross, Eric B. 2000. *The Malthus Factor: Poverty, Politics and Population in Capitalist Development.* Sturminster Newton, Dorset: Corner House.
Rosset, Peter. 2000. "Lessons from the Green Revolution." Food First/Institute for Food and Development Policy. Available at https://web.archive.org/web/20080211181547/www.foodfirst.org/media/opeds/2000/4-greenrev.html.
Rosset, Peter M., and Maria Elena Martínez-Torres. 2012. "Rural Social Movements and Agroecology: Context, Theory, and Process." *Ecology and Society* 17, no. 3.
Roy, Ananya. 2010. *Poverty Capital: Microfinance and the Making of Development.* London: Routledge.
Ruddiman, William F. 2005. *Plows, Plagues, and Petroleum: How Humans Took Control of Climate.* Princeton, NJ: Princeton University Press.
Ruddiman, W. F., D. Q. Fuller, J. E. Kutzbach, P. C. Tzedakis, J. O. Kaplan, E. C. Ellis, S. J. Vavrus, et al. 2016. "Late Holocene Climate: Natural or Anthropogenic?" *Reviews of Geophysics* 54, no. 1: 93–118.
Rudrappa, Sharmila. 2015. *Discounted Life: The Price of Global Surrogacy in India.* New York: New York University Press.
Ruggiero, Guido. 2015. *The Renaissance in Italy: A Social and Cultural History of the Rinascimento.* New York: Cambridge University Press.
Ruiz, Teofilo F. 1994. *Crisis and Continuity: Land and Town in Late Medieval Castile.* Philadelphia: University of Pennsylvania Press.
Safri, Maliha, and Julie Graham. 2010. "The Global Household: Toward a Feminist Postcapitalist International Political Economy." *Signs* 36, no. 1: 99–125.
Sahlins, Marshall David. 1972. *Stone Age Economics.* Chicago: Aldine-Atherton.〔マーシャル・サーリンズ『石器時代の経済学』、山内昶訳、法政大学出版局、1984年〕
Salleh, Ariel. 1997. *Ecofeminism as Politics: Nature, Marx, and the Postmodern.* London: Zed.
——. 2010. "From Metabolic Rift to 'Metabolic Value': Reflections on Environmental Sociology and the Alternative Globalization Movement." *Organization and Environment* 23, no. 2: 205–19.
Santiago-Valles, Kelvin. 2005. "World-Historical Ties among 'Spontaneous' Slave Rebellions in the Atlantic." *Review (Fernand Braudel Center)* 28, no. 1: 51–83.
Sayre, Nathan F. 2008. "The Genesis, History, and Limits of Carrying Capacity." *Annals of the Association of American Geographers* 98, no. 1: 120–34.
Scarth, David Todd. 2010. "Sovereignty, Property, and Indigeneity: The Relationship between Aboriginal North America and the Modern State in Historical and Geographical Context." PhD thesis, University of Sussex. http://sro.sussex.ac.uk/45251/.
Schlozman, Kay Lehman, Nancy Burns, and Sidney Verba. 1999. " 'What Happened at Work Today?': A Multistage Model of Gender, Employment, and Political Participation." *Journal of Politics* 61, no. 1: 29–53.

Schneider, Mindi, and Philip McMichael. 2010. "Deepening, and Repairing, the Metabolic Rift." *Journal of Peasant Studies* 37, no. 3: 461–84.

Schumpeter, Joseph Alois. 1961. *The Theory of Economic Development: An Inquiry into Profits, Capital, Credit, Interest, and the Business Cycle.* Translated by Redvers Opie. Oxford: Oxford University Press.〔J・A・シュンペーター『経済発展の理論——企業者利潤・資本・信用・利子および景気の回転に関する一研究』、塩野谷祐一・中山伊知郎・東畑精一訳、岩波書店、1980年ほか〕

——. 1976. *Capitalism, Socialism and Democracy.* 5th ed. London: Allen and Unwin.〔シュムペーター『資本主義・社会主義・民主主義』、中山伊知郎・東畑精一訳、東洋経済新報社、1995年ほか〕

Schwartz, Stuart B. 1978. "Indian Labor and New World Plantations: European Demands and Indian Responses in Northeastern Brazil." *American Historical Review* 83, no. 1: 43–79.

——. 1985. *Sugar Plantations in the Formation of Brazilian Society: Bahia, 1550–1835.* Cambridge: Cambridge University Press.

——. 2004. "A Commonwealth within Itself: The Early Brazilian Sugar Industry, 1550–1670." In *Tropical Babylons: Sugar and the Making of the Atlantic World, 1450–1680,* edited by Schwartz, 158–200. Chapel Hill: University of North Carolina Press.

Scott, James C. 1985. *Weapons of the Weak: Everyday Forms of Peasant Resistance.* New Haven, CT: Yale University Press.

Scott, Joan Wallach. 1999. *Gender and the Politics of History.* Rev. ed. New York: Columbia University Press.〔ジョーン・W・スコット『ジェンダーと歴史学』増補新版、荻野美穂訳、平凡社、2004年〕

Seabrook, Jeremy. 2003. "The Language of Labouring Reveals Its Tortured Roots." *Guardian,* January 14. www.theguardian.com/commentisfree/2013/jan/14/language-labouring-reveals-tortured-roots1.

Seabury, Seth A., Ethan Scherer, Paul O'Leary, Al Ozonoff, and Leslie Boden. 2014. "Using Linked Federal and State Data to Study the Adequacy of Workers' Compensation Benefits." *American Journal of Industrial Medicine* 57, no. 10: 1165–73.

Seccombe, Wally. 1992. *A Millennium of Family Change: Feudalism to Capitalism in Northwestern Europe.* London: Verso.

Segato, Rita Laura. 2014. "Las nuevas formas de la guerra y el cuerpo de las mujeres." *Sociedade e Estado* 29: 341–71.

Select Committee of the Legislative Council on the Aborigines. 1859. *Report of the Select Committee of the Legislative Council on the Aborigines.* Melbourne: Government Printer.

Shaikh, Anwar. 2011. "The First Great Depression of the 21st Century." *Socialist Register* 47: 44–63.

Sheiham, Aubrey, and W. Philip T. James. 2014. "A New Understanding of the Relationship between Sugars, Dental Caries and Fluoride Use: Implications for Limits on Sugars Consumption." *Public Health Nutrition* 17, no. 10: 2176–84.

Sherwood, Steven C., and Matthew Huber. 2010. "An Adaptability Limit to Climate Change Due to Heat Stress." *Proceedings of the National Academy of Sciences* 107, no. 21: 9552–55.

Shindell, Drew T. 2016. "Crop Yield Changes Induced by Emissions of Individual Climate-Altering Pollutants." *Earth's Future* 4, no. 8: 373–80.

Sigal, Peter Herman. 2000. *From Moon Goddesses to Virgins: The Colonization of Yucatecan Maya Sexual Desire.* Austin: University of Texas Press.

Silver, Beverly J. 2003. *Forces of Labor: Workers' Movements and Globalization since 1870.* Cambridge:

Cambridge University Press.
Simpson, J. A., and E. S. C. Weiner, eds. 1989. *The Oxford English Dictionary.* 2nd ed. 20 vols. Oxford: Clarendon.
Sinclair, Upton. 1906. *The Jungle.* New York: Doubleday, Page.〔アプトン・シンクレア『ジャングル』、大井浩二訳、松柏社、2009年ほか〕
Slaughter, Thomas P. 1986. *The Whiskey Rebellion: Frontier Epilogue to the American Revolution.* Oxford: Oxford University Press.
Slicher van Bath, Bernard Hendrik, and O. Ordish. 1963. *The Agrarian History of Western Europe, a.d. 500–1850.* London: Arnold.
Smil, Vaclav. 1999. "Detonator of the Population Explosion." *Nature* 400, no. 6743: 415.
——. 2010. *Energy Transitions: History, Requirements, Prospects.* Santa Barbara, CA: Praeger.
Smith, Adam. (1759) 1976. *The Theory of Moral Sentiments.* Oxford: Clarendon.〔アダム・スミス『道徳情操論(上下)』、米林富男訳、未來社、1978年ほか〕
Smith, Daniel Scott. 1993. "The Curious History of Theorizing about the History of the Western Nuclear Family." *Social Science History* 17, no. 3: 325–53.
Smith, William D. 1973. "New Rises Are Feared; Price Quadruples for Iranian Crude Oil at Auction." *New York Times,* December 12, 1.
Snell, Keith D. M. 1987. *Annals of the Labouring Poor: Social Change and Agrarian England, 1660–1900.* Cambridge: Cambridge University Press.
Soble, Alan. 1995. "In Defense of Bacon." *Philosophy of the Social Sciences* 25, no. 2: 192–215.
Sohn-Rethel, Alfred. 1978. *Intellectual and Manual Labour: A Critique of Epistemology.* Atlantic Highlands, NJ: Humanities.
Solar, Peter M. 2012. "The Triumph of Cotton in Europe." https://pdfs.semanticscholar.org/5550/0d2a0b8483b53f798f537b0370b0316750f7.pdf.
Solow, Barbara L. 1987. "Capitalism and Slavery in the Exceedingly Long Run." *Journal of Interdisciplinary History* 17, no. 4: 711–37.
Sonn, Hochul. 1997. "The 'Late Blooming' of the South Korean Labor Movement." *Monthly Review* 49, no. 3: 117–29.
Specter, Michael. 2014. "Seeds of Doubt: An Activist's Controversial Crusade against Genetically Modified Crops." *New Yorker,* August 25.
Spence, O. M. 1870. "The Bank of St. George, Genoa." *Harper's New Monthly Magazine,* vol. 42, 392–400.
Spinden, Herbert J. 1920. "Central American Calendars and the Gregorian Day." *Proceedings of the National Academy of Sciences* 6, no. 2: 56–59.
Spínola, H., A. Brehm, F. Williams, J. Jesus, and D. Middleton. 2002. "Distribution of HLA Alleles in Portugal and Cabo Verde: Relationships with the Slave Trade Route." *Annals of Human Genetics* 66, no. 4: 285–96.
Srnicek, Nick. 2017. *Platform Capitalism.* Malden, MA: Polity.〔ニック・スルネック『プラットフォーム資本主義』、大橋完太郎・居村匠訳、人文書院、2022年〕
Srnicek, Nick, and Alex Williams. 2015. *Inventing the Future: Postcapitalism and a World without Work.* Brooklyn: Verso.

Standing, Guy. 2016. *The Precariat: The New Dangerous Class.* Rev. ed. New York: Bloomsbury Academic.〔ガイ・スタンディング『プレカリアート——不平等社会が生み出す危険な階級』、岡野内正監訳、法律文化社、2016年〕

Stavig, Ward. 2000. "Ambiguous Visions: Nature, Law, and Culture in Indigenous-Spanish Land Relations in Colonial Peru." *Hispanic American Historical Review* 80, no. 1: 77–111.

Stedman, John Gabriel. 1796. *Narrative of a Five Years' Expedition against the Revolted Negroes of Surinam in Guyana on the Wild Coast of South America; from the Year 1772 to 1777.* Vol. 2. London: J. Johnson.

Stein, Robert L. 1984. "From Saint Domingue to Haiti, 1804–1825." *Journal of Caribbean History* 19, no. 2: 189–226.

Steinmetz, Greg. 2016. *The Richest Man Who Ever Lived: The Life and Times of Jacob Fugger.* New York: Simon and Schuster.

Stevens-Arroyo, Anthony M. 1993. "The Inter-Atlantic Paradigm: The Failure of Spanish Medieval Colonization of the Canary and Caribbean Islands." *Comparative Studies in Society and History* 35, no. 3: 515–43.

Stoler, Ann L. 1989. "Making Empire Respectable: The Politics of Race and Sexual Morality in 20th-Century Colonial Cultures." *American Ethnologist* 16, no. 4: 634–60.

——. 2010. *Carnal Knowledge and Imperial Power: Race and the Intimate in Colonial Rule.* Berkeley: University of California Press.〔アン・ローラ・ストーラ『肉体の知識と帝国の権力——人種と植民地支配における親密なるもの』、永渕康之・水谷智・吉田信訳、以文社、2010年〕

Stone, Irving. 1999. *The Global Export of Capital from Great Britain, 1865–1914: A Statistical Survey.* Basingstoke: Macmillan.

Stoneman, Adam. 2015. "The New Conspicuous Consumption." *Jacobin,* June 8.

Stotsky, Janet G., Sakina Shibuya, Lisa Kolovich, and Suhaib Kebhaj. 2016. "Trends in Gender Equality and Women's Advancement." IMF Working Paper. Washington DC: International Monetary Fund.

Strasser, Ulrike, and Heidi Tinsman. 2010. "It's a Man's World? World History Meets the History of Masculinity, in Latin American Studies, for Instance." *Journal of World History* 21, no. 1: 75–96.

Studnicki-Gizbert, Daviken, and David Schecter. 2010. "The Environmental Dynamics of a Colonial Fuel-Rush: Silver Mining and Deforestation in New Spain, 1522 to 1810." *Environmental History* 15, no. 1: 94–119.

Suárez de Figueroa, Cristóbal. (1617) 1914. *El passagero.* Madrid: Sociedad de Bibliófilos Españoles.

Sudarkasa, Niara. 1986. " 'The Status of Women' in Indigenous African Societies." *Feminist Studies* 12, no. 1: 91–103.

Sued-Badillo, Jalil. 1992. "Christopher Columbus and the Enslavement of the Amerindians in the Caribbean." *Monthly Review* 44, no. 3: 71–103.

Tallett, Frank. 2010. *War and Society in Early Modern Europe: 1495–1715.* London: Routledge.

Tanumihardjo, Sherry A., Cheryl Anderson, Martha Kaufer-Horwitz, Lars Bode, Nancy J. Emenaker, Andrea M. Haqq, Jessie A. Satia, Heidi J. Silver, and Diane D. Stadler. 2007. "Poverty, Obesity, and Malnutrition: An International Perspective Recognizing the Paradox." *Journal of the American Dietetic Association* 107, no. 11: 1966–72.

Taylor, Andrew. 2004. *The World of Gerard Mercator: The Mapmaker Who Revolutionized Geography.*

New York: Walker.
Teng, Shu-Chun. 1927. "The Early History of Forestry in China." *Journal of Forestry* 25, no. 5: 564–70.
Teschke, Benno Gerhard. 1999. "The Making of the Westphalian State System: Social Property Relations, Geopolitics and the Myth of 1648." PhD thesis, London School of Economics and Political Science. http://etheses.lse.ac.uk/1555/.
't Hart, Marjolein, Pepijn Brandon, and Thomas Goossens. 2008. "The Commercialization of Warfare as a Strategy for Hegemonial Powers: The Dutch Case Compared." Paper presented at the Second European Congress of World and Global History, Dresden, July 3–5.
Theodorou, Angelina E. 2014. "64 Countries Have Religious Symbols on Their National Flags." November 25. Pew Research Center. www.pewresearch.org/fact-tank/2014/11/25/64-countries-have-religious-symbols-on-their-national-flags/.
Thirsk, Joan. 1964. "The Common Fields." *Past and Present* 29: 3–25.
——. 1987. *Agricultural Regions and Agrarian History in England, 1500–1750.* London: Macmillan.
Thomas, Hugh. 1997. *The Slave Trade: The Story of the Atlantic Slave Trade, 1440–1870.* New York: Simon and Schuster.
——. 2013. *Rivers of Gold: The Rise of the Spanish Empire, from Columbus to Magellan.* New York: Random House.〔ヒュー・トーマス『黄金の川——スペイン帝国の興隆』、林大訳、大月書店、2006年〕
Thompson, Edward P. 1967. "Time, Work-Discipline, and Industrial Capitalism." *Past and Present* 38: 56–97.
Tilly, Charles. 1992. *Coercion, Capital, and European States, ad 990–1992.* Oxford: Blackwell.
Timmermann, Cristian, and Georges F. Félix. 2015. "Agroecology as a Vehicle for Contributive Justice." *Agriculture and Human Values* 32, no. 3: 523–38.
Tinker, George E. 1993. *Missionary Conquest: The Gospel and Native American Cultural Genocide.* Minneapolis: Fortress.
Tiwana, N. S., Neelima Jerath, Gurharminder Singh, and Ravleen Singh. 2009. "Pesticide Pollution in Punjab: A Review." *Asian Journal of Water, Environment and Pollution* 6, no. 1: 89–96.
Tomich, Dale W. 1990. *Slavery in the Circuit of Sugar: Martinique and the World Economy, 1830–1848.* Baltimore: Johns Hopkins University Press.
Topolski, Jerzy. 1962. "La regression économique en Pologne du XVIe au XVIIIe siècle." *Acta poloniae historica* 7: 28–49.
Toscano, Alberto. 2008. "The Open Secret of Real Abstraction." *Rethinking Marxism* 20, no. 2: 273–87.
——. 2016. "A Structuralism of Feeling?" *New Left Review* 97: 73–93.
Trexler, Richard C. 1995. *Sex and Conquest: Gendered Violence, Political Order and the European Conquest of the Americas.* Cambridge: Polity.
Tronto, Joan C. 2002. "The 'Nanny' Question in Feminism." *Hypatia* 17, no. 2: 34–51.
Tsing, Anna Lowenhaupt. 2015. *The Mushroom at the End of the World: On the Possibility of Life in Capitalist Ruins.* Princeton, NJ: Princeton University Press.〔アナ・チン『マツタケ——不確定な時代を生きる術』、赤嶺淳訳、みすず書房、2019年〕
Tuck, Richard. 1999. *The Rights of War and Peace: Political Thought and the International Order from Grotius to Kant.* Oxford: Oxford University Press.〔リチャード・タック『戦争と平和の権利——政

治思想と国際秩序：グロティウスからカントまで』、萩原能久監訳、風行社、2015年〕
Ulrich, Laurel. 1991. *Good Wives: Image and Reality in the Lives of Women in Northern New England, 1650–1750.* New York: Vintage.
UNDP (United Nations Development Programme). 1995. *Human Development Report 1995: Gender and Human Development.* New York: Oxford University Press.
Unger, Richard W. 1984. "Energy Sources for the Dutch Golden Age: Peat, Wind, and Coal." *Research in Economic History* 9: 221–53.
USBC (United States Bureau of the Census). 1909. *A Century of Population Growth: From the First Census of the United States to the Twelfth, 1790–1900.* Washington DC: Government Printing Office.
USDA (United States Department of Agriculture). 2017a. "Food Expenditures." Last modified February 28. www.ers.usda.gov/data-products/food-expenditures.aspx.
——. 2017b. "Sugar and Sweeteners Yearbook Tables." Last modified March 6. www.ers.usda.gov/data-products/sugar-and-sweeteners-yearbook-tables.aspx.
van Dam, Petra J. E. M. 2001. "Sinking Peat Bogs: Environmental Change in Holland, 1350–1550." *Environmental History* 6, no. 1: 32–45.
——. 2002. "Ecological Challenges, Technological Innovations: The Modernization of Sluice Building in Holland, 1300–1600." *Technology and Culture* 43, no. 3: 500–520. van de Pol, Lotte, and Erika Kuijpers. 2005. "Poor Women's Migration to the City: The Attraction of Amsterdam Health Care and Social Assistance in Early Modern Times." *Journal of Urban History* 32, no. 1: 44–60.
van der Woude, Ad. 2003. "Sources of Energy in the Dutch Golden Age: The Case of Holland." *NEHA-Jaarboek* 66: 64–84.
van Dillewijn, C. 1952. *Botany of Sugarcane.* Waltham, MA: Chronica Botanica.
Van Kirk, Sylvia. 1983. *Many Tender Ties: Women in Fur-Trade Society, 1670–1870.* Norman: University of Oklahoma Press. 〔シルヴィア・ヴァン・カーク『優しい絆――北米毛皮交易社会の女性史1670–1870年』、木村和男・田中俊弘訳、麗澤大学出版会、2014年〕
van Zanden, J. L. 1993. *The Rise and Decline of Holland's Economy: Merchant Capitalism and the Labour Market.* Manchester: Manchester University Press.
Varoufakis, Yanis. 2016. *And the Weak Suffer What They Must? Europe, Austerity and the Threat to Global Stability.* London: Bodley Head. 〔ヤニス・ヴァルファキス『わたしたちを救う経済学――破綻したからこそ見える世界の真実』、小島舞・村松恭平訳、中野真紀子監訳、Pヴァイン、2019年〕
Veblen, Thorstein. (1899) 1973. *The Theory of the Leisure Class.* Boston: Houghton Mifflin. 〔ソースティン・ヴェブレン『有閑階級の理論』、高哲男訳、筑摩書房、1998年ほか〕
Verlinden, Charles. 1970. *The Beginnings of Modern Colonization.* Ithaca, NY: Cornell University Press.
Vickers, Brian. 2008. "Francis Bacon, Feminist Historiography, and the Dominion of Nature." *Journal of the History of Ideas* 69, no. 1: 117–41.
Vieira, Alberto. 1996. *A escravatura na Madeira nos séculos XV a XVII: O ponto da situação.* Funchal, Madeira: Centro de Estudos de História do Atlântico. www.madeira-edu.pt/Portals/31/hm-esc-3-ponto.pdf.
——. 2004. "Sugar Islands: The Sugar Economy of Madeira and the Canaries, 1450–1650." In *Tropical Babylons: Sugar and the Making of the Atlantic World, 1450–1680,* edited by Stuart B. Schwartz,

42–84. Chapel Hill: University of North Carolina Press.
Vilar, Pierre, and Judith White. 1976. *A History of Gold and Money, 1450–1920.* London: New Left.
von der Heydt-Coca, Magda. 2005. "Andean Silver and the Rise of the Western World." *Critical Sociology* 31, no. 4: 481–513.
von Tunzelmann, G. N. 1981. "Technological Progress during the Industrial Revolution." In *The Economic History of Britain since 1700.* Vol. 1, *1700–1860,* edited by Roderick Floud and Donald McCloskey, 143–63. Cambridge: Cambridge University Press.
Voss, Barbara L. 2008. "Domesticating Imperialism: Sexual Politics and the Archaeology of Empire." *American Anthropologist* 110, no. 2: 191–203.
Vries, P. H. H. 2001. "Are Coal and Colonies Really Crucial? Kenneth Pomeranz and the Great Divergence." *Journal of World History* 12, no. 2: 407–46.
Wackernagel, Mathis, and William Rees. 1996. *Our Ecological Footprint.* Gabriola Island, British Columbia: New Society.〔マティース・ワケナゲル／ウィリアム・リース『エコロジカル・フットプリント――地球環境持続のための実践プランニング・ツール』、池田真里訳、和田喜彦監訳、合同出版、2004年〕
Wackernagel, Mathis, Niels B. Schulz, Diana Deumling, Alejandro Callejas Linares, Martin Jenkins, Valerie Kapos, Chad Monfreda, et al. 2002. "Tracking the Ecological Overshoot of the Human Economy." *Proceedings of the National Academy of Sciences* 99, no. 14: 9266–71.
Wackernagel, Mathis, and Judith Silverstein. 2000. "Big Things First: Focusing on the Scale Imperative with the Ecological Footprint." *Ecological Economics* 32, no. 3: 391–94.
Wakeman, George. 1868. *Official Proceedings of the National Democratic Convention Held at New York, July 4–9, 1868.* Boston: Rockwell and Rollins.
Walia, Harsha. 2014. "Decolonizing Together: Moving beyond a Politics of Solidarity toward a Practice of Decolonization." In *The Winter We Danced: Voices from the Past, the Future, and the Idle No More Movement,* edited by the Kino-nda-niimi Collective, 44–50. Winnipeg: ARP.
Wallerstein, Immanuel. 1974. *The Modern World-System I: Capitalist Agriculture and the Origins of the European World-Economy in the Sixteenth Century.* New York: Academic.〔I・ウォーラーステイン『近代世界システムI――農業資本主義と「ヨーロッパ世界経済」の成立』、川北稔訳、岩波書店、2013年〕
——. 1983. *Historical Capitalism.* London: Verso.〔I・ウォーラーステイン『史的システムとしての資本主義』、川北稔訳、岩波書店、1985年〕
——. 1989. *The Modern World-System III.* San Diego: Academic.〔I・ウォーラーステイン『近代世界システムIII――「資本主義的世界経済」の再拡大 1730s–1840s』、川北稔訳、岩波書店、2013年〕
Wang, Ting, Donna Surge, and Karen Jo Walker. 2013. "Seasonal Climate Change across the Roman Warm Period/Vandal Minimum Transition Using Isotope Sclerochronology in Archaeological Shells and Otoliths, Southwest Florida, USA." *Quaternary International* 308–9: 230–41.
Warrell, Helen 2015. "Ruthless UK Employers Trap Migrants in 'Modern-Day Slavery.' " *Financial Times,* August 12. www.ft.com/content/43daccd0-410d-11e5-9abe-5b335da3a90e.
Watts, Michael. 1983. "On the Poverty of Theory: Natural Hazards Research in Context." In *Interpretations of Calamity from the Viewpoint of Human Ecology,* edited by K. Hewitt, 231–62. Boston: Allen and Unwin.

———. 2004. "Resource Curse? Governmentality, Oil and Power in the Niger Delta, Nigeria." *Geopolitics* 9, no. 1: 50–80.

Weatherford, Jack. 2009. *The History of Money.* New York: Three Weathers.

Webber, Jeffery R. 2017. *The Last Day of Oppression, and the First Day of the Same: The Politics and Economics of the New Latin American Left.* Chicago: Haymarket.

Wei, Zhudeng, Xiuqi Fang, and Yun Su. 2014. "Climate Change and Fiscal Balance in China over the Past Two Millennia." *Holocene* 24, no. 12: 1771–84.

Weis, Tony. 2013. *The Ecological Hoofprint: The Global Burden of Industrial Livestock.* London: Zed.

Werlhof, Claudia von. 1988. "On the Concept of Nature and Society in Capitalism." In *Women: The Last Colony,* edited by Maria Mies, Veronika Bennholdt-Thomsen, and Werlhof, 95–112. London: Zed.

Westermann, Ekkehard. 1996. "Central European Forestry and Mining Industries in the Early Modern Period." In *L'uomo e la foresta: Secc. XIII–XVIII,* edited by Simonetta Cavaiocchi, 927–53. Florence: Le Monnier.

Westoby, Jack. 1989. *Introduction to World Forestry.* Oxford: Basil Blackwell. 〔ジャック・ウェストビー『森と人間の歴史』、熊崎実訳、築地書館、1990年〕

Westra, Laura. 1998. "Development and Environmental Racism: The Case of Ken Saro-Wiwa and the Ogoni." *Race, Gender and Class* 6, no. 1: 152–62.

White, Lynn Townsend. 1962. *Medieval Technology and Social Change.* London: Oxford University Press. 〔リン・ホワイトJr『中世の技術と社会変動』、内田星美訳、思索社、1985年〕

White, Richard. 1996. " 'Are You an Environmentalist or Do You Work for a Living?': Work and Nature." In *Uncommon Ground: Rethinking the Human Place in Nature,* edited by William Cronon, 171–85. New York: W. W. Norton.

———. 2011. *The Organic Machine: The Remaking of the Columbia River.* New York: Macmillan.

Whittle, Jane. 1998. "Individualism and the Family-Land Bond: A Reassessment of Land Transfer Patterns among the English Peasantry, c. 1270–1580." *Past and Present* 160: 25–63.

Wickham, Chris. 1994. *Land and Power: Studies in Italian and European Social History, 400–1200.* Rome: British School at Rome.

———. 2008. "Productive Forces and the Economic Logic of the Feudal Mode of Production." *Historical Materialism* 16, no. 2: 3–22.

Wiesner-Hanks, Merry E. 2008. *Women and Gender in Early Modern Europe.* 3rd ed. Cambridge: Cambridge University Press.

Wiggins, Steve, and Sharada Keats. 2015. *The Rising Cost of a Healthy Diet: Changing Relative Prices of Foods in High-Income and Emerging Economies.*

London: Overseas Development Institute. www.odi.org/sites/odi.org.uk/files/odi-assets/publications-opinion-files/9580.pdf.

Williams, Lewis. 2012. "The Human Ecologist as Alchemist: An Inquiry into Ngai Te Rangi Cosmology, Human Agency and Well-Being in a Time of Ecological Peril." In *Radical Human Ecology: Intercultural and Indigenous Approaches,* edited by Williams, Rose Roberts, and Alastair McIntosh, 91–120. New York: Routledge.

Williams, Michael. 2003. *Deforesting the Earth: From Prehistory to Global Crisis.* Chicago: University

of Chicago Press.
Williams, Raymond. 1976. *Keywords: A Vocabulary of Culture and Society*. New York: Oxford University Press.〔レイモンド・ウィリアムズ『完訳キーワード辞典』、椎名美智ほか訳、平凡社ライブラリー、2011年〕
Wills, Ian R. 1972. "Projections of Effects of Modern Inputs on Agricultural Income and Employment in a Community Development Block, Uttar Pradesh, India." *American Journal of Agricultural Economics* 54, no. 3: 452–60.
Wily, Liz Alden. 2012. "Looking Back to See Forward: The Legal Niceties of Land Theft in Land Rushes." *Journal of Peasant Studies* 39, nos. 3–4: 751–75.
Wintle, Michael. 1999. "Renaissance Maps and the Construction of the Idea of Europe." *Journal of Historical Geography* 25, no. 2: 137–65.
Wish, Harvey. 1937. "American Slave Insurrections before 1861." *Journal of Negro History* 22, no. 3: 299–320.
Wittman, Hannah. 2009. "Reworking the Metabolic Rift: La Vía Campesina, Agrarian Citizenship, and Food Sovereignty." *Journal of Peasant Studies* 36, no. 4: 805–26.
Wolf, Eric R. 1982. *Europe and the People without History*. Berkeley: University of California Press.
Wood, Andy. 2007. *The 1549 Rebellions and the Making of Early Modern England*. Cambridge: Cambridge University Press.
Wood, Ellen Meiksins. 2003. *Empire of Capital*. London: Verso.〔エレン・メイクシンズ・ウッド『資本の帝国』、中山元訳、紀伊國屋書店、2004年〕
Woods, Jeremy, Adrian Williams, John K. Hughes, Mairi Black, and Richard Murphy. 2010. "Energy and the Food System." *Philosophical Transactions of the Royal Society B: Biological Sciences* 365, no. 1554: 2991–3006.
Working Group on the "Anthropocene." 2016. "What Is the 'Anthropocene'?—Current Definition and Status." Last modified January 4. http://quaternary.stratigraphy.org/workinggroups/anthropocene/.
World Economic Forum. 2012. *Energy for Economic Growth: Energy Vision Update 2012*. Geneva: World Economic Forum. http://reports.weforum.org/energy-for-economic-growth-energy-vision-update-2012/.
——. 2016. *The New Plastics Economy: Rethinking the Future of Plastics*. Geneva: World Economic Forum. http://www3.weforum.org/docs/WEF_The_New_Plastics_Economy.pdf.
Worm, Boris, Edward B. Barbier, Nicola Beaumont, J. Emmett Duffy, Carl Folke, Benjamin S. Halpern, Jeremy B. C. Jackson, et al. 2006. "Impacts of Biodiversity Loss on Ocean Ecosystem Services." *Science* 314, no. 5800: 787–90.
Wright, Melissa W. 2006. *Disposable Women and Other Myths of Global Capitalism*. New York: Routledge.
Wrigley, Edward Anthony. 1990. *Continuity, Chance and Change: The Character of the Industrial Revolution in England*. Cambridge: Cambridge University Press.〔E・A・リグリィ『エネルギーと産業革命――連続性・偶然・変化』、近藤正臣訳、同文館出版、1991年〕
Yager, Tom. 2002. "What Was Rundale and Where Did It Come From?" *Béaloideas* 70: 153–86.
Yeates, Nicola. 2005. "A Global Political Economy of Care." *Social Policy and Society* 4, no. 2: 227–34.
——. 2009. *Globalizing Care Economies and Migrant Workers: Explorations in Global Care Chains*.

Basingstoke: Palgrave Macmillan.
Yuval-Davis, Nira. 1993. "Gender and Nation." *Ethnic and Racial Studies* 16, no. 4: 621–32.
Zaid, Omar Abdullah. 2004. "Accounting Systems and Recording Procedures in the Early Islamic State." *Accounting Historians Journal* 31, no. 2: 149–70.
Zamora, Margarita. 1990. "Abreast of Columbus: Gender and Discovery." *Cultural Critique* 17: 127–49.
Zeeuw, J. W. de. 1978. "Peat and the Dutch Golden Age: The Historical Meaning of Energy Attainability." *AAG Bijdragen* 21: 3–31.
Ziegler, Philip. 2013. *The Black Death*. London: Faber and Faber.
Zinn, Howard. 2003. *A People's History of the United States: 1492–Present*. 3rd ed. London: Pearson/Longman.〔ハワード・ジン『民衆のアメリカ史』、富田虎男訳、ティビーエス・ブリタニカ、1993年ほか〕
Zorrilla, Marcelo Gabriel. 2006. "El acta de requerimiento y la guerra justa." *Revista del Notariado* 885: 247–55.

注

はじめに

冒頭部引用。Nietzsche 2001, §125, 120〔ニーチェ「悦ばしき知識」、『ニーチェ全集(8)』、信太正三訳、理想社、1980年〕.

1 Roberts 1989; Hansen and Sato 2012.

2 Carrington 2016; Working Group on the 'Anthropocene' 2016. ここでは地質学的分野の一つである「地質学的人新世」として人新世に触れている。広く知られている「一般人新世」とはまったくの別物で、よく知られている方の人新世は生態学的危機の原因についての議論を含む。Moore 2016, 2017a, 2017b を参照のこと。

3 Barnosky et al. 2012, 52.

4 一例としてN. Klein 2014〔ナオミ・クライン『これがすべてを変える——資本主義vs.気候変動』、幾島幸子・荒井雅子訳、岩波書店、2017年〕を参照のこと。

5 Barnosky et al. 2004.

6 Louys, Curnoe, and Tong 2007.

7 アフリカにいた人間は巨大動物類を適応させたとされている。そのため、アフリカで絶滅したことを示す証拠はほとんどない。例えば以下のシミュレーションを参照のこと。Channell and Lomolino 2000.

8 Ruddiman et al. 2016.

9 Ceballos et al. 2015.

10 Moore 2016, 78–115; 2017a; 2017b.

11 Bunge 2015.

12 Liu et al. 2006.

13 Evans 2014.

14 Bunge 2015.

15 Oxfam America 2015.

16 Seabury et al. 2014.

17 Dunkley 2014.

18 McMichael 1998; Kaimowitz and Smith 2001; Gale, Lohmar, and Tuan 2005.

19 大文字を使った理由は、先住民の取り組みそのものを考えるとその方が適切だからだ〔原書ではIndigenous Peoplesの表記になっている〕。

20 Jowett 1914, 383–85. Glacken (1967) も参照のこと。Glackenは、自然は人間のために作られたものなのか、自然地理学は人間を変えたのか、人間は自然の形を変えたのか、という自然について人間が長く抱いてきた疑問についてまとめている。

21 Chew 2001.

22 Mielants 2002, 2008〔エリック・ミラン『資本主義の起源と「西洋の勃興」』、山下範久訳、藤原書店、2011年〕.

23 Lamb 2002〔H・H・ラム『気候、その歴史と現在』、小泉格・小泉嶺子訳、ネクパブ・オーサーズプレス、2019年〕; Fagan 2008〔ブライアン・フェイガン『千年前の人類を襲った大温暖化——文明を崩壊させた気候大変動』、東郷えりか訳、河出書房新社、2008年〕; Büntgen et al. 2011.

24 Fagan 2008, 12, 20–21〔フェイガン『千年前の人類を襲った大温暖化』〕.

25 Hoffmann 2014, 116.

26 B. Campbell 2010; Mayhew 2013.

27 M. Williams 2003, 93. 以下も参照のこと。Wickham 1994.

28 Nairn et al. 2004; Dribe, Olsson, and Svensson 2015.

29 Ruiz 1994.

30 Jordan 1997; Fagan 2008〔フェイガン『千年前の人類を襲った大温暖化』〕; B. Campbell 2010.

31 Hilton 1951.

32 Bois 1984, 264. これは、20～21世紀にかけて農業生態学的な枠組みを求める声と同じだ。例えば以下。Altieri 1999; Rosset and Martínez-Torres 2012.

33 Ziegler 2013, 40. 本文献は黒死病に関して包括的に論じている。以下も参照のこと。McNeill 1976〔W・H・マクニール『疫病

と世界史』、佐々木昭夫訳、新潮社、1985年〕; Cantor 2002; Ruddiman 2005; DeWitte 2015.

34 L. White 1962〔リン・ホワイトJr『中世の技術と社会変動』、内田星美訳、思索社、1985年〕, 75; Moore 2003b.

35 DeWitte 2015.

36 McNeill 1976〔マクニール『疫病と世界史』〕.

37 以下も参照のこと。Calculated from Broadberry, Campbell, and van Leeuwen 2011. Lappé et al. 2013. 耕作による生産性の低下については以下。Broadberry et al. 2010, 36.

38 Levine 2001, 325–400; Hilton 2003, esp. 95–133; Cohn 2007b.

39 Elvin 2004.

40 Cohn 2006, ch. 2.

41 15世紀の中国艦隊はポルトガル艦隊よりも規模が大きく、装備も整っていた。中国海軍には皇帝に貢物を持ち帰る責務はなかったが、ポルトガル艦隊にはそうした責務があった。とはいえ、その必然性があったわけではない。近代世界史には、偶然や試行錯誤した危機対応戦略、実行されなかった選択肢などが豊富にある。

42 Moore 2009.

43 Cadamosto (1455) 1937, 9.

44 Verlinden 1970, 216–17.

45 猫は甘味に関心がない (Li et al. 2005)。いつでも一風変わった生物なのだ。

46 Van Dillewijn 1952.

47 Schwartz 2004.

48 Mintz 1985, 82〔シドニー・W・ミンツ『甘さと権力――砂糖が語る近代史』、川北稔・和田光弘訳、平凡社、1988年、167頁。原書では"[1.4 kilograms] of Alexandrine sugar"とある〕.

49 W. Phillips 2004, 29.

50 前掲33.

51 Mintz 1985〔ミンツ『甘さと権力』〕.

52 Moore 2007.

53 Moore 2010e.

54 Ramsey 1920.

55 Afonso de Albuquerque, 以下に引用されている。Vieira 2004, 45.

56 マデイラは1520年代に崩壊して1550年代にサントメに取って代わられた。サントメは1590年代に崩壊してブラジル、ペルナンブコ州に取って代わられた。ペルナンブコ州は1630年代に崩壊してブラジル、バイア州に取って代わられた。バイア州は1680年代に崩壊してバルバドス島に取って代わられた。バルバドス島は1720〜50年代にかけて崩壊してジャマイカとハイチに取って代わられた。

57 Bulbeck et al. 1998.

58 Thomas 1997.

59 Dann and Seaton 2001; Spínola et al. 2002.

60 砂糖がどのように地球を変えたかについてのミンツによる本論文は、大きな影響を残した。Mintz 1985, 82〔ミンツ『甘さと権力』〕.

61 Dann and Seaton 2001.

62 これが、Schumpeter (1976) で取り上げられている資本主義の創造的破壊の暗黙の前提だ〔シュムペーター『資本主義・社会主義・民主主義』、中山伊知郎・東畑精一訳、東洋経済新報社、1995年ほか〕。

63 LaDuke 1994.

64 Le Grange 2012.

65 Barnhill 2005; L. Williams 2012, 95.

66 Levins and Lewontin 1985; Moore 2015〔ジェイソン・W・ムーア『生命の網のなかの資本主義』、山下範久・滝口良訳、東洋経済新報社、2021年〕.

67 Bull and Maron 2016.

68 Pigou 1920; J. E. Meade 1952.

69 E.g., Martinez-Alier 2014.

70 Goodfriend, Cameron, and Cook 1994.

71 資本主義は往々にして自然の産物を「無

償の贈り物」——この言葉はエンゲルス編の『資本論』に登場する——とみなす。しかし実際のところ、自然——人間の本質も含めて——は資本に「無償」あるいは「贈り物」で与えられたものではない。

72 J. Jackson 1997.

73 Worm et al. 2006; World Economic Forum 2016.

74 Moore 2014.

75 Abulafia 2008.

76 Wallerstein 1974, 347〔I・ウォーラーステイン『近代世界システムI——農業資本主義と「ヨーロッパ世界経済」の成立』、川北稔訳、岩波書店、2013年〕; Abu-Lughod 1989; McMichael 2000.

77 Wallerstein 1974, 44〔ウォーラーステイン『近代世界システムI』〕. Moore 2003aも参照のこと。

78 例えば、「社会資本」論の無意味さを批判したFine (2001)を参照のこと。

79 Marx 1973b, 33〔カール・マルクス「経済学批判要綱」、『マルクス・コレクション(3)』、横張誠・木前利秋・今村仁司訳、筑摩書房、2005年ほか〕.

80 Marx 1976, 376〔カール・マルクス『資本論　第一巻(下)』、三島憲一・鈴木直訳、筑摩書房、2005年〕.

81 Arrighi and Moore 2001.

82 Arrighi 1994.

83 Piketty 2014〔トマ・ピケティ『21世紀の資本』、山形浩生・守岡桜・森本正史訳、みすず書房、2014年〕; Galbraith and Hale 2014は納税記録の代わりに給与支払い名簿を用いた; Veblen (1899) 1973〔ソースティン・ヴェブレン『有閑階級の理論』、高哲男訳、筑摩書房、1998年ほか〕が用いた手法は異なるが、結論は似ている。

84 Arrighi and Moore 2001.

85 Vieira 1996.

86 Moore 2003a. 資本主義に不可欠な労働と自然の収奪、自然の疎外が同時に行なわれることは「物質代謝の亀裂」として知られている。以下も参照のこと。Foster 1999; Wittman 2009; Schneider and McMichael 2010; Moore 2011.

87 Vieira 1996.

88 ちなみに、これが『共産党宣言』であらゆる社会の歴史は階級闘争の歴史であると述べられている理由だ。労働者の抵抗と資産家の強制との弁証法的な堂々巡りのせいである。

89 Disney 2009, 114.

90 Bales, Trodd, and Williamson 2009.

91 Belser 2005.

92 O. Patterson 1982〔オルランド・パターソン『世界の奴隷制の歴史』、奥田暁子訳、明石書店、2001年〕.

93 最初の航海以後、植民地から出発した船舶の船長たちは家族や従者を連れて行った(Boxer 1975)。こうした女性たちについてはほとんど記録が残っていない。例外としては、裕福な女性たちが資産(奴隷、家具、衣類)の扱いについて触れた遺言がある。だが、女性たちの性行為は明らかに監視されていた。自由な身分にある白人女性と寝た奴隷は処刑されたからだ(Vieira 1996)。

94 H. Klein 2004, 225.

95 Federici 2004, 77〔シルヴィア・フェデリーチ『キャリバンと魔女——資本主義に抗する女性の身体』、小田原琳・後藤あゆみ訳、以文社、2017年〕.

96 近代初期から近代にかけての欧州での女性の労働については以下参照。Honeyman and Goodman 1991; Frader 2004; Wiesner-Hanks 2008. より広く論じたものとしては以下がある。Meade and Wiesner 2004; Delle, Mrozowski, and Paynter 2000.

97 魔女とカリブ人はそれぞれ、新たな序列における自分たちの位置づけを理解していなかった女性と有色人種の象徴であり、

資本主義的な事象でもある。Federici (2004)〔フェデリーチ『キャリバンと魔女』〕.

98 前掲, 92.

99 UNDP 1995.

100 City of London 2016; Payne 2016.

101 Safri and Graham 2010, 111.

102 Schwartz 1985.

103 Carney 2001.

104 Patel 2013; Patel and McMichael 2009.

105 Holt-Giménez and Patel 2009; Aldrete 2013. 一般的に論じたものとしては以下。De Ste. Croix 1981.

106 De Vries 1993; Brown and Hopkins 1956.

107 USDA 2017a, "Percent of Consumer Expenditures Spent on Food, Alcoholic Beverages, and Tobacco That Were Consumed at Home, by Selected Countries, 2015."

108 USDA 2017b, tables 51–53.

109 Ervin and Ogden 2013; Sheiham and James 2014. World Public Health Nutrition Associationの書籍一般も参考のこと。

110 Verlinden 1970.

111 したがって、木材は当初の「柔軟な穀物」の一つである(Borras et al. 2014)。

112 Boyle 2008, 57.

113 Vieira 1996.

114 Dussel 2008.

115 Parise 2008.

116 Dussel 2008, 12.

117 Buzan, Wæver, and Wilde 1998.

118 Moore 2015〔ムーア『生命の網のなかの資本主義』〕. 以下も参照のこと。Moore 2016; Moore et al. 2017; C. Campbell and Niblett 2016. 以下のサイトに世界－生態論に関する論文が掲載されている。www.academia.edu/Documents/in/World-Ecology.

119 Edwards 2009.

120 Timmermann and Félix 2015.

121 Livingston 2016.

122 Patel et al. 2014.

123 シカゴ大学世論調査センター(National Opinion Research Center：NORC)が実施した総合的社会調査を参照のこと。http://gss.norc.org/.

124 N. Klein 2014〔クライン『これがすべてを変える』〕.

125 Garrett and Jackson 2015, 288, quoting Walker in *Alice Walker: Beauty in Truth* (directed by Pratibha Parmar, 2013).

126 以下を用いた。Watts 1983; Peet and Watts 2004.

第1章

1 Behar 1987, 127.

2 例えば、オックスフォード英英辞典(Simpson and Weiner 1989)では、以下を例として取り上げている。"c1330 Arthour & Merlin (Auch.) (1973) l. 8270 Þe v was Dedinet þe saueage."

3 後年、Simpson and Weiner 1989が紹介した使用例は、1690年のジョン・ロックの著書『人間知性論(*An Essay Concerning Humane Understanding*)』で使われた"The more than Brutality of some savage and barbarous Nations."だ。

4 R. Williams 1976, 292〔レイモンド・ウィリアムズ『完訳キーワード辞典』、椎名美智ほか訳、平凡社ライブラリー、2011年〕.

5 Foucault 2003〔ミシェル・フーコー『社会は防衛しなければならない——コレージュ・ド・フランス講義1975–1976年度』、石田英敬・小野正嗣訳、筑摩書房、2007年〕.

6 Braudel 1953; Wallerstein 1974〔ウォーラーステイン『近代世界システムI』〕; Moore 2016.

7 Pomeranz 2000〔K・ポメランツ『大分岐——中国、ヨーロッパ、そして近代世界経済の形成』、川北稔監訳、名古屋大学出版会、2015年〕.

8 Gunaratne 2001.

9 Lo 1955.

10 Broadberry and Gupta 2006.

11 Elvin 2004.

12 Sohn-Rethel 1978; Jameson 1998〔フレドリック・ジェイムスン『カルチュラル・ターン』、合庭惇・河野真太郎・秦邦生訳、作品社、2006年〕; Toscano 2008; Schneider and McMichael 2010; La Berge 2014; Toscano 2016.

13 Wang, Surge, and Walker 2013.

14 Crumley 1994; Lieberman 2009.

15 Bois 1984.

16 Merchant 1980〔キャロリン・マーチャント『自然の死——科学革命と女・エコロジー』、団まりな・垂水雄二・樋口祐子訳、工作舎、1985年〕; Moore 2015〔ムーア『生命の網のなかの資本主義』〕.

17 Wallerstein 1974〔ウォーラーステイン『近代世界システムI』〕; Moore 2003b.

18 Mumford 1934; Kicza 1992; Sued-Badillo 1992; Abulafia 2008; Bleichmar 2009.

19 Modest 2012, 86. 公正を期していえば、新世界の第一発見者はコロンブスではなかった。コロンブスは第一発見者に絹のベストと、スペイン国王夫妻がインド諸島の第一発見者に払うことを約束した年1万マラヴェディを払うことを約束した。1492年10月12日午前2時に土地を見つけたのは水夫だったロドリーゴ・デ・トリアナだった(Columbus 2003)が、報奨金を受け取ったのはコロンブスで、コロンブスの存命中ずっと支払われた。その原資はセビリアの食肉業者に課せられた税金だった。

20 Columbus 2003, 123.

21 Elliott 1963, 68–69〔ジョン・H・エリオット『スペイン帝国の興亡——1469–1716』、藤田一成訳、岩波書店、1982年〕.

22 Elliott 1984, 312.

23 Werlhof 1988; Rai 1993.

24 Stavig 2000. スペイン語の自然【natural】という言葉は、英語の自然【nature】と社会【society】という言葉と同じく、この時代に「ある都市の出身者」という意味から「自然の一部」とほぼ同義の言葉に変わった。

25 D. Arnold 1996〔デイヴィッド・アーノルド『環境と人間の歴史——自然、文化、ヨーロッパの世界的拡張』、飯島昇藏・川島耕司訳、新評論、1999年〕.

26 Dussel 2008.

27 Descartes 1985, 142–43.

28 De Vries and Van der Woude 1997〔J・ド・フリース/A・ファン・デァ・ワウデ『最初の近代経済——オランダ経済の成功・失敗と持続力1500–1815』、大西吉之・杉浦未樹訳、名古屋大学出版会、2009年〕; Moore 2010a, 2010b.

29 Amrine 2010.

30 Bacon 1861, 296. フェミニストによる批判については以下を参照のこと。Merchant 1980〔マーチャント『自然の死』〕; Harding 1991. ベーコンを擁護した人びとは少なくなかった。以下を参照のこと。Soble 1995; Vickers 2008。だが、近年ではMerchant 2013が指摘するように、ベーコンに対する批判はまったく当然のことに思われる。

31 Daly 1990.

32 Dussel 2014, 44. 以下も参照のこと。Grosfoguel and Mielants 2006.

33 Cobarrubias and Pickles 2009.

34 Mumford 1934, 20.

35 Ingold 1993; Brotton 1997; Wintle 1999.

36 Chaudhuri 1985; Pearson 1987.

37 Ingold 1993; Taylor 2004.

38 Brotton 1997, 166.

39 Descartes 1985, 142–43.

40 プロレタリア化は往々にして部分的だ。より正確に言えば「半プロレタリア化」だろう。Wallerstein 1983〔I・ウォーラーステイン『史的システムとしての資本主義』、川北稔訳、岩波書店、1985年〕参照。

41 Brenner 1976, 61–62.

42 前掲44.
43 Whittle 1998, 56.
44 Brenner 1976, 2001, 1993.
45 J. C. Scott 1985; Kain and Baigent 1992.
46 Wood 2007.
47 Wallerstein 1974, 255〔ウォーラーステイン『近代世界システムI』〕.
48 R. Allen 2000, 8.
49 Montaño 2011, 157.
50 資本主義の中心がアジアへと移行するのに伴い、昔からある一部の学問が再評価されていることは印象的だ。2015年、漢方を用いた研究に対してノーベル生理学・医学賞が授与されたが、同賞創設時には考えられなかったことだろう。
51 ヘンリー8世の助言役を務めたノーサンプトン伯については以下に引用がある。Lustick 1985, 23. 以下も参照のこと。Ohlmeyer 2016. 囲い込みに対してアイルランド人は、農地を共同体で所有管理する制度で対抗した。イングランドによる統治に代わるものだったが、結局は——とりわけ土地拡大の障害となったことを考慮すると——労働者が集団で、スコットランドへ職探しに行った。Yager 2002; Gannon 2015.
52 Moore 2017a.
53 U. Phillips 1929.
54 Naylor 2016.
55 *Al Jazeera* 2016.
56 Sherwood and Huber 2010; Pal and Eltahir 2016.
57 Inani 2015.
58 Bromwich 2016. 長期的に見れば、洪水発生の頻度と規模、比較的小規模な気候変動との間には密接な関係がある(Knox 1993)。

第2章

冒頭部引用。Francisco de Quevedo y Villegas, 以下に引用されている。Felloni and Laura 2014, 12 (authors' translation); Felipe Guamán Poma de Ayala, 以下に引用されている。Dussel 2014, 43.

1 Harrisse 1888. コロンブスは裕福な女性とも関係を持ったが、大西洋横断への執着から1484年には負債を抱えるようになった(Mohawk 1992, 26)。
2 チェントリオーネ家はミョウバン採掘にも出資していた。ミョウバンは羊毛加工で使われる原料だ。
3 Catz 1993, 22–23.
4 Boyle 2008, 54–55.
5 Kicza 1992.
6 Nader 2002, 402.
7 Thomas 2013, 48〔ヒュー・トーマス『黄金の川——スペイン帝国の興隆』、林大訳、大月書店、2006年〕.
8 McCarthy 1915; Sued-Badillo 1992.
9 Majid 2009, 31; Kaplan 2010; Thomas 2013〔トーマス『黄金の川』〕, 48.
10 McCarthy 1915.
11 Neal 2015 の第1章に通貨の前史が要約されている。
12 前掲16.
13 Braudel 1977, 64–65.
14 利率と戦争との長期的な傾向については、Hills, Thomas, and Dimsdale 2010を参照。
15 Moore 2015〔ムーア『生命の網のなかの資本主義』〕.
16 Arrighi 1994〔ジョヴァンニ・アリギ『長い20世紀——資本、権力、そして現代の系譜』、柄谷利恵子・境井孝行・永田尚見訳、作品社、2009年〕; Arrighi and Silver 1999.
17 Headrick 1988; Stone 1999.
18 Shaikh 2011, 45.
19 Day 1978, 12.
20 Wei, Fang, and Su 2014.
21 Atwell 2002, 97.
22 McNally 2014.

23 Atwell 2002, 97.

24 Weatherford 2009, 126.

25 Wallerstein 1974〔ウォーラーステイン『近代世界システムI』〕.

26 Patterson 1972, 230. 英国に関しては M. Allen 2001 を参照のこと。

27 Ehrenberg 1985; Häberlein 2012; Steinmetz 2016.

28 Nef 1941.

29 Vilar and White 1976.

30 Day 1978, 47; Ruggiero 2015. 実際、北西ヨーロッパでの取引急増は、銀の流れがベニスとダンツィヒ(現在のポーランドの都市グダニスク)からアントワープへと変わったことに表れている。Munro 2003, 11 を参照のこと。地金の供給が拡大し、取引が迅速に行なわれるようになるに伴い、通貨価値が下落した。1480〜1520年でアントワープでの利率は半分ほど下落した可能性がある。イタリアも同様だったが、そこまで急激ではなく20%ほどだった。Homer and Sylla 1996, 142; 以下も参照のこと。Koenigsberger and Mosse 1968, 50.

31 Blanchard 2001, 110–11.

32 Holborn 1982, 72.

33 Agricola (1556) 1950, 8〔アグリコラ『デ・レ・メタリカ——全訳とその研究』、三枝博音訳、岩崎学術出版社、1968年、7頁〕.

34 Westoby 1989, 56〔ジャック・ウェストビー『森と人間の歴史』、熊崎実訳、築地書館、1990年〕. 以下も参照のこと。Birrell 1987.

35 Blickle 1981.

36 同前 198–99.

37 Münzer 1524, 以下に引用されている。Marx 2000, 68〔カール・マルクス「ユダヤ人問題によせて」、『マルクス・コレクション(1)』、中山元・三島憲一訳、筑摩書房、2005年ほか〕.

38 Braudel 1972, 339, 388–89.

39 Epstein 1996.

40 Lopez 1964.

41 Braudel 1972, 339.

42 Coles 1957, 18.

43 Heers 1961; Dotson and Agosto 1998, 11.

44 Coles 1957, 19.

45 公共財政の記録には複式簿記が必要だった。1340年に遡れば、もっとも初期の銀行では会計帳簿に複式簿記を用いていた。これは西洋の影響を受けずに韓国で発展し(O. Miller 2007)、中東で確立した考え方を取り入れたものだ(Zaid 2004)が、現在の金融に特徴的な手法であることに変わりはない。また、資金管理上の必要性を実現する最終的な実行責任者が会計士であったことも偶然ではない(経済学者は過剰な報酬を得て筋書きを描く立場だった)。

46 Felloni and Laura 2014, 65.

47 Spence 1870.

48 Epstein 1996, 281.

49 Epstein 2001, xi.

50 例えば Gleeson-White 2012〔ジェーン・グリーソン・ホワイト『バランスシートで読みとく世界経済史』、川添節子訳、日経BP、2014年〕を参照。Boland 2009 は記事の中で、Ferguson 2009〔ニーアル・ファーガソン『マネーの進化史』、仙名紀訳、早川書房、2009年〕が取り上げなかったことを淡々と説明している。

51 Neal 2015, 50–51.

52 Lopez 1964; Abu-Lughod 1989; Epstein 1996, 273.

53 Lopez 1964.

54 Thomas 2013, 48〔トーマス『黄金の川』〕.

55 Elliott 1963, ch. 3〔ジョン・H・エリオット『スペイン帝国の興亡——1469–1716』、藤田一成訳、岩波書店、1982年〕.

56 Bagnall 1999.

57 Parker 1996〔ジェフリ・パーカー『長篠合戦の世界史——ヨーロッパ軍事革命の衝撃1500〜1800年』、大久保桂子訳、同文

館出版、1995年〕; Eltis 1998.

58 Tilly 1992, 79.

59 Parker 1976.

60 't Hart, Brandon, and Goossens 2008; Tallett 2010, 169–73.

61 Tallett 2010, 170.

62 Black 1991, 30; Tallett 2010, 169.

63 Dauverd 2014, 60.

64 前掲 61.

65 Barrera-Osorio 2010.

66 Suárez de Figueroa (1617) 1914, 20, 以下に引用されている。Elliott 1992, 96〔ジョン・H・エリオット『旧世界と新世界——1492–1650』、越智武臣・川北稔訳、岩波書店、2005年〕.

67 Lynch 1964, 61–62.

68 Tallett 2010, 175.

69 Palmer 1974, 561. これは例外でもなかった。フランスでは1788年の革命前年には、戦費と債務元利利払い金が75%に達した(Michael Duffy 1980, 7)。以下も参照。P. Anderson 1975, 32–33.

70 Elliott 1963, 90〔ジョン・H・エリオット『スペイン帝国の興亡——1469–1716』、藤田一成訳、岩波書店、1982年〕.

71 P. Anderson 1975, 70. 歳入は名目上3倍になったが、物価インフレーションを考慮した計算である。

72 Franklin 1950, 69.

73 P. Anderson 1975, 33.

74 Langley 2002.

75 Fernow 1911; Westermann 1996; Moore 2007, ch. 2.

76 Von der Heydt-Coca 2005.

77 Ibid., 286.

78 Studnicki-Gizbert and Schecter 2010, 96. Moore 2010dも参照のこと。

79 Bakewell 1987, 242; Moore 2007.

80 Moore 2007; Studnicki-Gizbert and Schecter 2010, 96.

81 Moore 2010d.

82 Flynn and Giraldez 1995, 2002.

83 Flynn and Giráldez 2002.

84 Flynn and Giráldez 1995, 205. Flynn 1984も参照のこと。

85 Gotzek et al. 2015.

86 Schumpeter 1961, 138〔J・A・シュンペーター『経済発展の理論——企業者利潤・資本・信用・利子および景気の回転に関する一研究』、塩野谷祐一・中山伊知郎・東畑精一訳、岩波書店、1980年ほか〕.

87 Braudel 1984, 604.

88 Arrighi and Moore 2001, 61.

89 Ruth Hall et al. 2015.

90 Bennett, Govan, and Satterfield 2015.

91 Cahan, Marboe, and Roedel 2016.

92 Hildyard 2016.「マイクロファイナンス」が増加したことで資金搾取のベースが拡大した。とりわけ南の発展途上国では女性も対象に含めた。(Keating, Rasmussen, and Rishi 2010; Roy 2010).

93 Varoufakis 2016〔ヤニス・ヴァルファキス『わたしたちを救う経済学——破綻したからこそ見える世界の真実』、小島舞・村松恭平訳、中野真紀子監訳、Pヴァイン、2019年〕.

94 Harvey 2005〔デヴィッド・ハーヴェイ『新自由主義——その歴史的展開と現在』、森田成也・木下ちがや・大屋定晴・中村好孝訳、渡辺治監訳、作品社、2007年〕.

95 IMF 2015.

96 IMF 2014.

97 Apostolopoulou and Adams 2015.

98 EU 2017.

第3章

1 Columbus, 以下に引用されている。Koning 1976, 82.

2 Epstein (2001) もこれには苦労した。

3 W. Phillips 2013.

4 Stevens-Arroyo 1993.

5 Maxwell 1975, 53.（強調は著者による）

6 これが資本主義の生態学において知識管理の出発点とされる可能性があることに注意されたい。第4章で取り上げるように、フーコーの認識下にあった知識のバイオポリティクスよりも前のことだ。

7 Zorrilla 2006, 253–54. 著者の翻訳による。

8 Reséndez 2016.

9 Roper and Brockington 1984.

10 Quirk 1954; Roper and Brockington 1984; Parise 2008.

11 Mies 1986, 77〔マリア・ミース『国際分業と女性——進行する主婦化』、奥田暁子訳、日本経済評論社、1997年〕. Moore 2015〔ムーア『生命の網のなかの資本主義』〕も参照のこと。

12 M. Davis 2004, 13.

13 Seabrook 2003.

14 De Ste. Croix 1981; O. Patterson 1982〔パターソン『世界の奴隷制の歴史』〕.

15 Applebaum 1992; Boissonnade and Power 2011.

16 Cicero (45 bce) 1933〔「神々の本性について」、『キケロー選集（11）』、山下太郎・五之治昌比呂訳、岩波書店、2000年〕; D. Arnold 1996〔アーノルド『環境と人間の歴史』〕.

17 Moore 2003b.

18 ちなみに、これが近代的なフードバンクの系譜である。

19 Mumford (1934) 2010.

20 Wickham 2008, 10.

21 Dohrn-van Rossum 1996, 283.

22 Thompson 1967, 63.

23 Price 1992, 64, 60.

24 Nguyen 1992.

25 Kinsbruner 2005, 142.

26 Spinden 1920.

27 G. Jones 1989.

28 Thompson 1967, 90–91.

29 Alatas 1977; Schwartz 1978; Tinker 1993.

30 F. R. Godfrey, 以下に引用されている。Select Committee of the Legislative Council on the Aborigines 1859, 71, in Nanni 2011, 12.

31 Dredge 1839–43, 以下に引用されている。Nanni 2011, 23.

32 19世紀のカリフォルニアについては、Hurtado 1988, ch 2も参照のこと。

33 Sahlins 1972, 24; Harris 1978〔マーシャル・サーリンズ『石器時代の経済学』、山内昶訳、法政大学出版局、1984年〕. 以下も参照のこと。Minge-Klevana et al. 1980; Fischer-Kowalski et al. 2010. 厳格な時間管理は決してできない。賃金労働者はわざと時間をかけたり、時間を無駄にしたりして雇用主に抵抗する。J. C. Scott 1985参照。

34 Pew Research Center 2010.

35 Reséndez 2016.

36 Moore 2010d.

37 Paul-Majumder and Begum 2000.

38 Mintz 1985, 47〔ミンツ『甘さと権力』〕.

39 Linebaugh and Rediker 2000; Hart 1991; J. C. Scott 1985.

40 Stein 1984; Renda 2001; Macdonald 2010; Santiago-Valles 2005.

41 Marx 1967b, 133〔カール・マルクス『資本論（4〜5）』、向坂逸郎訳、岩波文庫、1969年ほか〕.

42 Marx 1976, 638〔マルクス『資本論　第一巻（下）』、197頁〕.

43 Marx 1973a, 13（強調は著者による）〔カール・マルクス『ゴータ綱領批判』、西雅雄訳、岩波文庫、1949年、19頁〕.

44 ダコタ・アクセス・パイプラインの完成予定をめぐって、2016年9月に焦点のずれた対立が再び浮上した。このパイプラインは、ノース・ダコタにある油田からイリノイ州南部までの約1900キロに及ぶ。スタンディングロック・スー族や支持者らが、連邦政府は彼らの土地を侵犯し、水の供給が脅かされるとして強く抗議したにもか

かわらず、米国の主要労働連合であるAFL-CIOは連邦政府にパイプラインの完成を要請した。だがスー族は労働運動側からの支援も得ていた。とりわけ全米看護師連盟で、このパイプライン計画は「公衆衛生にとって継続的な脅威」だと断言した(Registered Nurse Response Network 2016)。労働運動、環境運動、先住民族運動の連帯は、30年前にジェームズ・オコナーが目にした展開を想起させる(O'Connor, 1988)。資本主義による金銭でつながった関係性が社会生態学的再生産の領域にまで入り込むにつれて、人間と人間以外の自然のウェルビーイングが脅かされ、反資本主義的な闘いの新たな条件も確立することになった。

45 USBC 1909, 132(以下で参照可能。www2.census.gov/prod2/decen-nial/documents/00165897ch14.pdf).

46 Johnson 2013.

47 Solar 2012.

48 Atkin 1992, 17–18を用いて計算した。

49 Page and Walker 1991, 294.

50 Friedmann 1978, 546.

51 Wolf 1982.

52 Page and Walker 1991, 308.

53 Sinclair 1906, 412–13〔アプトン・シンクレア『ジャングル』、大井浩二訳、松柏社、2009年ほか〕.

54 世界の将来に対する別の見方をめぐる闘いは国際的だ。Silver (2003)は、世界各地の労働者が蜂起するうねりを図形化している。

55 Robert Hall 1989.

56 Hornborg 2006.

57 Beckert 2014, 192〔スヴェン・ベッカート『綿の帝国——グローバル資本主義はいかに生まれたか』、鬼澤忍, 佐藤絵里訳、紀伊國屋書店、2022年〕.

58 Aptheker 1943.

59 Genovese 1992; Tomich 1990; Wish 1937; Reis 1993.

60 Linebaugh and Rediker 2000.

61 しかし、1920年代のロシア共産主義など、非常に知的な創造力を過小評価するのは軽率だろう。

62 Lenin 1965〔レーニン「テイラー・システムは機械による人間の奴隷化である」、『レーニン全集20』、レーニン全集刊行委員会訳、大月書店、1957年〕, 152. Bailes 1977も参照のこと。

63 Fitzgerald 2003, 157–83. カガルリツキーは、資本主義の流入はさておき、ソビエト計画が「共産主義」という思想的および地理的枠組みの中で展開したという見解に反対した(Kagarlitsky 2008)。ソビエトの工業化および農業工業化は、主要な資本主義諸国からの輸入——および信用取引——に大きく依存した(Nove 1992)。

64 Josephson 2013, 74. ジョセフソン(彼以外にもいたが)は、ソビエトと資本主義者が持つ自然観がいかに異なっていたかを主張するのに苦心した。結論としては、われわれの見解とは多少異なる。

65 Dunn 2017, 57〔ロブ・ダン『世界からバナナがなくなるまえに——食糧危機に立ち向かう科学者たち』、高橋洋訳、青土社、2017年〕.

66 Lichtenstein 2002, 234.

67 Silver 2003, 68–69.

68 M. Davis 1986.

69 Burawoy 1983.

70 Sonn 1997, discussed in Silver 2003, 64.

71 Butollo and ten Brink 2012.

72 ILO 2014.

73 Mies 1986〔ミース『国際分業と女性』〕; Werlhof 1988; Federici 2004〔フェデリーチ『キャリバンと魔女』〕; Moore 2015〔ムーア『生命の網のなかの資本主義』〕; Habermann 2016.

第4章

1 O'Connell 2004.
2 Catz 1993, 33.
3 フィリーパの相続分にもかかわらず、コロンブスは大西洋横断の費用を工面することができなかった。ジェノバ人の伝手で融資を受けるまで待つしかなかった。
4 コロンブスとフィリーパについては諸説あるが、決定的なものはない。Barreto 1992, O'Connell 2004, and others.
5 Columbus 2003, 111.
6 Michele de Cuneo, in Morison 1963, 212, 以下に引用されている。Keller 1994, 59.
7 前掲。
8 自然と科学に関しては第2章を参照のこと。
9 Berna et al. 2012; Bowman et al. 2009. Balée 2006 も参照のこと。歴史的生態学は、ジェンダー分析に寄与するべく注目したい分野である。
10 Zamora 1990. 詳細な議論については Trexler 1995 を参照のこと。
11 Trexler 1995, 1.
12 Sigal 2000, ch. 4.
13 Ibid., 65.
14 Stoler 2010, 47〔アン・ローラ・ストーラ『肉体の知識と帝国の権力——人種と植民地支配における親密なるもの』、永渕康之・水谷智・吉田信訳、以文社、2010年〕. Lugones 2007も参照。
15 Voss 2008, 196.
16 Mies 1986〔ミース『国際分業と女性』〕; Dunaway 2015.
17 McClintock 1995 で概要が説明されている。
18 Federici 2004, 8〔フェデリーチ『キャリバンと魔女』〕.
19 J. W. Scott 1999〔ジョーン・W・スコット『ジェンダーと歴史学』増補新版、荻野美穂訳、平凡社、2004年〕.
20 この見出しは Bayly 2004, 49 から拝借し、ここではさらに発展させた〔C・A・ベイリ『近代世界の誕生——グローバルな連関と比較1780–1914』、平田雅博・吉田正広・細川道久訳、名古屋大学出版会、2018年〕。
21 Seccombe 1992; Coontz and Henderson 2016.
22 誤解のないよう明記しておくと、家父長制についてのホイッグ史観を繰り返すつもりはない。2010年のマーサ・ハウエルの論文から、資本主義の根幹はその多くが1300〜1600年の間に築かれたが、それらを現代世界に意図的に直結するものとして読むと、われわれおよび祖先たちの世界を狭めることになる。
23 すべてのデータは WorldValuesSurvey.org を参照。
24 Alesina, Giuliano, and Nunn 2013.
25 Breasted 1919, 424.
26 La Vega 1688, 378.
27 Donkin and Wenner-Gren Foundation for Anthropological Research 1979, 5.
28 A. Clark 1919.
29 Amussen 1988, ch. 1.
30 Gouge 1622, 1.
31 Federici 2004〔フェデリーチ『キャリバンと魔女』〕; Mies 1986〔ミース『国際分業と女性』〕. Ariel Sallehの優れた論文も参照のこと (e.g., Salleh 1997).
32 Foucault 1973〔ミシェル・フーコー『言葉と物——人文科学の考古学』、渡辺一民・佐々木明訳、新潮社、2020年〕, 1979〔ミシェル・フーコー『監獄の誕生——監視と処罰』、田村俶訳、新潮社、2020年〕, 1980〔ミシェル・フーコー『性の歴史I　知への意志』、渡辺守章訳、新潮社、1986年〕, 2008〔ミシェル・フーコー『生政治の誕生——コレージュ・ド・フランス講義1978–1979年度』、慎改康之訳、筑摩書房、2008年〕.
33 Segato 2014.
34 Federici 2004, 15–16〔フェデリーチ『キャ

リバンと魔女』〕.

35 Raworth 2014. 以下も参照のこと。Merchant 1980〔マーチャント『自然の死』〕; Federici 2004〔フェデリーチ『キャリバンと魔女』〕.

36 Locke 2003, 101〔ジョン・ロック『統治二論』、加藤節訳、岩波文庫、2007年、292〜293頁〕.

37 Gold 1984; Prince 1988; Rose 1993〔ジリアン・ローズ『フェミニズムと地理学――地理学的知の限界』、吉田容子ほか訳、地人書房、2001年〕; Berger 2008〔ジョン・バージャー『イメージ――視覚とメディア』、伊藤俊治訳、PARCO出版局、1986年〕.

38 Belsey 2013.

39 Corri 1983.

40 Belsey 2013.

41 Belsey (2013) は同意しないが、アンドリューズが勤勉で、農業主として成功したことは事実である。

42 Postle 2002, 16.

43. Rose 1993〔ローズ『フェミニズムと地理学』〕.

44 Corri 1983.

45 Stoneman 2015.

46 Boserup 1970, 34.

47 McKeon 1995. Snell 1987も参照。McKeonが記しているようにSnellのデータはイングランド南部のみだ。

48 Platter 1937, 181–82, 以下に引用されている。Amussen 1988, 48.

49 Erickson 2005.

50 前掲5.

51 Carlos, Maguire, and Neal 2006.

52 Eisenstein 1979.

53 Hill 1989.

54 Rae 1895〔ジョン・レー『アダム・スミス伝』、大内兵衛・大内節子訳、岩波書店、1972年〕; Marçal 2015〔カトリーン・マルサル『アダム・スミスの夕食を作ったのは誰か?――これからの経済と女性の話』、高橋璃子訳、河出書房新社、2021年〕.

55 A. Smith (1759) 1976, 240–41〔アダム・スミス『道徳情操論(下)』、米林富男訳、未来社、1978年、437頁〕.

56 D. Smith 1993.

57 Bloch 1978.

58 名目上性別不明の市民という概念がいかに自由主義論に残っているかについては、Connell 1990, 511を参照のこと。

59 例えば以下を参照のこと。Barbin 1980; Herdt 1994.

60 Sudarkasa 1986; Mamdani 1996.

61 Oyěwùmí 1997, 78.

62 前掲124–25.

63 女という区分を設けた植民国家は、本国よりも数十年早く、女性に投票を認めることがあった(Connell 1990, 521)。

64 Morgan 1997. K. Hall 1996aも参照のこと。

65 Atkins (1735) 1970, 50, 以下に引用されている。Morgan 1997, 188.

66 Morgan 2004.

67 Van Kirk 1983〔シルヴィア・ヴァン・カーク『優しい絆――北米毛皮交易社会の女性史1670–1870年』、木村和男・田中俊弘訳、麗澤大学出版会、2014年〕.

68 Ulrich 1991; Folbre 2006.

69 Lutz 2002.

70 Stoler 1989.

71 概説はConnell 1995; ラテンアメリカ研究の文献要約はStrasser and Tinsman 2010にある。

72 Stotsky et al. 2016, 39.

73 Inglehart and Norris 2003.

74 Bhattacharya 2006.

75 Safri and Graham 2010.

76 National Nutrition Monitoring Bureau 2012; Planning Commission 2012.

77 Hirway and Jose 2011.

78 F. Arnold et al. 2009.

79 Cowan 1983〔ルース・シュウォーツ・コーワン『お母さんは忙しくなるばかり――家事労働とテクノロジーの社会史』、高橋雄造訳、法政大学出版局、2010年〕; Bittman,

Rice, and Wajcman 2004. Kenyon (2010)は、女性の時間に対する要請がさらに増えた傾向を捉えるには生活時間調査では限界があると指摘する。それでも、資本主義の生態学が大いなる家畜化に及ぼした影響が示されている。

80 S. Offer and Schneider 2011.

81 Tsing 2015, 66〔アナ・チン『マツタケ——不確定な時代を生きる術』、赤嶺淳訳、みすず書房、2019年〕; Wright 2006.

82 Standing 2016〔ガイ・スタンディング『プレカリアート——不平等社会が生み出す危険な階級』、岡野内正監訳、法律文化社、2016年〕.

83 Yeates 2005; ILO 2015; Maybud 2015.

84 Glenn 1992.

85 Rudrappa 2015.

86 Dalla Costa and James 1973, 40.

87 Yeates 2009.

88 A. Davis 1983, 373.

89 Piven 1990.

90 Wakeman 1868, 29.

91 Mink 1990, 93.

92 Orren 1991.

93 Rolf 2016.

94 Rosen 2000; Fraser 2012; Goldberg 2014. とりわけ組合の重要性については、Schlozman, Burns, and Verba 1999 を参照。

95 Glenn 2010.

96 Falquet 2006.

97 Segato 2014. これらの暴力が文化的介入という口実で組織化されうるが、アフリカで魔女狩りが続いているのも同じことだ。Federici 2008.

第5章

1 Mariana-Costantini and Ligabue 1992.

2 Columbus 2003, 139.

3 Ibid., 232–33.

4 Ratekin 1954.

5 Solow 1987, 718.

6 Braudel 1981, 256.

7 Braudel 1977, 11–12.

8 確かに、人間の食糧制度は「文明化の植物」にとどまらず、牧畜、焼き畑農業、漁師団体、遊牧生活と、あらゆる範囲に広がっている。

9 Patel and McMichael 2009; Bruins and Bu 2006.

10 Maddison 2007, 43〔アンガス・マディソン『世界経済史概観——紀元1年–2030年』、政治経済研究所監訳、岩波書店、2015年〕.

11 イングランドの農業革命に関する調査のうち、以下の2つが秀逸である。Thirsk 1987 and Overton 1996.

12 G. Clark 2002 を基に計算した。近代的な農業革命が起きた最初の国はイングランドではなく、オランダだった。英国人はオランダから資本主義的農業を学んだ。だが、イングランドの人口が増え、石炭使用量も同時期に急増したことから、英国の農業革命を議論のテーマとすることは有益だ。

13 Ormrod 2003, 213–18; R. Davis 1954, 302 を基に計算した。

14 Ormrod 2003, 214.

15 Overton 1996, 197.

16 R. Davis 1954. 以下も参照のこと。Moore 2010c; Broadberry, Campbell, and van Leeuwen 2011.

17 G. Clark, Huberman, and Lindert 1995.

18 R. Allen 2000, 20.

19 Hufton 1983, 304.

20 Lipsett-Rivera 1990; Arroyo Abad, Davies, and van Zanden 2012.

21 Abel 1980, 197–98.

22 Charlesworth 1983.

23 Mantoux 1961, 141–42〔ポール・マントゥ『産業革命』、徳増栄太郎・井上幸治・遠藤輝明訳、東洋経済新報社、1964年〕; Slicher van Bath and Ordish 1963, 319; R.

Jackson 1985.

24 Hobsbawm and Rude 1969, 27.

25 G. Clark 2007, 67–68〔グレゴリー・クラーク『10万年の世界経済史(上下)』、久保恵美子訳、日経BP、2009年〕.

26 Moore 2010c.

27 Pomeranz 2002, 442.

28 Hufton 1971.

29 Colwill 1989, 67.

30 Slaughter 1986; Wallerstein 1989〔I・ウォーラーステイン『近代世界システムIII――「資本主義的世界経済」の再拡大 1730s–1840s』、川北稔訳、岩波書店、2013年〕; Bayly 2004〔ベイリ『近代世界の誕生』〕.

31 Lenin 1987, 229〔レーニン『帝国主義――資本主義の最高の段階としての』、宇高基輔訳、岩波文庫、1956年〕.

32 Engel 1997.

33 M. Davis 2001. Bohstedt 2016も参照のこと。

34 トレヴェリアンについては Ranelagh 1999, 117 に引用されている。

35 トレヴェリアンについては Handy 2009, 332 に引用されている。

36 M. Davis 2001.

37 前掲 302.

38 前掲 303.

39 Wolf 1982, 258.

40 Lovell 2012, 20.

41 Fortune 1852, 357.

42 Brockway 1979a, 26–29〔L・H・ブロックウェイ『グリーンウェポン――植物資源による世界制覇』、小出五郎訳、社会思想社、1983年〕.

43 Brockway 1979b.

44 A. Offer 1991.

45 Erisman et al. 2008.

46 Galloway et al. 2004.

47 Manning 2004.

48 Alcantara 1973, 25.

49 Advisory Committee for Agricultural Activities 1951, 4, Brinkmann 2009, 5 に引用されている。

50 Gaud 1968.

51 Dubin and Brennan 2009, 21.

52 Dirección General de Estadística 1955, 13–16.

53 Patel 2013.

54 前掲。

55 Cochrane 1979, 128 を基に計算した; EPI 2012, 2013, 2014.

56 Moore 2010c.

57 Fuglie and Wang, 2012, 2 を基に計算した; Grantham 2011.

58 FAOSTAT のデータベースについては以下参照。www.fao.org/faostat/en/#home

59 Rosset 2000.

60 Specter 2014.

61 Tiwana et al. 2009.

62 Kumar and Kumar 2016, 3.

63 Wiggins and Keats 2015.

64 V. Miller et al. 2016.

65 Patel 2007, ch 3〔ラジ・パテル『肥満と飢餓――世界フード・ビジネスの不幸のシステム』、佐久間智子訳、作品社、2010年〕.

66 McMichael 2009.

67 Patel et al. 2014, 22.

68 Weis 2013, 1–2.

69 前掲 126.

70 Cronon 1991.

71 PennState Extension 2015.

72 EPA 2012.

73 Gerber et al. 2013.

74 Olson-Sawyer 2013.

75 Burbach and Flynn 1980〔R・バーバック/P・フリン『アグリビジネス――アメリカの食糧戦略と多国籍企業』、中野一新訳・村田武監訳、大月書店、1987年〕; Moody 1988; Rachleff 1993.

76 Bello 2009, 39–53.

77 Robinson 2013.

78 Giles 2017.

79 Patel et al. 2014.
80 Araghi 2013.
81 Herrero et al. 2017.
82 IPCC 2007, 36; 2014.
83 Moore 2015, 252〔ムーア『生命の網のなかの資本主義』〕.
84 Fuglie, MacDonald, and Ball 2007; Matuschke, Mishra, and Qaim 2007.
85 Gurian-Sherman 2009.
86 Lobell and Field 2007.
87 Peng et al. 2004; Cerri et al. 2007; Kucharik and Serbin 2008; Lobell, Schlenker, and Costa-Roberts 2011; National Research Coun¬cil 2011; Challinor et al. 2014; Shindell 2016.
88 Braconier, Nicoletti, and Westmore 2014.

第6章

冒頭部引用. Columbus 2003, 161.

1 Bowman et al. 2009.
2 Berna et al. 2012.
3 Herodotus 1945, 311〔ヘロドトス『歴史(上中下)』、松平千秋訳、岩波文庫、1971-1972年〕, 以下で参照されている。Heizer 1963, 188.
4 Mcglone and Wilmshurst 1999.
5 Teng 1927.
6 人間は、森林資源が持続するような使い方を続けている。共同体に十分な自治権があり、時折起きる壊滅的な損失から立ち直れるように資源を利用できる場合、うまく共有、すなわち資源の共同管理ができている(Thirsk 1964)。例えば21世紀において、森林を共同で利用している住民は企業や政府よりもうまく森林を管理することができている(Chhatre and Agrawal 2009)。
7 Cronon 1983, 51〔ウィリアム・クロノン『変貌する大地——インディアンと植民者の環境史』、佐野敏行・藤田真理子訳、勁草書房、1995年、73頁〕.
8 Dull et al. 2010.
9 Parker 2014.
10 S. Lewis and Maslin 2015.
11 Birrell 1987.
12 Linebaugh 2008, 6, 306.
13 前掲 55.
14 P. Lewis 1811, 186, 以下に引用されている。ibid., 8.
15 Elvin 2004, 20.
16 この議論は100年以上も続いている。以下を参照のこと。Luxemburg (1913) 2003; Wallerstein 1974〔ウォーラーステイン『近代世界システムI』〕; Bunker 1985.
17 Leach 1987, 64; Nathan and Kelkar 1997; Gylfason and Zoega 2002.
18 Huber 2009; Abramsky 2010.
19 World Economic Forum 2012, 3.
20 Westra 1998.
21 Gerretson 1953, 1〔F・C・ヘレットソン『ロイヤル・ダッチ・シエルの歴史』、近藤一郎・奥田英雄訳、石油評論社、1959年〕.
22 Andriesse 1988.
23 Smil 2010, 83; R. Allen 2013; Oram 2013. Wrigleyは、泥炭の重量が石炭の半分にとどまることから、そのエネルギー密度に期待していない。Wrigley (1990, 59)〔E・A・リグリィ『エネルギーと産業革命——連続性・偶然・変化』、近藤正臣訳、同文館出版、1991年〕.
24 Van Dam 2001.
25 De Vries and van der Woude 1997, 38〔ド・フリース/ワウデ『最初の近代経済』〕.
26 Van Dam 2001.
27 Davids 2008.
28 Brenner 1976.
29 Brenner 2001.
30 Zeeuw 1978; De Vries and van der Woude 1997, 182〔ド・フリース/ワウデ『最初の近代経済』〕.
31 Smil 2010, 83.
32 De Vries and van der Woude 1997〔ド・フ

リース／ワウデ『最初の近代経済』]; van Dam 2001.
33 De Vries and van der Woude 1997〔ド・フリース／ワウデ『最初の近代経済』〕, 199–200.
34 Wallerstein 1974, 121–22〔ウォーラーステイン『近代世界システムI』、113頁〕.
35 Topolski 1962; Moore 2010b.
36 Davids 2008, 239, 408–9.
37 Van der Woude 2003.
38 De Vries and van der Woude 1997, 37〔ド・フリース／ワウデ『最初の近代経済』〕.
39 Van der Woude 2003.
40 Unger 1984, 245–46.
41 Van der Woude 2003, 75.
42 Van Zanden 1993, 172, 以下に引用されている。Davids 2008, 18.
43 De Vries and van der Woude 1997, ch. 12〔ド・フリース／ワウデ『最初の近代経済』〕.
44 前掲 631.
45 Nef 1934; De Vries and van der Woude 1997, 37–40〔ド・フリース／ワウデ『最初の近代経済』〕.
46 Nef 1964では産業化初期について典型的な解説がされている。Moore 2016, 78–115; 2017aも参照のこと。
47 Solinus, *Collectanea rerum memorabilium* (*Polyhistor*) 22, Freese 2003, 15に引用されている。
48 Malanima 2009, 61.
49 Braudel 1981, 369.
50 Wrigley 1990, 59〔リグリィ『エネルギーと産業革命』〕.
51 De Vries and van der Woude 1997, 631〔ド・フリース／ワウデ『最初の近代経済』〕.
52 R. Allen 2009, 105〔R・C・アレン『世界史のなかの産業革命——資源・人的資本・グローバル経済』、眞嶋史叙・中野忠、安元稔・湯沢威訳、名古屋大学出版会、2017年〕.
53 前掲、とくに156–81.
54 前掲217–37.
55 Fremdling 2005.
56 Von Tunzelmann 1981.
57 Bonneuil and Fressoz 2016, 108–9〔クリストフ・ボヌイユ／ジャン=バティスト・フレソズ『人新世とは何か——「地球と人類の時代」の思想史』、野坂しおり訳、青土社、2018年〕.
58 Smil 1999.
59 Foster and Clark 2009.
60 A. Offer 1991.
61 Erisman et al. 2008.
62 Foster 1999; Finlay 2002, 120.
63 Beckman, Borchers, and Jones 2013, 14.
64 Erisman et al. 2008, 637.
65 Wills 1972; Patel 2013.
66 Weis 2013, 72.
67 Woods et al. 2010.
68 Gnutzmann and Śpiewanowski 2016.
69 Friedmann 1993.
70 Marx 1976, 638〔マルクス『資本論　第一巻（下）』、197頁〕.
71 Chiluwa 2015; Doherty et al. 2003.
72 Andrews 2008.
73 Zinn 2003〔ハワード・ジン『民衆のアメリカ史』、富田虎男訳、ティビーエス・ブリタニカ、1993年ほか〕.
74 Watts 2004.
75 Mitchell 2009.
76 Painter 2014.
77 Huber 2013.
78 Kander, Malanima, and Warde, 2013, 260–64; Painter 2014.
79 1950〜73年の間に、世界の国内総生産は4.9%の伸びだったが、石油産出量は7.9%増加した（Maddison 2007〔マディソン『世界経済史概観』〕, 380; EPI 2010, 2を基に計算）。
80 Prashad 2012の説明には説得力がある。
81 Mitchell 2011, 184.
82 Shah of Iran, 以下に引用されている。D. Smith 1973, in Prashad 2012, 57.

83 K. Phillips 2009, 15.

84 Panitch and Gindin 2012〔レオ・パニッチ／サム・ギンディン『グローバル資本主義の形成と現在――いかにアメリカは、世界的覇権を構築してきたか』、芳賀健一・沖公祐訳、長原豊監訳、作品社、2018年〕.

85 N. Klein 2007〔ナオミ・クライン『ショック・ドクトリン――惨事便乗型資本主義の正体を暴く』、幾島幸子・村上由見子訳、岩波書店、2011年〕.

86 Baffes et al. 2008, 60; IMF 2008, 95; Bina 1990; FTI Consulting 2016; Chapman 2014.

87 DARA and the Climate Vulnerable Forum 2012.

88 IEA 2008, 3.

89 Parenti 2016.

90 Srnicek 2017〔ニック・スルネック『プラットフォーム資本主義』、大橋完太郎・居村匠訳、人文書院、2022年〕.

91 ラリー・ローマンはなくてはならない取り組みをしている。手始めに読むべきはLohmann 2008だ。

92 IEA 2016.

93 コンゴ民主共和国のヴィルンガ国立公園でマウンテンゴリラを保護するために、石炭業界との大掛かりな争いが続いている。業界は、ゴリラを殺して国立公園を不要にすることを狙っている。そうすれば公園内の木々を使うことができるからだ(Emmanuel DeMerode, personal communication)。

94 Revette 2016.

95 International Rivers Network 2011.

96 Benchimol and Peres 2015.

第7章

1 Columbus 2003, 114.

2 Diamond 2005〔ジャレド・ダイアモンド『銃、病原菌、鉄――一万三〇〇〇年にわたる人類史の謎』、倉骨彰訳、草思社、2000年〕参照。

3 Gramsci 1978. S. Hall 1996も参照のこと。

4 Hannaford 1996.

5 Grosfoguel and Mielants 2006.

6 B. Anderson 2006, 149〔ベネディクト・アンダーソン『想像の共同体――ナショナリズムの起源と流行』、白石隆・白石さや訳、リブロポート、1987年、257頁〕.

7 Anonymous 1893, 128.

8 Graetz (1894) 1967, 612. Hannaford 1996, 113–15も参照のこと。

9 Haensch et al. 2010. この点は、コーン(Cohn (2002))とカンター(Cantor (2002))による、炭疽菌も含めたさまざまな病原菌が黒死病を引き起こしたとする仮説とは一致しないことに注意されたい。

10 Aberth 2005, 21–22.

11 Goldstone 2011, 2.

12 Cohn 2007a, 20.

13 Cahill 1994, 339.

14 Katzew 2004, 190–92.

15 Martínez 2011.

16 Linné 1806, 375–76.

17 Deans-Smith 2005.

18 Montaño 2011, 23.

19 Cavanagh 2013.

20 未開地の開墾を伝える表現として農園を用いたのは、ヨーロッパに限った現象ではない(Drayton 2000)。中国はウイグル族の征服を正当化するために似たようなイメージを使っていた(W. Jones 1971)。そうした改良は国家に結びつけられた(Helgerson 1992)。

21 Canny 2001, 120.

22 前掲 148–51.

23 Wily 2012.

24 Montaño 2011, 2.

25 ジョン・デイヴィスがソールズベリー伯爵に1610年に送った書簡。E. Wood 2003, 81–82〔エレン・メイクシンズ・ウッド『資本の帝国』、中山元訳、紀伊國屋書店、

2004年〕で引用されている。

26 開拓地の概念は、アイルランドが植民地であったのか、王国であったのか、英国の一部だったのか、大西洋の一部だったのかについての議論を決着させる一助になる。アイルランドを開拓地と理解すると、アイルランドの位置づけが流動的——変動期ではなく、流動的——であったことが理解できる。

27 1993年、ミラン・ライによる論文"Columbus in Ireland(「アイルランドのコロンブス」)"に、占領側がアイルランド人による蜂起を抑えつけるために講じたさまざまな手段が取り上げられている。例えば、「州全体が一度に燃える」(Falls 1950, 240で引用されている)ように農作物に火をつける(1599年にオコナー一族に対してエセックス伯が取った戦術だ)といったことや、森林共有地の破壊(約300年後に北米の先住民族戦争でも講じられた作戦)などがあった。労働者が生き延びるために資本家に労働力を売るようにするため、武器としての火は、植民開拓地での実験で取り入れられ、その後あらゆる場所で見られた。イングランド政府はアイルランドでの暴虐行為に報酬を与え、反乱側の主導者の首に高額な報奨金をつけた。アイルランド人との戦いに加わった兵士らの多くは、アメリカ大陸で役職を与えられた。中には、そこで学んだ教訓と穀物を母国に持ち帰った者もいた。アイルランド人は、主食としてジャガイモに目をつけた。アイルランドで最初にジャガイモに言及されたのは1606年で、オリバー・クロムウェルの命令によりイギリス連邦軍はアイルランドの農業を狙って壊滅的な打撃を与えたが、ジャガイモは地中に植わっていたため破壊されずに残ったことだ。アイルランド、ウェクスフォードの統治者であったジョージ・クック大佐は、1652年3月に襲撃について報告している。「森や沼地をくまなく探し、大量に保存してあるトウモロコシを発見した。それは燃やしてしまい、また、見つけた家屋や山小屋すべてにも火をつけた。トウモロコシはそのすべてで見つかった。その後4日間、ずっと放火と破壊を繰り返した。その時には馬や兵士のために蓄えておく必要はなかった。毎朝営舎に火をつけたが、一日ずっと燃え続けていた。時間が余った兵士は、やせた子羊や小牛、豚、家禽、あるいはそのすべてを毎晩食べた。これらの地域にいた敵側のアイルランド人は、この州で収穫した食料を主食としていた。次の収穫期までの数千人分にあたる食糧を破壊できるだけ破壊した」(Ellis 1988, 37 で引用されている)。クックはニューイングランドに移住し、1646年にはマサチューセッツ議会議長を務めた。滞在していたニューイングランドは開拓地そのものであり、この大西洋横断の過程で、ヨーロッパとアメリカ大陸における被植民者の運命が形成されていった。

28 Scarth 2010; Moloney 2011; Neocleous 2014.

29 Armitage 2004, 609.

30 Locke, Second Treatise, §27, 前掲609で引用されている。

31 Pitts 2010; Hinshelwood 2013.

32 Foucault 2008〔フーコー『生政治の誕生』〕.

33 Resnick 1992.

34 Santiago-Valles (2005) による18および19世紀の奴隷反乱に関する調査は、ここではとくに有用だ。

35 Stein 1984.

36 Renda 2001.

37 世界の国旗の3分の1で何らかの宗教的な図柄が使われている(Theodorou 2014)。

38 例えば以下を参照。B. Anderson 2006; Montaño 2011.

39 Nairn 1977, 340.

40 B. Anderson 2006, 149–50〔アンダーソン

『想像の共同体』、257頁〕.

41 Foucault 1980, とくに15–50〔フーコー『性の歴史I　知への意志』〕.

42 Mosse 1988, 8–12〔ジョージ・L・モッセ『ナショナリズムとセクシュアリティ——市民道徳とナチズム』、佐藤卓己・佐藤八寿子訳、柏書房、1996年〕.

43 Appadurai 1988.

44 シェイニーについては Patel 2007〔パテル『肥満と飢餓』〕, ch. 4を参照。

45 Mantena 2010.

46 Mamdani 2012, 30.

47 Mamdani 2012.

48 David 2002.

49 Halperin 2013; McMichael 2017.

50 Hardoon, Ayele, and Fuentes-Nieva 2016.

51 Patel and McMichael 2004.

52 M. Davis 2015.

53 Kino-nda-niimi Collective 2014.

54 Coulthard 2014.

55 Webber 2017.

終章

1 Wackernagel and Rees 1996〔マティース・ワケナゲル／ウィリアム・リース『エコロジカル・フットプリント——地球環境持続のための実践プランニング・ツール』、池田真里訳、和田喜彦監訳、合同出版、2004年〕; Wackernagel and Silverstein 2000; Wackernagel et al. 2002.

2 Ehrlich and Ehrlich 1990, 38〔ポール・エーリック／アン・エーリック『人口が爆発する！——環境・資源・経済の視点から』、水谷美穂訳、新曜社、1994年〕.

3 Wackernagel and Rees 1996, 113〔ワケナゲル／リース『エコロジカル・フットプリント』〕.

4 De Schutter 2010.

5 Sayre 2008, 132. 以下も参照のこと。Moore 2015〔ムーア『生命の網のなかの資本主義』〕.

6 Gramsci 1978.

7 とはいえ、ビア・カンペシーナの一部のメンバーはこの原則に違反した。例えば、反イスラム運動でのバラティーヤ・キサン組合の行為だ。Brass 1995で示されていたが、2013年にインド、ウッタルプラデーシュ州ムザファルナガルで起きた暴動で明らかになった。

8 La Via Campesina 2009.

9 執筆当時、30を超える信念を掲げている。https://m4bl.org/policy-platforms/

10 McRuer 2006; L. Davis 2016.

11 Lucashenko 1996; Quijano 2000; Barker 2006; Grey and Patel 2014.

12 Foster 2013.

13 Barkin and Lemus 2016.

14 N. Klein 2014, 405〔クライン『これがすべてを変える』〕.

15 Coulthard 2014.

16 Nelson 2009, 300.

17 Movement for Black Lives, n.d.

18 Potter 2013.

19 Walia 2014.

20 Kino-nda-niimi Collective 2014.

21 Biidewe'anikwetok 2014.

22 Dodds 2011.

23 E.g., Srnicek and Williams 2015.

24 Hudson and Coukos 2005.

25 Latimer, Dowden, and Muise 2005.

26 Timmermann and Félix 2015.

27 新たな時間概念については、一例として以下を参照。Hörning, Gerhard, and Michailow 1995.

訳者あとがき

本書は、２０１７年に出版されたラジ・パテルとジェイソン・ムーアの共著 *A History of the World in Seven Cheap Things - A Guide to Capitalism, Nature, and the Future of the Planet* の全訳である。

共著だけあって、パテルとムーアそれぞれの個性的な論調がうまくかみ合い、混和していながら、完全に溶け合っているわけでもなく、パテル節とムーア節が顔を出しあいつつも調和した内容になっていると思う。

さりながら、本書ではムーア独特の言い回しが多く、戸惑うことも少なからずあると思う。不十分ではあるだろうが、自然（ネイチャー）と社会（ソサエティ）だけでも補足しておこうと思う。原書ではどちらも最初の一文字が大文字表記され、特別な意味を持たせていることがわかるようになっている。ムーア曰く、この場合は中産階級（ブルジョワジー）の目線で見た自然（ネイチャー）と社会（ソサエティ）を指しており、とりわけ自然（ネイチャー）に関しては、そうした資本家たちが安価戦略を正当化するために捏ねたものであることを示しているとのことである。原書で大文字表記になっている箇所について、本書ではルビを振っている。「──形成」については本文中に注釈を加えているので、そちらを参照されたい。

いくつかのムーア節を除けば、本書は決して難解なだけの内容ではない。テーマの柱である資本主義は言うまでもなく、本書で取り上げられている７つのモノも、読者におなじみのモノであるはずだからだ。

例えば、本書には「『本当の労働』に該当するのは有償労働のみだと考え、それを可能にするケア労働のことをすっかり忘れてしまった」(132頁)という件(くだり)がある。これなどはまさにわかりやすい一例であると思う。労働を、資本主義的な価値を生むものだと認める働きと、そうは認めない働きに分けたことが労働の安価化なのだ。そしてケア労働は、社会(ソサエティ)ではなく自然(ネイチャー)に分類された女性が行なうものとされてきた。かつてほどではないにせよ、現在の日本でもいまだにそれは通用する。

本書にもあるように、地上に限れば現在は開拓できる資源はほぼ開拓しつくされている。今、世界各国がしのぎを削っているのは宇宙開発だ。ルールがあってないような状況で民間企業が宇宙開発に乗り出している今、現状に対して「何を見抜くべきか」のガイドブックとして本書を読んでいただけることを願う。難解なだけの内容ではないと言いつつも、まったく手強くなかったと言えば嘘になる。編集者の田中元貴氏に相談にも乗っていただきながら完成させたものではあるが、訳文に関しての間違い等はすべて訳者の責であることをここに記しておきたい。

本書の刊行には依頼から4年ほどかけてしまった。作品社の福田隆雄、田中元貴の両氏には根気強くお待ちいただいた上、常に的確なコメントをいただいた。また、校正担当の津山明宏氏、組版担当の米山雄基氏にも通常以上のお手間をかけてしまったことと思う。この場を借りて御礼申し上げたい。

2024年12月18日

福井昌子

【著者略歴】

ラジ・パテル（Raj Patel）

米国在住のエコノミスト、ジャーナリスト。現在は、テキサス大学教授。先進国と途上国の垣根を超えて国際的な研究・実践活動を進め、世界的に注目されている。邦訳された著書に『肥満と飢餓』、『値段と価値』（作品社）がある。

ジェイソン・W・ムーア（Jason W. Moore）

米国ビンガムトン大学（ニューヨーク州立大学ビンガムトン校）社会学部教授。政治生態学、農業－食糧研究、歴史地理学、環境史、政治経済学などを研究フィールドとする。邦訳された著書に『生命の網のなかの資本主義』（東洋経済新報社）がある。

【訳者略歴】

福井昌子（ふくい・しょうこ）

大学卒業後、企業勤務等を経て、現在翻訳家。訳書として『アダルトグッズの文化史』、『麻薬と人間　100年の物語』、『値段と価値』、『オルガスムの科学』（以上、作品社）、『子どもの権利ってなあに』（エルクラブ）、『植民地朝鮮における日本の同化政策』（クオン）、『ヘイトクライムと修復的司法』（明石書店）、『相互扶助の経済』（みすず書房）、『ライス回顧録』（集英社、共訳）、『彼女はなぜ「それ」を選ぶのか？』（早川書房）などがある。

7つの安いモノから見る世界の歴史

2025年 2月 5日　初版第１刷印刷
2025年 2月10日　初版第１刷発行

著　者　ラジ・パテル＋ジェイソン・W・ムーア
訳　者　福井昌子

発行者　福田隆雄
発行所　株式会社 作品社
〒102-0072 東京都千代田区飯田橋 2-7-4
電　話　03-3262-9753
ＦＡＸ　03-3262-9757
振　替　00160-3-27183
ウエブサイト　https://www.sakuhinsha.com

装　丁　加藤愛子（オフィス キントン）
本文組版　米山雄基
印刷・製本　シナノ印刷株式会社

Printed in Japan
ISBN978-4-86793-069-4　C0033